身育
具教心理学

从镜像神经元到
心智化课堂

EMBODIED EDUCATIONAL
PSYCHOLOGY

From Mirror Neurons
to
Mentalizing Classroom

陈巍 著

北京师范大学出版集团
BEIJING NORMAL UNIVERSITY PUBLISHING GROUP
北京师范大学出版社

浙江省哲学社会科学领导人才培育专项课题

（青年英才培育）

"内感受具身心灵研究：神经哲学与阳明心学的汇通"

（23QNYC19ZD）

序

　　尽管当前的心理学家很难真正地相信彻底分离的"身体"和"心灵"，但不可否认，传统教育真实地筑基在身心二元论的假设之上。在这种身心分离的心智观的指引下，教育对儿童心智能力的关注远超其对儿童身体发展的关注。因此，如何争分夺秒地让孩子"学习"，以掌握更多的知识，就成了千家万户甚至学校教育的常态。类似"消失的课间十分钟""厕所社交"等话题一度成为网络上的置顶热搜。对于这些社会问题，如何从学理上去探讨、去化解它已经成为心理学工作者、教育工作者所必须面对的研究话题。

　　事实上，随着具身认知（embodied cognition）思潮的兴起，国内已经出现了一批深耕于"具身心智""具身教育"等问题的专家学者，陈巍便是其中一位年轻且优秀的代表。大概两年前，我曾为陈巍的著作《具身认知心理学：大脑、身体与心灵的对话》撰写书评。在对他这份研究感到既惊喜又意外的同时，我能够明显地察觉到他一直在思考并切身实践着具身认知的问题。这背后，不仅仅得益于他十多年来良好的心理学训练，也得益于他长期的哲学研究让他获得了较好的批判性反思能力。为此，我曾称赞该书为"一本既有哲学观点又有基础研究，还有实践应用的心理学好书"。最近，陈巍告诉我新撰的《具身教育心理学：从镜像神经元到心智化课堂》一书即将付梓，并专门寄来书稿请我欣赏。

　　全书内容丰富，从镜像神经元系统到具身模拟理论，从多重交互主体性到作为神经神话的镜像教育，从认识他心到建构心智化课堂，诸多主题的串连让我再次感受到他开阔的研究视野。读罢书稿，我欣然答应陈巍提出的作序请求。我认为与同类书籍相比，该书具有一些鲜明的特色。

首先，打破学科壁垒，推进具身认知与教育心理学的跨学科研究。正如作者在导读中所言，对于具身教育的研究已经不仅仅是心理学或者教育学一门学科所能涵盖的，多学科交叉视角已然呈现出来。尽管不同学科背景和知识结构的学者都提出了丰富的理论解释，但学科壁垒的存在依然局限了诸多研究的及时互通，严重阻碍了该领域研究的系统拓展和持续深入。而这也恰是本书的一大贡献所在：通过对来自哲学、认知心理学、神经科学、生物学多学科的理论解释和实验证据的梳理和阐释，及时地建立起一套贯通性话语体系，为嫁接具身认知与教育理论及实践提供一条全局性、整合性的研究路径。

其次，全面呈现具身认知的哲学基础、心理研究与教育实践之间的相互启发，为具身教育心理学开辟全新的实践路径。我注意到，在文章的最后一章，作者借助海耶斯（Heyes）的认知工具理论，将心智化系统视作一种文化进化产物的认知工具集成，进而启发我们将社会动机、模仿、读心与叙事等"认知机制之磨"融入课堂的学与教。同时，作者还大胆地提出了"基于认知工具支持的心智化课堂框架"设想，将认知工具系统集成的心智化系统延伸到心智化课堂的四大元素（即学习者、学习过程、学习模式和学习内容四要素）之中，试图呈现出认知工具集成的心智化系统与现代课堂教学活动相辅相成的实践图景。

当然，本书也仍然留下了一些有待后续研究进一步深入的问题。例如，镜像神经元是如何连接起心智化课堂的？其具体过程如何？这些都需要更多的研究工作来给予补充和完善。然而，瑕不掩瑜，本书仍不失为近年来具身认知研究领域难得一见的用心之作。我衷心地推荐广大心理学同仁、教育学同行共同借鉴学习，同时也希望陈巍教授能够继续深耕于此，为具身教育心理学研究提供更多更加深入的研究成果！

　　是为序。

李红

教育部长江学者特聘教授、中国心理学会原理事长、

华南师范大学心理学部教授、博士生导师

目　录 Contents

导　论/1

第一章　第二代认知科学与具身教育心理学的兴起/12

第一节　从"物理符号系统假设"到 4E 认知/13

第二节　第二代认知科学中的哲学概念及其经验证据/17

第三节　从具身学习到具身教育心理学/23

第二章　镜像神经元与镜像神经元系统/27

第一节　镜像的内涵/29

第二节　镜像的外延/40

第三节　延展的镜像神经元系统及其展望/48

第三章　镜像神经元、动作理解与具身模拟理论/54

第一节　镜像神经元系统在动作理解上的活动特征/54

第二节　动作理解的具身模拟理论/63

第四章　镜像神经元、同感与共享多重交互主体性/68

第一节　加莱塞：现象学取向的神经生理学家/68

第二节　镜像神经元的发现与同感的神经基础/70

第三节　共享的多重交互主体性/76

第五章　语言理解与进化/82

　　第一节　言语的知觉运动理论/82

　　第二节　镜像神经元系统与语言理解、进化的关系/84

第六章　孤独症的碎镜理论迷思/94

　　第一节　孤独症的碎镜理论/95

　　第二节　碎镜理论的缺陷及其反思/106

第七章　基于镜像神经元的教育是一种新神经神话吗？/124

　　第一节　缘起：镜像教育的来源/124

　　第二节　焦点：围绕镜像神经元的争论/125

　　第三节　灾变：作为神经神话的镜像教育/131

　　第四节　幻灭：科学沙文主义与常识自由主义之争/135

　　第五节　重生：镜像神经元系统可能蕴含的教育意义前瞻/136

第八章　"脑中训练"：观察运动学习的镜像神经机制及其应用/140

　　第一节　观察运动学习行为学的解释机制/142

　　第二节　观察运动学习的镜像神经元机制及其理论和应用/144

　　第三节　观察运动学习的未来/152

第九章　镜像神经元系统的个体发生学与学前儿童感知运动学习/154

　　第一节　镜像神经元系统的起源与发育之争/155

　　第二节　镜像神经元系统的发育对学前教育的启示/163

第十章　校园霸凌的镜像神经机制及其干预/166

　　第一节　影视暴力影响校园霸凌的离身视角：观察学习理论/168

第二节　影视暴力影响霸凌的具身认知视角：具身模拟/173

第三节　霸凌者的大脑：镜像神经元系统的作用/174

第四节　基于具身模拟的青少年霸凌诱因与干预/176

第五节　小结与展望/179

第十一章　镜像神经元、具身阅读与教学设计 /181

第一节　阅读的具身化转向/181

第二节　具身阅读的基本概念与机制/184

第三节　构成具身阅读的基本学习要素/187

第四节　具身阅读的基本框架/191

第五节　具身阅读实践前瞻及其对具身化学习理论的启示/194

第十二章　先天还是后天：镜像神经元的起源 /197

第一节　联想序列学习/198

第二节　来自基因假设的回应/205

第三节　先天 vs. 后天：一个开放的问题/210

第四节　或然渐成：来自郭任远的遗产/212

第十三章　婴儿如何认识他心："似我"假说及其社会教育意义 /223

第一节　"似我"假说的基本框架与实验证据/224

第二节　"似我"认识的影响要素及发展路径/229

第三节　"似我"认识的社会学习机制/234

第四节　"似我"假说对儿童社会教育的启示/237

第十四章　建构"心智化课堂"：认知工具的视角 /240

第一节　心智化与社会脑/241

第二节　作为认知工具集成的心智化系统/244

第三节　心智化系统在文化学习中的作用/247

第四节　心智化课堂：作为认知工具在文化学习中的应用/255

结语：具身教育心理学的困境与前景/266

第一节　神经还原主义的魔咒/267

第二节　经验证据的不可重复性/268

第三节　贫瘠的解释/271

第四节　预测加工对认知"三明治模型"的消解/273

第五节　ChatGPT 可以引领心智化课堂吗？/276

第六节　迈向开放的未来/280

参考文献/287

后　记/301

导　论

　　美国心理学家、实用主义教育学的开创者威廉·詹姆斯（William James）在 1899 年出版的《对教师讲心理学》一书中以他特有的忧郁气质提醒我们："心理学是科学，教学是艺术；无论科学如何万能，科学本身不可能直接创造出艺术作品。"今天，詹姆斯的箴言仍然深刻地影响着我们对于教学的理解。虽然教育心理学已经走过百年的历史，积累了不计其数的宝贵知识财富，达到了詹姆斯时代不可触及的广度、高度与深度，但仍然存在着一系列重大的挑战。

　　进入 21 世纪，教育心理学家有了新的工具来测量和探索人类的发展、认知、情感、行为、记忆和学习，这些方法是前几代学者不可想象的。我们有统计工具，可以通过廉价的计算机提供超强的计算能力，以高度复杂的方式对教学流程和系统进行建模，用认知神经科学技术研究学习的大脑运作模式。

　　然而，我们也在一个知识相对主义似乎越来越普遍的世界中工作。当下社会中各种夹杂着心理学迷思（psychomyth）和神经迷思（neuromyth）的"观点和假设"占主导地位。与此同时，我们生活在一个有着难以想象的科学突破的世界。当科学家解码我们的 DNA 并创造自我复制的合成生命时，美国的学校董事会从课程中删除对进化"理论"的讨论。在某些国家和地区，女孩被剥夺了受教育的权利，而全世界范围内女科学家却在科学领域领导着突破性的研究。ChatGPT 可以通过学习海量数据不断提高自身的语言生成和理解能力，这种实现了人机对话的自然化产品是否可以彻底替代教师这一传统角色？面对诸多悖难，孔子、朱熹、王阳明、亚里士多德、詹姆斯和冯特会作何感想？

如果我们换一种更为广阔的进化心理学立场来看教育心理学的基本命题，人类行为既具有生物性特征又具有社会性特征，人类的所有教育活动无法摆脱这种二重性。毋庸置疑，在我们这个星球上已知的生命形式中几乎没有完全独立存在的生命形式。同样，也没有哪种生物体在它的整个生命周期中能够完全独立于其他物种而存在。对于人类而言，情况似乎变得更糟：我们在进化早期阶段是缺乏防御力的，我们既没有尖锐的牙齿、犄角，也没有锋利的爪子或坚硬的甲壳。为了在险象环生的非洲大草原上生存，人类的祖先在进化过程中依赖于群体形式的生活对于个体生存与种系繁衍而言就显得非常重要。我们可以设想，人类以群体形式生活会比单独行动更有可能存活下来。在此意义上，人类在整个演化过程中这种支持性社会关系的特征是有助于人类存活的，而知识与技能的传播，文明的薪火相传也有赖于这种社会关系的建立、巩固与发展。

著名认知科学家奇布劳（Csibra）和盖尔盖伊（Gergely）（2011）将基于认知机制而使得文化知识能够通过个体之间的交流，并组成一个人类教育系统进行传播的教育学领域称为——"自然教育学"（Natural Pedagogy），自然教育学代表一种顺沿着古人类血统的进化适应。具体而言，这主要包含三个方面：（1）当社会的学习和交流两者都在非人动物之间被广泛传播时，我们还不知道任何不同于人类的物种通过交流进行社会学习的例子。（2）不管养育孩子的方式发生了多么巨大的变化，所有的人类文化都依赖于通过交流把各种各样不同种类的文化知识传递给新手们（孩子们），包括有关于人工制品的信息、符合习俗的行为、任意的指示符号、不透明的认知技能和嵌入的手段—目的行动的过程性知识。(3)可获得的有关古人技术文化的数据,相较于把它视为诸如语言之类特异于人类适应的副产品,更好地兼容于自然教育学所假设的一种被独立筛选出来可适应的认知系统。它借助提供一个新类型的定性社会学习机制,自然教育学不仅是人类丰富文化遗产的结果,而且也是产生这些文化遗产的资源。

那么,这种认知机制是什么呢?它必须是支持性社会关系的绝佳载体与显现方式,如同一剂社会黏合剂(social glue),能够帮助灵长类动物之间建立起连接,并催化其有效互动。读心(mindreading)正是这样一种神奇的认知机制。从两千多年前庄子与惠子的"濠梁之辩",到英国哲学家吉尔伯特·赖尔(Gilbert Ryle)提出"机器中的幽灵",超心理学有关"心电感应"(telepathy)研究的热议,再到公众对于美剧《别对我说谎》中"微表情"识别能力的迷恋以及社会机器人的开发,读心成为横跨东西方哲学、心理学与公众兴趣的话题。在当代心理科学的传统视域中,读心泛指日常生活中我们每天与周围各种各样的人进行社会交流或人际互动时要具备的一项普遍能力,也就是说,我们把一些心理状态归属给他人或自己的能力。在更复杂一些的交往场景中,如战场与政治角力中,我们则需要将各种因素进行综合考量,才能对对方的意图和行动作出恰当的判断,以调整自己的行动。

与读心机制及相关现象的理论解释可以溯源至笛卡儿遗留下的"他心问题"(other minds problem),后者与身心问题一起构成了西方哲学史上的两大基本问题。在近现代西方哲学传统中,密尔(Mill)、斯特劳森(Strawson)、罗素(Russell)、维特根斯坦(Wittgenstein)、马尔科姆(Malcolm)等一大批哲学家基于自身本体论承诺与认识论立场提出了许多读心理论和观点,但这些观点之间存在很大的争论。20 世纪 70 年代末，读心问题开始引发了儿童发展心理学家的关注，研究者们别具匠心地开发出了以错误信念任务为代表的一系列实验范式，旋即引发了儿童心智理论(theory of mind)的研究热浪，这标志着读心研究开始从"扶手椅"走向"实验室"。二十余年间，伴随脑成像技术与认知神经科学方法论的不断成熟，读心研究再一次激起了神经科学家的探索欲望，并成为社会认知神经科学(social cognitive neuroscience，SCN)、发展认知神经科学(developmental cognitive neuroscience，DCN)和教育神经科学(educational neuroscience，EN)的靶问题之一。

1992 年，来自意大利的神经科学研究人员的一个意外发现为我们打开读心的大脑奥秘之门提供了密钥(di Pellegrino，Fadiga，Fogassi，Gallese & Rizzolatti，1992)。他们在猴子大脑腹侧前运动皮层(PMC)的F5 区(di Pellegrino et al.，1992；Gallese et al.，1996)和顶下小叶区(IPL)(Bonini et al.，2010；Fogassi et al.，2005)发现了一类神经元，并给它们取了一个很闪耀的名字——镜像神经元(mirror neurons)。现有大量研究证明，人类大脑中也疑似存在镜像神经元(Molenberghs，Cunnington & Mattingley，2012)。多数镜像神经元的显著特征是，它们不仅在猴子执行一个动作时被激活，如猴子用力抓住目标物，而且当猴子被动观察一个由其他个体执行的相似动作时也会被激活。镜像神经元凭借这种能力去匹配观察到的和所执行的操作，同时去编码"我的行动"和"你的行动"。

镜像神经元一直受到诸多科学家及公众媒体的广泛关注。它被誉为"读懂心智的神经元"(Blakesee，2006)、"塑造文明的神经元"(Ramachandran，2009)，以及理解社会行为的一场"革命"(Iacoboni，2008)。镜像神经元被描述为拥有一系列功能。最初的功能主要涉及动作意图的理解(Gallese & Sinigaglia，2011；Rizzolatti，Fadiga，Gallese & Fogassi，1996）、模仿(Iacoboni et al.，1999)、语言加工过程(Rizzolatti & Arbib，1998)。然而，这种迹象表明，镜像神经元已被神经学家、心理学家和哲学家的注意力和想象力所捕获，它们还与如下的认知功能联系在了一起：具身模仿(Aziz-Zadeh，Wilson，Rizzolatti & Iacoboni，2006)、共情(Avenanti，Bueti，Galati & Aglioti，2005)、情绪识别(Enticott，Johnston，Herring，Hoy & Fitzgerald，2008)、意图解读(Iacoboni et al.，2005)、语言习得(Theoret & Pascual-Leone，2002)、语言进化(Arbib，2005)、手势交流(Rizzolatti et al.，1996)、手语加工(Corina & Knapp，2006)、言语感知(speech perception)(Glenberg et al.，2008)、言语生成(Kuhn & Brass，2008)、音乐加工(Hou et al.，2017)、性取向(Ponseti et al.，2006)、审美体验(Cinzia & Gallese，2009)、联想学习(Cook et al.，2014)等。除此之外，有研究指出，镜像神经元功能紊乱会导致许多精神障碍，包括孤独症(Dapretto et al.，2006；Nishitani，Avikainen & Hari，2004；Williams，Whiten，Suddendorf & Perrett，2001)、精神分裂症(Arbib & Mundhenk，2005)、唐氏综合征(Down syndrome)(Virji-Babul et al.，2008)、多发性硬化(Rocca et al.，2008)、烟瘾(Pineda & Oberman，2006)、肥胖症(Cohen，2008)。在种系演化与个体发生学意义上，镜像神经元系统的发育与大脑执行控制系统、奖赏系统等高阶皮层区域发育的不平衡、不一致性也可能诱发青少年攻击性、校园霸凌等社会适应不良行为(陈巍，汪寅，2015)。

　　本书旨在搭建一种具身教育心理学(embodied educational psychology)框架，在系统考察镜像神经元的功能与起源的基础上，通过梳理相关领域的实验证据与理论解释，为链接镜像神经元与教育实践提供来自哲学、认知心理学、神经科学、生物学的多学科交叉视域。我们将重点澄清当前国内外流传在教育研究与实践中各种有关镜像神经元的神经神话，并为心智化课堂的设计与实践提供思路。

本书的理论与实践价值主要体现在如下两个方面。

第一，在心理学、神经科学与教育学的对话中打破学科壁垒，推进具身认知与教育心理学的跨学科研究。当前具身认知研究领域已经超越了单纯的心理学范畴，不同学科背景与知识结构的学者提出了丰富的理论解释，这在推进该领域的研究走向纵深的同时也严重阻碍了该领域内部的融合。本研究旨在上述领域之间搭建起桥梁，建立起一套贯通性话语体系，为嫁接具身认知与教育理论及实践提供一条全局性、整合性的研究路径。

第二，强化神经科学、心理学实验设计与教育思辨之间的双向建构。当前围绕具身认知与教育实践的跨学科研究仍然存在神经科学家、心理学家与教育工作者对彼此工作的细节、深度关注不够的缺陷。本研究试图在心理学实验证据与教育思辨论证之间建立起系统的链接，为理解具身认知的教育意蕴提供更具建设性的跨学科启示。

本书正文共计十四章，内容提要与逻辑框架如下。

第一章　第二代认知科学与具身教育心理学的兴起。以具身认知为代表的第二代认知科学质疑了"物理符号系统假设"及其衍生的计算表征主义，其核心观点旨在解释我们所拥有的全部感知、认知和运动能力构成性地依赖于自主体身体的各个方面。基于上述共识，4E认知借助突出感知运动系统在认知过程中的作用，认知可供性理论，基于知觉经验的具身概念等一系列观念与证据描绘出一幅新的心智研究的蓝图愿景，并为酝酿出具身教育心理学进路提供可能。

第二章　镜像神经元与镜像神经元系统。镜像神经元被认为是改变认知神经科学的重要发现，它的发现为迄今为止许多行为实验难以检验的心智或认知现象提供了一个统一的研究视角。本章系统回顾镜像神经元研究的"前世今生"，试图从镜像"内涵"和"外延"入手，厘清镜像神经元、镜像神经元系统、镜像机制的概念定义、基本功能。

第三章 镜像神经元、动作理解与具身模拟理论。镜像神经元系统将不同的意图关系以一种紧缩（deflationary）的方式进行映射，通过这种共享神经状态的方式，遵从相同功能规则的不同身体能感觉到这种共享，从而实现"客观他人"到"另一个自我"的转变。本章重点介绍了镜像神经元系统与动作理解的关系。具身模拟论强调对心智模拟的核心概念进行再利用，经由镜像神经元活动产生的运动模拟，以一种直接的、自动化的、前反思的加工方式来理解他人动作意图。

第四章 镜像神经元、同感与共享多重交互主体性。本章考察了意大利神经生理学家维多利奥·加莱塞等提出的共享多重交互主体性学说。该学说认为，当我们观察其他活的个体时，面对的是他们的一整套表达能力。我们与他人之间是一种"共享的多重交互主体性"。观察到的社会刺激的感觉描述等价于观察者所产生的与动作、情绪和情感有关的身体状态的内部表征，就好像他们自己做了相似的动作或体验了相似的情绪和情感。

第五章 语言理解与进化。语言活动可视为人类认知活动中最高级也是最具复杂性的现象之一。传统的心理语言学理论难以回答语言规则的起源以及后天经验在语言规则形成中的作用。言语的知觉运动理论认为，语言与运动系统存在复杂的联结和交互作用。听者通过自动化的模仿语言表述者的舌部肌肉的运动来理解其蕴含的意义。本章深入分析了镜像神经元的发现如何在神经科学层面上支持了上述假说，并在此基础上形成了一门崭新的心理语言学分支——具身语义学。该学说尝试从进化论的角度揭示动作执行向语言理解的迁移轨迹。

第六章　孤独症的碎镜理论迷思。孤独症患者在社会沟通和交往障碍上主要涉及社会情感互动缺陷、非语言行为交流缺陷、发展维持和理解人际关系的缺陷。该群体在社会认知过程中潜在自动的直觉成分受损被视为其独特的临床症状。鉴于镜像神经元系统在社会认知的直觉成分上扮演的重要角色，该系统的功能障碍假说（或称"碎镜"理论）被提出并用以解释孤独症的成因及其异常表现。本章梳理了近十年的"碎镜"理论的发展与证据检验后，指出该理论的解释优势与潜在的问题。

第七章　基于镜像神经元的教育是一种新神经神话吗？鉴于近来国内有学者试图以镜像神经元为基础建构一个所谓的"镜像教育"方案，本章通过系统回顾与剖析相关领域的众多争议及其科学性误解，发现该方案不过是神经教育学背景下诞生的一个新神经神话。究其根源，教育学领域中科学沙文主义与常识自由主义这对孪生文化之间的内在冲突滋生了此类神话。澄清镜像神经元系统与教育活动之间的精确关系必须建立在系统化的理论与长期谨慎的实验室实验之上。未来的研究需要重视：（1）确认镜像神经元系统参与了哪些与教育和学习相关的脑神经机制；（2）考察在哪些情境下增强镜像神经元系统的活动有助于教育，在哪些情境下则需要抑制其活动；（3）任何基于镜像神经元的教育都必须警惕急功近利。

第八章　"脑中训练"：观察运动学习的镜像神经机制及其应用。观察运动学习是习得与巩固运动技能的一种自然方式，对运动训练具有重要意义。它可以改善动作感知和执行，是一种有效提高运动绩效的方法。近二十年来，镜像神经元的研究表明，执行身体训练和观察训练共享相似的神经基础。观察运动学习的产生依赖基于镜像神经元系统活动产生的运动—感知共振机制、预测编码机制和联想学习机制。未来的研究需要深入探索镜像神经元系统在观察运动学习与训练扮演的社会响应作用，利用预测编码机制解释运动观察学习中的假动作问题，并借助第二人称神经科学范式揭示观察运动学习中运动员的脑际互动机制。

第九章　镜像神经元系统的个体发生学与学前儿童感知运动学习。有关镜像神经元及其系统的个体发生学存在两种对立的假说：适应说和联想说。前者认为镜像神经元系统是进化的产物，由生物性的遗传基因决定。后者认为镜像神经元系统是联想序列学习的产物，是个体在感觉运动经验的获得过程中形成的。本章通过回顾这两种假说的各自证据，发现联想说更占优势。因此，教师应充分创设有利于联想序列学习的情境以促进学前儿童镜像神经元系统的发育，从而提高幼儿运动技能、艺术感受与表现以及人际交往等能力。

第十章　校园霸凌的镜像神经机制及其干预。校园霸凌是一种发生在同辈之间、以校园为背景实施，针对固定对象的长期、稳定的攻击性行为。本章旨在通过具身认知思潮与神经教育学背景，以具身模拟理论为基础，分析青少年霸凌行为的镜像神经机制。在此基础上，探讨青少年霸凌的再教育问题，反思如何借助虚拟现实技术来预测并评估具有暴力易感性的潜在霸凌个体，并利用镜像神经元系统的可塑性来对霸凌成瘾行为进行干预。同时，呼吁全社会创建绿色影视环境，从源头上减少青少年具身模拟暴力的机会。

第十一章　镜像神经元、具身阅读与教学设计。学生的阅读作为一种认知活动，是可以借助身体操作与想象操作的机制来完成理解的。本章尝试在学习科学视域中提炼出具身阅读的基本要素：自由的学生、适宜的读物、多样化的学教具以及情境式的阅读环境。借助镜像神经元的活动规律，采用虚拟现实技术可以促进上述基本要素的有效融合。学生通过对学教具的身体操作获得具身经验，学会想象具身经验，从而在阅读时能够运用想象操作来完成理解过程。虽然具身阅读作为一种学习理论受到质疑，并不能完全地取代传统阅读，但是它可能非常适合年龄小的阅读者。

第十二章　先天还是后天：镜像神经元的起源。联想序列学习模型虽然能够解释大部分镜像神经元的研究，却无法否定其发生机制中的基因成分。本章尝试从自然教育学的立场出发，比较镜像神经元系统在多个物种中的演化历史，探索个体早期发展对社会性信息的偏好均显示出联想序列模型存在局限，指出联想序列学习提供的证据也不具有生态学效度。因此，未来对镜像神经元的基因基础如何影响其产生、发展与演化的探讨仍将是一个极具意义和生命力的主题，其中，中国比较心理学家郭任远的或然渐成论思想及其研究证据尤其值得重视。该理论对镜像神经元起源的解释包含了丰富的教育学思想资源，对于广义的自然教育学，以及狭义的学校、家庭与社会教育理论与实践有所裨益。

第十三章　婴儿如何认识他心："似我"假说及其社会教育意义。婴儿可以借助"似我"的认识解读他人的行为、意图和心理状态，并通过他人间的互动信息推断和调整自身行为。本章通过行为、感知与适用性三个维度考察"似我"假说的基本框架与实验证据，并分析"似我"认识的影响因素和发展途径。在此基础上，反思幼儿教师如何创设有助于模仿和观察的学习环境，以促进学前儿童镜像神经元系统的发育，提高其社会认知能力。

第十四章　建构"心智化课堂"：认知工具的视角。人类文化认知的独特性使得人类成为拥有社会互动和文化传承的心智化群体，人类天生具备在社交过程中加工处理社会信息的能力。伴随学校教育兴起，这种社会物种的天性却被越来越多的规训束缚而得不到释放，使传统课堂的互动空间无法满足心智化发展的需求。如何在课堂教学中顺应人类的社交天性？文化进化心理学家海耶斯（Heyes）的认知工具理论提供了认识论框架，将心智化系统视作一种文化进化产物的认知工具集成，进而启发我们将社会动机、模仿、读心与叙事等"认知机制之磨"融入课堂的学与教。该范型将有归属感的社会性学习者，交互式的学习过程，为教而学的学习方式以及作为社会叙事的学习内容等四大要素耦合起来，有助于生成一种"心智化课堂"，以释放课堂教学的社交天性。

第一章

第二代认知科学与具身教育心理学的兴起

在《平话心理科学向何处去》一文的结尾处，著名中国心理学先驱、曾任杭州大学校长的陈立先生(1997)曾提及他的老朋友、美国圣迭戈大学认知科学系诺曼(Norman)教授(1990)对于认知科学未来的担忧。其中最触动陈老的是："脱离身体的智能对智能的研究是最不智慧的解法(The disembodied intellect is an untelligent solution)"(p. 387)。近二十年来，上述问题在具身认知框架下得到系统反思。

具身认知(embodied cognition)是认知科学中一个不断发展的研究取向，它强调身体与环境在认知过程的发展中所扮演的形成性角色。具身认知理论家旨在解释我们所拥有的全部感知、认知和运动能力构成性地依赖于自主体的身体的各个方面。近年来，"具身认知"或"具身性"这两个词被交替使用，指的是一系列广泛的想法和方法，从最低限度的具身到激进的具身，并包含了介于两者之间的一些立场，从而引发了一场深刻的 4E 认知革命（刘晓力，2022；Newen，Gallagher & de Bruin，2018）。本章尝试对以具身认知为代表的第二代认知科学的肇端、愿景和隐忧给予必要的观照，分析其未来可能发展的方向。

第一节 从"物理符号系统假设"到 4E 认知

1976 年，认知科学领域的两位巨擘——阿伦·纽威尔（Alan Newell）和赫伯特·西蒙（Herbert Simon）提出了著名的"物理符号系统假设"（the physical symbol system hypothesis，PSSH）以应对自人工智能之父图灵（Turing）的难题：计算机似乎可以思考。然而，计算机是由无生命的硅基物所组成的，而人类则是活生生的肉体。他们有什么共同之处可以产生思考呢？根据 PSSH 的说法，答案是两者都是具有四个共同特征的符号处理器。

首先，符号具有物理实例化（physical instantiation）。例如，在计算机存储器中存储 0 和 1 模式的双稳态存储单元，或者以其强形式存储诸如物理标记的物理对象。这些物理符号具有代表性，即这些符号代表真实的事物，如颜色、情感、图像和活动。但与威廉·詹姆斯洞见不同的是，在心理上，我们永远不会两次进入同一条溪流，而这些物理符号被认为是上下文不变的、静态的和非实体的。它们的特点是后来被称为"跨情境同一性假设"（trans-situational identity assumption）（Tulving，1983）。该假设认为特定的符号是静态的和不变的，无论它何时或如何使用都保持不变。其次，符号是由规则操纵的，也就是计算机程序中的"如果—那么"（if-then）操作，这等同于人类学习的规则、联想和产品。无论是计算机还是人类，都是使用规则来操纵符号的。再次，计算机符号和人类符号都被认为是与所指事物任意相关的。因此，就像计算机中代表概念的一系列 0 和 1 一样，比如说，脑中的"狼"概念看起来、听起来或行为都不像真正的"狼"，心理表征是由大脑所记录并提取出来的独立存在的特征。这种任意性确保了符号可以完全通过与规则相关的属性来操作；它确保了效率，因为符号中没有无关的东西；它确保了即使人类在某一维度上的辨别能力有限，也可以无限地使用符号。最后，它确保了计算机符号和人类符号在种类上是相同的。

随着认知的 PSSH 取向的成功，问题也接踵而至。甚至在具身认知出现之前，认知理论就已经在逐步远离 PSSH。首先，如果符号是人类认知的一部分，那么它们不是任意的，而是有根据的，即可以追溯到世界上的参照物。大脑的运作依赖于大脑的神经层以特定的方式相互作用，这些方式可以被认为是转换，具有特定的功能。这些操作获取源自世界的信息，并使其经历对人或动物有用的转换（如视网膜的侧向抑制、记忆系统的自相关和听觉系统的傅立叶转换）。然而，重要的是，即使有了转化，大脑更深层次的内部表征最终也是可以追溯到外部世界的，即是接地的（grounding）（Glenberg et al.，2013）。

遗憾的是，尽管符号的情境特征的概念在计算机中适用，但它在人类中似乎并不适用。首先，实验数据显示，人类所使用的象征符号不可变实际上是不正确的。人类在运输情境下建构的"train"（火车）显然不是在着装情境下建构的"train"（裙摆），记忆是在特殊独立的情境下的特异性编码（Tulving & Thomson，1973）。其次，PSSH 在表征和作用于它们的过程之间有很大的区别。虽然这一区别适用于某些计算机语言，但完全不清楚是否适用于人类。例如，从满足联结主义（connectionist-constraint）约束的角度来看，表征源自产生加工过程的激活模式中，它们并不是与加工过程相分离的。从动态系统的角度来看，没有加工过程就没有表征。从知觉—行动的角度来看，我们感知到的东西必然与我们的行为有关（Gibson，1979）。再次，PSSH 在思想和行动之间作出了笛卡儿式的区分，将心灵视为离身的（disembodied）。根据 PSSH 的说法，当计算机使用规则操作符号时，以及当人类使用相同的规则操作相同的符号时，会出现完全相同的想法。符号操作所在的身体的细节被认为是无关紧要的。最后，尽管 PSSH 模型占据了人类记忆和认知的大部分数据，但在这些模型中没有任何"自我"的迹象。认知心理学家图尔文（Tulving）（1993）等曾坚持认为，情境记忆涉及一种特殊的自我认识或自我意识（autonoetic consciousness），并且越来越多的证据支持这一观点（Wheeler et al.，1997），对个人特有事件的自传体记忆（autobiographical memory）进行了广泛的研究。但是，概念化和形式化地实现类似"自我"的东西，并表征它的功能，当时（并且在很大程度上仍然）超出了记忆和认知模型的范围。原因可能是尽管这些模型中使用的操作在神经学上是可信的，但它们只依赖于感知系统，而不是运动系统或来自后者的任何反馈。

与 PSSH 所蕴含的主张不同，当涉及自我时，记忆会从根本上得到增强。举例来说，在真正执行一项任务的时候，比如折断一根牙签，会比看另一个人执行任务产生更好的记忆（Engel Camp，1995）。同样，当编码者的编码内容涉及他或她自己时，记忆也会增强（Cloutier & Macrae，2008）。这种自我认识、自我介入、自我反省的认知过程是什么？作用如何？又是如何产生的？

基于对认知主义和联结主义等经典认知科学研究框架的反思，也基于对经典认知研究的"表征—计算主义"主流研究纲领的反思，20 世纪90 年代，当代认知科学研究中开始正式出现一种新的研究框架——以具身认知（embodied cognition，EC）为代表的第二代认知科学。第二代认知科学的研究框架更注重将大脑神经生理活动和社会文化情境等生物学、社会学因素纳入认知理解之中。该框架对 PSSH 进行了系统的慎思与批判，概括而言，为了更真实地理解和再现人类认知，具身认知强调了两个基本论题：一是知觉密合行动（perception is tightly linked to action），二是思维接地知觉（thinking is grounding in experience）。由此延伸出很多具身的方案。这些方案在根本方法上有一些变化。例如，拉科夫（Lakoff）和约翰逊（Johnson）（1980）致力于隐喻的研究，巴萨卢（Barsalou）（1999）致力于研究重点依赖表征的参与的概念，而比尔（Beer）（1996）研究对"最小化"（minimally）认知任务的理解，吉布森（Gibson）（1979）着重研究直接感知，直接感知的相关研究也引发了很多具身认知理论家的兴趣，他的研究中表征缺失是十分明显的。尽管如此，依然有一些一般的主题在第二代认知科学同盟群体中得到了共鸣——这个同盟有时也被称为 4E 认知：具身认知（embodied cognition）、生成认知（enactive cognition）、嵌入认知（embedded cognition）和延展认知（extended cognition）。

其中，延展认知理论作为构成性的具身认知（constitutive embodied cognition）解释，也是第二代认知科学中晚近出现的一种激进版本。该理论不满足于具身认知、生成认知与嵌入认知这"3E"的弱的或温和的立场：认知过程在很大程度上依赖于有机体的外部实体和认知所处的环境结构。延展认知理论认为，在某些条件下，认知过程和认知系统在时空上遍布大脑、身体和世界，以至于神经元以外的元素与神经元元素密切互动，构成了一些认知过程或认知系统（Clark，2008；Rowlands，2010；Wheeler，2010；刘晓力，2011）。换言之，心灵是一个系统，有时超越了人体的界限，将环境资源囊括进来并作为其适当的部分（Clark & Wilson 2009；Clark & Chalmers，1998），即构成认知载体的物理基质不仅仅位于个人的大脑和身体中，在某些情况下，颅外和非生物的事项可以是认知过程的组成部分，认知状态的适当部分有时会延伸到环境中（Clark，2010）。因此，认知有时是本体论上分布式的（ontologically distributed），并以环境的某些活动为特征（Wheeler，2010）。

第二节　第二代认知科学中的哲学概念及其经验证据

一、认知的具身性与生成性

第二代认知科学强调的第一个议题是认知的具身性（embodiment），即心灵或认知不是脱离身体的东西，相反，认知受到身体和大脑与环境相互作用的影响。这一说法可以通过多种方式得到证实。例如，普罗菲特（Proffitt）（2006）关于视觉感知的研究表明，感知距离受到身体穿越该距离所需的能量需求的影响。因此，当你疲倦、背着沉重的背包或身体状况不佳时，同样的距离看起来会更长。卡萨桑托（Casasanto）（2011）的研究揭示了左撇子和右撇子之间惊人的差异。左撇子和右撇子在思考动作动词时使用大脑的不同部分；他们对"善"等抽象概念的思考方式不同；也许最令人惊讶的是，几分钟实验诱导的双手使用方式的改变，会导致人们对好的和坏的思考方式的不同。

此外，身体的变化会导致认知的变化。通过美容注射肉毒杆菌来阻止皱眉肌的运用，选择性地减缓了描述愤怒和悲伤等事件句子的处理速度，但不会延缓描述快乐事件句子的处理速度（Havas et al.，2010）。严重脊髓损伤患者感知人类步态差异的能力降低，但对光栅的感知能力则不会降低（Arrighi et al.，2011）。这些结果暗示了哲学家称为"构成性"（constitution）的可能性：身体动作和大脑的感知运动皮层不单是有助于认知，甚至说动作就是认知（Glenberg，Witt & Metcalfe，2013）。

这些数据有助于说明认知是根植于感知运动系统的。因此，"距离"

的心理学意义是以身体的能量消耗为基础的；"踢"或"捡"等动词的意义根植于我们与事物是用腿或手来互动的方式；愤怒的意义至少部分是利用面部肌肉来表达的。人的思想并不是柏拉图式的抽象，后者可以通过电脑轻松地执行。相反，思想以及思考的行为是利用感知、运动和情绪系统的模拟。

　　这种思路赋予大脑感知运动系统在认知科学上的重要地位："我们相信认知的基本功能是运动控制。从进化的角度来看，很难想出其他的解释。换言之，系统之所以会进化，是因为进化有助于增强生存和繁衍的能力，而这些活动都需要动作来完成……因此，虽然大脑具备知觉、情绪等其他能力，并且这些能力非常了不起，但是，这些能力都是为运动服务的"（Glenberg & Gallese，2012，p. 919）。

　　第二代认知科学的第二个主题是对行动的关注，即强调认知是生成的（enactive）。认知的一种进化压力就是需要控制行动：没有行动就没有生存，并且根据生物学家利纳斯（Linas）（2001）提醒的"神经系统只是多细胞生物的需求……它可以策划或表达主动的运动"（p. 15）也能看出。而且自从吉布森（1979）关于直接感知与功能可供性的开创性研究以后，心理学家越来越认可行为改变感知，动物也有感知系统，因为它们也需要控制行为。因此，感知与运动的相互依存是认知的核心。

　　赫尔德（Held）和海因（Hein）（1963）的小猫传送实验揭示出了行动在感知发展中的角色。在这种环境中，一只小猫控制自己的运动，而另一只小猫则在一个带轭的吊车上——接受相同的视觉输入，但没有自我控制的运动。虽然所有的小猫对光线和视觉追逐的移动物体都有正常的反应，但被动的小猫表现出眨眼反应和视觉引导的爪子放置能力的受损。它们也不能辨别深度，经常行走在视觉悬崖上（当然，这在现实世界中可能是致命的）。坎普斯（Campos）等人（2000）记录了在人类发展中将感知和自我运动联系起来的类似需要。虽然传统的方法认为感知独立于行动而运作，但这些结果证明了即使是对于学习如何感知来说行动的必要性也是如此。

二、认知的功能可供性

认知的功能可供性是第二代认知科学关注的另一个焦点。在谈及功能可供性概念的起源时，吉布森提到考卡夫（Koffka）在格式塔心理学理论中定义客体的需求特征（demand character）（1935）："每一件事物都在说它是什么……水果说'吃了我'；水说'喝了我'；雷说'怕我'；女性说'爱我'……信箱'邀请'邮寄的信；手柄'希望被抓住'，所有东西告诉我们怎样使用它们"（Gibson，1979）。吉布森认识到他的功能可供性观点来自考卡夫的效价（valence）、邀请（invitation）和需求（demand）的观念，却有关键性的不同："功能可供性不会因为观察者需要的改变而改变。一种功能可供性不是根据观察者的需要和知觉行动而运用。客体提供功能可供性是因为它本身具有这种属性"。

因此，吉布森的理论中心观点在于他明确拒绝接受行动和知觉之间的二分法，生理和心理能力之间潜在的二元论。"因此我们为了运动必须知觉，但我们为了知觉必须运动。"吉布森的先锋作用和他的生态学的观点是具身认知的基石，推动具身认知在认知科学全景中稳步向前发展。在某种意义上，吉布森（1979）称性质关系到有机体的功能可供性，并且他会谈及对象对不同种类的有机体供给不同事物。岩架为野蜂提供繁殖的场所并为秃鹫提供栖息地。吉布森最具争议的主张是功能可供性可以被直接感知——从秃鹫的角度，岩架可以被直接感知而不带有任何种类的认知干预，为其提供栖息场所。

上述立场直接启发了认知心理学家亚瑟·格伦伯格（Arthur Glenberg)提出语言理解的索引假说（indexical hypothesis）。索引假说认为，符号语言需要通过模拟句子内容而变得有意义，这种模拟需要通过以下三个步骤来完成：索引（indexing）、提取功能可供性（derivation of affordances）和整合（meshing）。首先，对句中的词汇短语与环境中的物体或感知到的象征符号作出索引（映射）。索引是将一个象征符号（如一个说出来或者写下来的单词）与它实际代表的具体实物进行配对。其次，从索引物体中提取功能可供性，由物体得出某种可供性。例如，为鸟供给休息处的树枝不会为猪这么做，而"为成人供给座位，并非为老鼠或者大象，它们对坐在一把普通椅子上而言具有错误种类的身体"（Glenberg & Kaschak，2002，558—559）。最后，在句法结构指导下，这些动作以尊重身体对动作约束的方式被整合起来。

　　同样使用接地认知（grounding cognition）框架，巴萨卢（1999）提出了一种有影响力的知识的知觉理论，以替代传统的非模态知识模型。在他看来，在知觉体验过程中，大脑中的联合区捕获到了感觉运动区的自下而上的激活模式，随后，再以自上而下的方式，联合区重新激活了感觉运动区，以实现感知符号。也就是说，为了表示一个概念，神经系统部分地运行，就好像与实例交互一样。例如，为了代表"椅子"这一概念，视觉、动作、触觉和情感的神经系统部分地再现了对椅子的体验（Pecher et al.，2003）。

　　在相同的一般框架下，卡萨桑托（2009）提出了身体特异性假说（body-specificity hypothesis），该假说认为，拥有不同身体的人，即使在抽象的领域，以系统不同的方式与其物理环境互动的人，也会形成与之对应的不同心理表征。与这一假设一致的是，卡萨桑托（2009）的实验表明，右撇子倾向于将"右"与积极的想法联系在一起，而倾向于将消极的想法与"左"联系在一起，左撇子则表现出相反的模式，将善良、智慧、吸引力和诚实等积极属性与空间的左侧联系起来。随后，一项研究分析了政治辩论（2004 年和 2008 年美国总统大选的最后两场辩论）中的演讲和手势，发现有证据表明，说话者将积极信息与主导手势更紧密地联系在一起，将负面信息与非主导手势联系在一起，揭示了行动和情感之间的隐藏联系（Casasanto & Jasmin，2010）。

三、基于知觉经验的具身化概念

根据经验表征主义的概念理论，感知觉在因果上先于概念，概念都能在知觉中找到它们的来源，因而知觉总是优先于概念，概念则是知觉表征的复制物或复制物的组合（郁锋，2020，p. 41）。以具身认知为代表的第二代认知科学提出了基于知觉经验的具身化概念研究。该框架一方面承继了传统经验主义的精神实质，吸收了认知科学中表征主义和知觉理论的经验研究成果，突出强调了感知和认知、经验和概念的连续性；另一方面又保持了自身的理论创见力和解释力，反对将感知和认知、经验和概念置于理性和经验绝对的二元对立之中。

来自认知神经科学的一致发现有力地支持了上述想法。首先，基于镜像神经元活动规律提出的具身模拟理论（embodied simulation）认为，运动系统因果性地参与了低阶的言语感知加工。神经影像数据表明，镜像神经元的大脑区域在言语感知过程中会参与进来。例如，卡伦（Callan）等人（2014）证明，在元音识别任务中，当信号噪声降低时，作为经典镜像神经元系统的腹侧前运动皮层（ventral PMC）反应会增强，这一现象表明该区域参与了噪声条件下的语音辨别能力。进一步研究测量与运动控制有关皮层兴奋性在言语知觉中的作用，并发现言语效应器（如嘴唇或舌头）的运动皮层表征在感知噪声中的言语时增强了（Nuttall et al.，2017）。同时，这种激活还与语音感知能力产生了关联，聆听者运动系统的激活与自身产生语音时呈现类似的激活模式（镜像反应），并且这种激活模式越明显也伴随着更好的在噪声中辨别语音的能力（d'Ausilio et al.，2014）。

在更为复杂的语言加工过程中，几类语言项目（即动词、名词和形容词）的意义，特别是当表示具体的动作、对象和与动作相关的对象的内在特征时，是基于感觉运动经验和相关的大脑回路（Buccino et al.，2016）。因此，我们对语言材料的理解似乎在一定程度上是基于该语言材料所表达的经验所涉及的感觉运动系统的复用（reuse）或重新激活（Buccino et al.，2016；Desai et al.，2010；Pulvermüller，2013）。这种方法与传统的概念观形成了鲜明对比，即语言材料主要代表抽象的、非模态的和符号的概念，这些概念在大脑的感觉运动系统之外被表示，并被单独的、特别的专用神经结构所掌握（Buccino et al.，2016；Desai et al.，2010）。索引假说提出语言理解要求语言的抽象符号（即单词和句法）映射到具身经验或这些经验的表征上（Glenberg et al.，2011）。这些体验可以直接通过感知环境来提供，或者由记忆中的知觉符号提供，这些知觉符号是一种类似的表征，由最初理解对象时激活的相同神经系统的部分重新激活组成（Glenberg et al.，2011）。

在另一项 fMRI（功能性磁共振成像）研究中，参与者听了描述手/手臂动作事件、视觉事件或抽象行为的句子，报告说，与视觉和抽象句子相比，当理解描述动作的句子时，与规划和控制手部运动、运动知觉和视觉相关的区域被激活（Desai et al.，2010）。使用脑成像技术的研究也证实了与身体不同部位相关的动作词以一种躯体刺激的方式激活了额叶—中央皮质（Hauk et al.，2004），即使当受试不专注于语言刺激，而是专注于分散注意力的任务时，这种激活也会发生，从而得出结论，大脑处理词义的方式在很大程度上是自动的（Pulvermüller et al.，2005）。

越来越多的脑损伤研究证据也从反面暗示了运动系统征用在语言加工中的因果作用（Buccino et al.，2016）。在运动障碍（如帕金森病和中风）研究被试中，研究也报告了动作语义受损（Desai et al.，2015；Fernandino et al.，2013）。凯默勒（Kemmerer）等（2012）进行了一项研究，他们对 226 名左右大脑半球病变广泛分布的患者开展了 6 项任务的测试，以探测（语言和非语言）动作的词汇和概念知识。研究结果显示，因为患者在动作的词汇和概念性知识（受包括额—顶感觉运动系统在内的大脑皮层网络所调控）方面存在广泛的困难，因此支持具身认知框架。此外，最近的一项研究在词汇呈现过程中用经颅磁刺激（TMS）暂时扰乱了运动皮层的手部表征，发现运动皮层在功能上有助于语言理解，也支持了运动皮层区域在动作相关词的语言理解中发挥功能作用的说法（Vukovic et al.，2017）。

第三节 从具身学习到具身教育心理学

在过去的十年中，融合了具身认知研究领域研究成果的教育研究已经成为一个重要的领域（通常被称为具身学习）（Lindgren & Johnson-Glenberg，2013）。具身学习是认知科学中的一个研究范式，描述了我们的身体和环境与认知过程的关系（Barsalou，1999；Beilock，2015；Glenberg，2010；Shapiro，2010）。由于具身学习领域的发展，我们需要仔细研究不同的具身认知方法，它们在教育环境中的潜力，以及目前对其有效性的证明。

在目前的文献中可以找到各种各样的将具身认知转移到学习中的方法（相关讨论见 Skulmowski & Rey，2017）。一方面，很大一部分具身学习研究关注涉及学习者整个身体的教学环境（Johnson-Glenberg et al.，2014；Lindgren et al.，2016）。然而，研究者还注意到，除了全身运动之外，具身现象在教育背景中的潜在用途。这些方面包括手势（Pouw et al.，2014），甚至是具身认知的小规模实施，比如与非实体的箭头符号相比，评估动画中显示人的手是否可以帮助学习（de Koning & Tabbers，2013）。尽管一些理论模型强调了广泛的身体运动形式（如运动）在具身学习研究中的作用（如 Johnson-Glenberg et al.，2014），我们提出了一个基于身体参与和任务整合维度的更普遍的模型。这个分类法使我们能够系统地、翔实地比较和讨论从有限的运动程度到全身运动的具身学习研究。

通过回顾最近关于相关领域文献并考察其重要的理论渊源，我们尝试展示一种从现象意义上的具身学习到体系性建构的具身教育心理学。我们将从下面几方面的研究呈现专注于学习和教育理论及应用领域的具身教育心理学（embodied educational psychology）进路。

一、具身和多感官认知加工

巴萨卢（1999）的感知符号系统框架是最有影响力的具身认知理论方法之一。这种说法表明，人类利用他们的感官神经结构来创造他们环境的多感官表征（关于具身认知和语言的系统考察参见 Pulvermüller，2013；Zwaan，2014）。这条研究线索显示，人类在头脑中想象一个物体或行动时，会重新使用那些在感知过程中活跃的大脑结构（Barsalou，2008；Anderson，2010）。巴萨卢（1999）的模型明确地打破了福多尔（Fodor）（1975）将符号表征的抽象形式作为人类概念系统的描述的想法（Glenberg，Witt & Metcalfe，2013，关于认知的抽象和具身理论的对比）。基于人类认知的具身观点，教育心理学研究者已经开始开发干预措施，旨在通过直接吸引多感官处理来使学习内容更容易被掌握（de Koning & Tabbers，2011）。

二、手势

身体动作在学习中的重要性的证据源于手势研究（Pouw et al.，2014；Goldin-Meadow，2010）。对幼儿进行的实验研究据说证明了手势与语言学习之间的密切关系（Iverson & Goldin-Meadow，2005）。在数学教育领域，儿童被证明可以从观察教师的手势使用中受益，因为这增加了儿童自己对手势的倾向性（Cook & Goldin-Meadow，2006）。在该研究中，那些做手势的儿童在测试中得分更高（Cook & Goldin-Meadow，2006）。对手势的积极作用的解释是，与仅仅依靠儿童口头表达的教学方法相比，手势在长期记忆中产生知识结构更加容易（Cook，Mitchell & Goldin-Meadow，2008）。此外，还有一些实验显示，让参与者做手势时，学习效果会有所提高（例如，de Nooijer et al.，2013；Stieff，Lira & Scopelitis，2016；Toumpaniari et al.，2015）。重要的是，手势不仅在年幼时发挥作用，而且在以后的岁月里仍然是具身学习的重要途径（Kontra，Goldin-Meadow & Beilock，2012）。

三、物理和虚拟的具身学习

除了手势之外，具身认知研究还探讨了其他形式的身体活动对学习的意义。例如，具身式学习理论的一个重要理论组成部分是生成（enactment）的概念（Gallagher & Lindgren，2015）。当身体运动与这些目标在语义上相关时，就会发生学习目标的身体生成（bodily enactment）（Hutto，Kirchhoff & Abrahamson，2015）。教育心理学研究者已经开始以多种方式利用专注于生成的学习策略（Fiorella & Mayer，2016）。菲奥雷拉(Fiorella)和梅耶尔(Mayer)(2016)讨论的一个例子是专注于阅读理解的研究(如 Glenberg，Gutierrez，Levin，Japuntich & Kaschak，2004)。由于阅读理解被认为与具身认知有关(de Koning & van der Schoot，2013)，一些研究表明，当儿童身体力行地表演他们正在阅读的故事时，阅读理解可以得到加强(Glenberg，2011；徐慧艳，陈巍，高奇扬，2019)。

使用数字学习媒体调查了由具身认知启发的各种研究问题(Lindgren & Johnson-Glenberg，2013)。例如，庞(Pouw)等(2016)证明，描绘物理学领域学习内容的动画可以通过一幅人类的画来帮助学习者理解原本抽象的关系。特定类型的平板电脑互动会产生更高的学习效果(Dubé& McEwen，2015)，涉及身体运动的交互式混合现实设置可以为学习提供优势(Lindgren et al.，2020)。

综上，受第二代认知科学的深刻影响，具身教育心理学正不断革新并重塑着我们对于学习、教学与教育的认识。其中，来自神经科学领域的一系列重要发现，则进一步为具身教育心理学揭开人类心智的神秘面纱，回应人的生物性与社会性双重属性及其教育意蕴。

第二章

镜像神经元与镜像神经元系统

意大利帕尔马大学的迪·佩莱格里诺(di Pellegrino)、法迪加(Fadi-ga)、福加西(Fogassi)、加莱塞(Gallese)和里佐拉蒂(Rizzolatti)(1992)利用单细胞记录技术在恒河猴的运动前区皮层下部边缘位置(F5区，布罗德曼6区腹侧边缘)首次发现了一些具有特殊属性的神经元，它们在恒河猴自身执行目标导向(goal-directed)手部动作或者观察同类执行相似动作时都被激活。由于这些神经元能像镜子一样映射其他个体的活动，加莱塞、法迪加、福加西和里佐拉蒂(1996)；里佐拉蒂、法迪加、加莱塞和福加西(1996)在进一步的单细胞记录研究中将其称为"镜像神经元"。

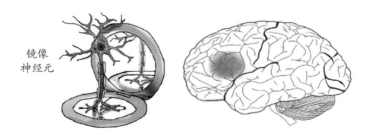

镜像
神经元

图 2-1　镜像神经元以及所处大脑区域

镜像神经元的发现所带来的影响无疑是革命性的，它们将研究者的目光从对知觉—行为的探索转向了寻找人类镜像神经元活动的跨学科研究，这对个体的动作模仿学习、共情、语言习得和意图理解等社会认知活动的展开也具有极为重要的意义。镜像神经元甚至被描述为"心理科学的 DNA"或"塑造文明的神经元"（Ramachandran，2011）。然而，虽然在镜像神经元发现至今的二十余年内，相关的研究报告一直以几何级数递增，但研究者却很难从这些纷繁的研究成果中听到和谐的声音，更多的是无休止的激烈争论。这些争论有的来自严谨的实验室实验（Eshuis，Coventry & Vulchanova，2009；Lingnau，Gesierich & Caramazza，2009），有的则来自理论性的反思（Hickok，2009，2013；Gallese，Gernsbacher，Heyes，Hickok & Iacoboni，2011；Kosonogov，2012；Casile，2013；Caramazza，Anzelotti，Strnad & Lingnau，2014）、哲学思辨（Borg，2007，2012；Uithol，Van Rooij，Bekkering & Haselager，2011）或者对当前研究的元分析（Molenberghs，Cunnington，Mattingley，2009，2012）。由此带来的影响直接质疑了二十多年来基于镜像神经元及其系统提出的种种假设，包括动作目的的编码与模仿（Cook & Bird，2013；Caggiano et al.，2013），以及孤独症的"碎镜理论"（Fan，Decety，Yang，Liu & Cheng，2010；Hamilton，2013）。因此，系统澄清其中的争议将有助于研究者正确认识镜像神经元的功能，从而把握住镜像神经元研究未来发展的脉搏。由于镜像神经元在动作理解（action understanding）与模仿（imitation）上的作用是有关其功能最初也是最保守的假设（Rizzolatti & Craighero，2004；Hickok & Hauser，2010；Rizzolatti & Sinigaglia，2010；Frith & Frith，2012），对镜像神经元在动作理解上作用的质疑将直接构成对相关理论的瓦解（Hickok，2009；Kosonogov，2012）。因此，梳理该领域中存在的争议将成为所有相关讨论的基础。在本章中，我们尝试以这些争论焦点出现的逻辑关系和性质为依据将其分为两类：一类是关于镜像"内涵"的争议，主要包括镜像神经元是否存在及其起源的争议；另一类则主要是围绕镜像"外延"的争议，即有关镜像神经元系统（mirror neuron system）和镜像机制（mirror mechanism）的争议。

第一节　镜像的内涵

迪·佩莱格里诺等（1992）在恒河猴的 F5 区发现镜像神经元之后，提出了另一个十分有趣且非常值得思考的问题，即 F5 区在人脑中的同源体大部分在布洛卡（Broca）区，这是否是巧合？加莱塞等（1996）和里佐拉蒂等（1996）在利用单细胞记录技术绘制恒河猴镜像神经元脑区分布时，同时注意到了这个问题，F5 区在人脑同源体中是否真的也存在镜像神经元？里佐拉蒂、法迪加、马泰利（Matelli）等（1996）利用 PET 技术取得了一些收敛性的证据（converging evidence），并认为在人脑的颞中回（middle temporal gyrus）、颞上沟（superior temporal sulcus，STS）和额下回尾部（inferior frontal gyrus，IFG）存在具有镜像属性（mirror properties）的神经元。由此拉开了关于人脑中镜像神经元是否存在及其起源，镜像神经元系统与镜像机制等问题争论的大幕。

目前，由于研究对象和技术的局限性，研究者不可能随意在人脑疑似镜像神经区域进行单个神经元神经电生理活动的研究。人脑中是否存在镜像神经元的确凿证据一直无法获得。幸运的是，当前在这一问题上已经取得了一些突破性的进展，越来越多的证据指向人脑中存在镜像神经元这一假设。此外，同样引人关注的还有镜像神经元的产生机制，对该问题的争议还未得到彻底解决。

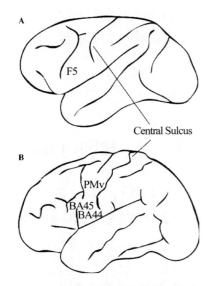

图 2-2　猴脑的 F5 区与人脑的布洛卡区

（Fadiga，Craighero，D'Ausilio，2013，p. 22）

注：Central Sulcus（中央沟亦称中央裂），是大脑最为显著的脑沟之一。中央沟分隔大脑两个主要的"叶"。其前部是额叶，后部是顶叶。与中央沟相邻的两个脑回分别为中央前回和中央后回。其中，中央前回包括大脑的初级运动皮层和前运动区的部分；中央后回是大脑的体感皮层的所在处。中央沟向下方一直延伸到外侧沟附近。

脑区缩写：

PMv＝腹侧前运动皮层，是皮质—皮质通路的重要组成部分，介导前额叶对初级运动皮层（M1）功能的控制。

BA44＝布罗德曼 44 区（Brodmann area 44），简称 BA44 区，是大脑皮质的额叶的一个细胞结构分区，它位于额叶的外侧部，前运动区之前，布罗德曼 9 区之下，布罗德曼45 区之后。

BA45＝布罗德曼 45 区（Brodmann area 45），简称 BA45 区，是大脑皮质的额叶的一个细胞结构分区。它位于额叶的外侧部，布罗德曼 44 区之前，布罗德曼 9 区之下，布罗德曼 46 区之后。

布罗德曼 45 区与布罗德曼 44 区一起组成布洛卡区，与语言，尤其是语义的处理相关。

一、人脑中存在镜像神经元吗？

在很长一段时间里，关于人脑中是否存在镜像神经元的争论表面上可能更多地集中在其研究结果的间接性上。恒河猴 F5 区混合存在着空间位置非常接近的视觉属性的、运动属性的、视觉—运动属性的和听觉—视觉属性的镜像神经元(Kohler et al. , 2002；Keysers et al. , 2003)。人脑皮层中可能也存在相似的神经元(Shmuelof & Zohary，2005；Gazzola，Aziz-Zadeh & Keysers，2006；Keysers，2009；Mukamel，Ekstrom，Kaplan，Iacoboni & Fried，2010)。当下广泛采用的 PET 和 fMRI 脑成像技术只能通过被试在有效执行动作和有效观察动作过程中所激活的脑区存在着空间重叠部分来证明镜像神经元的存在，但这些成像技术的分辨率使它们无法确定在有效执行动作和有效观察动作过程中都有激活的三维像素点中的神经元是相同的(Chong，Cunnington，Williams，Kanwisher & Mattingley，2008；Dinstein，Thomas，Behrmann & Heeger，2008；Dinstein，2008；Keysers & Gazzola，2009a，2009b)。

造成这种争论的实质是：研究中的镜像神经元缺少操作性定义，或没有准确的操作性定义。那么，究竟何为镜像神经元？里佐拉蒂和克拉伊盖罗(Craighero)(2004)在迄今为止该领域具有广泛影响力的一篇综述中明确给出操作性定义：(1)镜像神经元本身是一群特殊的运动神经元(motor neuron)，即它首先应在个体执行动作时放电(motor discharge)。(2)除了在运动时放电，镜像神经元的活动还必须具备感觉—运动的对应关系(sensory-motor association)。例如，几乎所有镜像神经元在对感觉刺激(包括动作的视觉刺激及与动作相关的听觉刺激)的反应与其编码的运动反应方面呈现一致性，即不仅仅是在自身执行某一动作时放电，而且在观察到他人做类似动作时也放电(Glenberg，2011)。这就是"镜像"(mirror)的意义。这两个特征将许多仅具备镜像属性的神经元排除出去。例如，哈奇森(Hutchison)(1999)等人曾以接受扣带回切断术(Cingulotomy)的患者为研究对象，发现在人类大脑的扣带皮层

（cingulate cortex）上存在一类与疼痛有关的神经元，它使得人类的共情体验会出现一种"镜像现象"（mirror phenomenon）。这种神经元不仅对作用于患者有害的机械刺激（例如，针刺手指）产生反应，也会对患者观察作用于实验者的相同刺激产生反应。不过，虽然这类神经元与镜像神经元在功能上极其类似，但它们是一种感觉神经元（sensory neurons），不具备运动属性，也就不能被归入镜像神经元。

　　以此作为标准不难发现，在当前的研究中存在对"镜像神经元"这一术语的滥用。一方面，一些研究者缩小了镜像的内涵，只承认经典镜像神经元系统（classical mirror neuron system）中（额下回的后部、顶叶皮层）的神经元系统为镜像神经元；另一方面，另一些研究者则任意扩大了镜像的内涵，将只具备镜像属性而不具备运动属性的神经元也纳入镜像神经元的范畴（Brown ＆ Brüne，2012）。这导致研究者无法确定在实验中观察到的被激活的神经元就是其所要研究的镜像神经元。

　　加莱塞等（1996）曾采用单细胞记录技术在恒河猴 F5 区植入了 532 个电极，其中仅有 92 个被记录的神经元被认为是镜像神经元。换言之，F5 区只有很小一部分是镜像神经元。此外，他们依据视觉（有效观察动作）—运动（有效执行动作）一致性将镜像神经元划分为三个子集，即严格一致性（strictly congruent）镜像神经元、宽泛一致性（broadly congruent）镜像神经元、不一致（no congruent）镜像神经元。这三类镜像神经元分别占所记录到的镜像神经元总数的 31.5％、60.9％和 7.6％。

　　事实上这种根据神经元的反应作出的分类并不严谨，特别是弱化了对镜像神经元的操作性定义。里佐拉蒂和克拉伊盖罗（2004）在提及这种分类时，只提到了严格一致性镜像神经元和宽泛一致性镜像神经元。这可能是因为很多研究者已经开始意识到这种分类存在不合理性。此外，里佐拉蒂和卢皮诺（Luppino）（2001）将恒河猴 F5 区的视觉运动神经元分为两类，即规范性神经元（canonical neurons）和镜像神经元。规范性神经元对某一对象表征作出反应（例如，观察到一个可被抓取的苹果），而镜像神经元则对对象的意向性行为作出反应（例如，观察到一个抓取苹果的动作）。虽然这些分类有利于我们对研究中的镜像神经元进行操作性定义，但囿于现有脑成像技术分辨率的局限，它们仍然不能帮助我们确定在有效执行动作和有效观察动作过程中所激活的是相同的神经元。

为了改变这种尴尬的局面，一些研究者呼吁从神经元对动作的选择性上来完成对镜像神经元的操作性定义。于是 fMRI-A（Grill-Spector & Malach，2001）的改进范式，即重复抑制（repetition suppression）范式或适应（adaptation）范式被引入研究，它也被认为是目前识别镜像神经元的有效方法（Shmuelof & Zohary，2005；Hamilton & Grafton，2006；Dinstein，Hasson，Rubin & Heeger，2007；Dinstein et al.，2008；Dinstein，2008）。这种方法的逻辑是：对于假定存在镜像神经元的特定皮层，重复动作刺激将导致该区域在单一重复抑制（unimodal repetition suppression）和交互重复抑制（cross-modal repetition suppression）下均出现适应现象（前者是指在先观察后执行或先执行后观察的情况下出现适应现象，后者则是指两种执行顺序的情况下都出现适应现象）。

遗憾的是，丁斯坦（Dinstein）等（2007）、宗（Chong）等（2008）和林瑠（Lingnau）等（2009）尽管在单一模式下观察到了适应现象，但均未能在交互模式下观察到双向的适应现象。换言之，他们的研究并没有成功地分离出镜像神经元。基尔纳（Kilner）等人（2009）在他们的基础上改进了实验中的动作刺激和动作任务，使这些动作更具有"意义"和更"敏感"，并最终获得成功，他们首次在交互重复抑制范式下观察到了人脑额下回区的适应现象。基尔纳的成功也首次为人脑额下回（即恒河猴 F5 区在人脑中的同源区）中存在镜像神经元提供了有力的证据。

凯泽（Keysers）和加佐拉（Gazzola）（2009a）曾质疑利用单细胞记录技术从癫痫患者身上获得镜像神经元存在证据的可行性。但穆卡梅尔（Mukamel）等（2010）利用单细胞记录技术，在 21 位癫痫患者的杏仁核、海马、内嗅皮层、海马旁回、辅助运动区、前辅助运动区、前扣带回背侧和边缘位置均发现了具有镜像属性的神经元，并进一步根据它们在各皮层区域的数量分布采取了相应的统计方法，从而确定了各皮层区域中所观察到的这些神经元的分布不是随机的。统计结果表明，海马、海马旁回、内嗅皮层和辅助运动区内具有镜像属性的神经元分布呈显著性水平。这意味着，从统计学的角度看，穆卡梅尔等第一次在单一细胞水平上直接证实了人脑中存在具有镜像属性的神经元。

尽管韦尔伯格（Welberg）（2010）不认可穆卡梅尔等的研究成果，认为他们在镜像神经元争议皮层区域以外植入电极，且发现了不属于经典类型的镜像神经元，这样的结果将会进一步激化关于镜像神经元是否存在的争论。但根据镜像神经元的操作性定义，以及大量的包括神经成像、经颅磁刺激以及行为研究在内的间接证据，研究者可以大胆推测人脑中确实存在镜像神经元。这种推测还得到来自神经系统种系发生学（phylogeny）的支持。现有的实验证据显示，鸣禽的高级发声中枢（HVC）与视觉联合区（auditory association region，Field L）中存在一类具有镜像属性的神经元（Prather，Peters，Nowicki & Mooney，2008；Keller & Hahnloser，2009；Roberts，Gobes，Murugan，Olveczky & Mooney，2012）。其中 HVC 区与猴脑 F5 区以及人脑布洛卡区具有进化上的同源性。鸣禽（a）、恒河猴（b）与人类脑（c）中"假定的镜像神经元系统"（putative Mirror Neuron System，pMNS）如图 2-3 所示。

总之，当前所有关于人类镜像神经元的研究都是在人脑存在镜像神

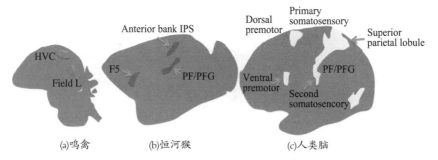

图 2-3 鸣禽、恒河猴与人类脑中"假定的镜像神经元系统"之比较

（改编自：Keysers & Gazzola，2009b，p. 2）

脑区缩写：F5 区＝大脑腹侧前运动皮层（ventral premotor cortex area）F5 区，HVC＝高级发声中枢，Field L＝视觉联合区（auditory association region），Anterior bank IPS＝前顶内沟（Anterior bank intraparietal sulcus），PF/PFG＝布罗德曼 40 区（Brodmann area 40），Dorsal premotor＝背侧前运动皮层，Ventral premotor＝腹侧前运动皮层，Primary somatosensory＝初级躯体感觉皮层，Superior parietal lobule＝顶叶上部，Second somatosensory＝次级躯体感觉皮层。

经元这样一个前提下进行的，大多数研究结果也倾向于间接证明人脑中镜像神经元的存在，且没有研究结果直接证明人脑中不存在镜像神经元。因此，我们可以认为之前研究的成果构成了证明人脑中存在镜像神经元的收敛性证据。那么，人脑中的镜像神经元又是如何起源的呢？

二、人脑中镜像神经元从何而来？

在早期关于镜像神经元活动的模仿理论解释（simulation-theory interpretation）的争论中，研究者们已经开始关注镜像神经元活动是先天遗传还是后天习得的问题（Gallese & Goldman，1998）。尤其是在人们认识到镜像神经元在社会认知活动中的重要意义时，研究者们探究其背后生成机制的愿望就越发强烈。从最初一些思辨性的假设到现在的实证研究，关于镜像神经元起源问题的争议也开始逐渐集中到适应假设（adaptation hypothesis）和联结序列学习假设（associative sequence learning，ASL）二者身上。这些争议激发研究者们开始系统考察镜像神经元及其系统的形成。

来自进化立场的观点认为，在种系系统发生史和个体发生学（ontogenetic）中，诸如动作再认和观察学习这类对生存至关重要的能力在某种程度上可以成为一种先天的能力（Borenstein & Ruppin，2005；Lepage & Théoret，2007）。索伯（Sober）（2008）认为，如果有机体的某一特征有助于其自身实现某种特定的功能，那么这种特征就是一种适应。海耶斯（2010a，2010b）则根据这一定义将进化立场的观点进一步概括为适应。具体地讲，人脑中的镜像神经元被认为是个体在社会认知活动过程中对动作理解的一种适应，而这种适应的本质就是迫于环境压力下的一种自然选择。根据这种观点，人脑中的镜像神经元可以在神经元水平上表现出遗传倾向。换言之，镜像神经元是生来就有的，而感觉经验和运动经验在镜像神经元的形成过程中只起到辅助促进作用。

然而，适应性假设却对新动作学习过程中所生成的镜像神经元难以作出有效解释。例如，库克（Cook）（2012）的研究发现工具使用及视听镜像神经元（audiovisual mirror neurons）对工具动作和工具声音的反应比对手所执行的抓握以及撕拉景象的反应更大，这种镜像神经元系统对非自然的刺激的更大反应与适应假设是不相符的。但这与凯泽和佩雷特（Perrett）（2004）、凯泽和加佐拉（2009a）以及朱迪切（Giudice），马涅拉（Manera）和凯泽（2009）提出的赫布学习假设（Hebbian learning）相一致。即镜像神经元是通过限定渠道化的赫布学习（canalized Hebbian learning）生成的，这一假设强调基因、环境和经验之间的交互作用在镜像神经元发展过程中的重要性。同时，它并不否认镜像神经元的发展存在遗传倾向，超越了先天和后天之争，并且与现在的进化生物学研究结论相一致。从这一方面而言，镜像神经元的属性可能类似于新热带区域的鸟嘴形态学特征，它们不仅因觅食和食物处理（非社会功能，类似于视觉运动能力）的需要而被选择，同时也会对歌声的产生（社会功能，类似于动作理解）有所影响（Derryberry et al.，2012）。

赫布学习假设发展至今已逐渐成为联结序列学习假设的一部分。二者最大的区别是前者主要是在微观神经元水平进行探讨，后者则是在宏观水平直接将外显的模仿行为和镜像神经元的活动联系起来。联结学习普遍存在于脊椎动物和非脊椎动物之中，说明这是一种进化上古老且高度保守的对事件之间预测性关系追踪的适应（Heyes，2012）。联结序列学习假设认为，个体在发展过程中，通过将相同动作的观察经验和执行经验建立起某种联系以形成感觉运动经验。这种感觉运动经验在镜像神经元的发展中起着主导性作用，镜像神经元正是通过重复观察和执行相类似动作的感觉运动经验来生成的。镜像神经元更多是一种联结学习过程的副产品，它并不用于实现某种特定功能，而是可以在社会认知活动的不同适应功能中发挥作用（Heyes，2001，2010a；Heyes，Bird，Johnson & Haggard，2005；Hill et al.，2013）。

继承了进化观点的适应假设和延续了赫布学习的联结序列学习假设也不代表先天和后天之争，两者都承认遗传和经验对镜像神经元发展的促进作用，但侧重点不同。适应假设对镜像神经元定义中的特征进行了解释，即镜像神经元是通过遗传进化而获得对观察行为和类似执行行为进行匹配的能力。相比之下，联结序列学习假设则更强调感觉运动经验在镜像神经元发展过程中所起的关键性作用。

研究者们试图通过对新生儿（猴）的动作模仿的研究来检验上述争论（Ferrari et al.，2006；Lepage & Théoret，2007；Jones，2009；Ray & Heyes，2011）。由于新生儿很少有机会获得感觉运动经验，因此，来自新生儿镜像神经元系统的证据能够有力地支持适应性假设。然而，也有一些来自新生儿或婴儿的研究是支持联结学习假设的。麦克尤恩（McEwen）等（2007）对两岁双胞胎的研究表明模仿方面的个体差异主要源于环境而非遗传。近来的一项研究也发现1个月时联结学习能力的个体差异能够预测8个月之后的模仿表现（Reeb-Sutherland，Levitt & Fox，2012）。目前，支持联结序列学习假设的证据主要来自基于人类被试且明确发现感觉运动经验能够提高、抵消甚至是反转镜像激活的一些研究。卡特默（Catmur），沃尔什（Walsh）和海耶斯（2007，2009），乌米特阿（Umilta）等（2008），卡特默等（2008）以及卡瓦洛（Cavallo）等（2013）假定，如果镜像神经元的发展依赖于感觉运动学习，那么我们就可以通过感觉运动学习训练来改变已经非常成熟的镜像神经元系统，甚至赋予它们逆向镜像（counter-mirror）属性。他们在研究中通过对被试进行不匹配的感觉运动学习训练成功地验证了他们的假设。换言之，他们的研究结果表明镜像神经元并非与生俱来的，也不是一经获得就无法改变的，其发展主要依赖于感觉运动学习。

客观地讲，由于这些研究中用到了已经成熟的镜像神经元系统，因此并不能确切地证实镜像神经元完全是通过感觉运动学习来获得其自身匹配属性的，但至少可以说明感觉运动经验能够塑造镜像神经元。并且，适应假设在缓冲期这个问题上无法对这些研究结果作出合理解释，主要体现在塑造镜像神经元所需要的时间和镜像神经元变化的程度上（Giudice et al.，2009；Heyes，2010a）。在这些研究中，镜像神经元在较短的实验时间里发生了变化却没有出现阻止变化的标志。在马尔歇（Marshall）等（2009）的研究中，他们发现对一个平均时间为5.5秒的观察学习视频以及随后立即进行的一次模仿便可以产生镜像效应。镜像神经元在如此短的时间里得以塑造与适应假设所期待的变化前的缓冲期假设不符。这些研究结果表明，原有镜像神经元系统中感觉运动经验能够完全转换而非部分改变。卡特默等（2011）在最近的一项双脉冲（paired-pulse TMS）研究中，通过对被试进行不匹配感觉运动训练使被试原本建立好的镜像激活联结转换成了一种逆向镜像激活联结。同时，他们还进一步证实了逆向镜像效应和原镜像效应中所涉及的脑区相同，再次强有力地证实了镜像神经元源于联结序列学习。

适应假设和联结序列学习假设各自的侧重点不尽相同，似乎也都可以用来解释镜像神经元的起源，只是当前的一些研究结果在立场上更支持后者（Catmur et al. ，2008；Giudice et al. ，2009；Hickok & Hauser，2010；Heyes，2010a，2010b；Catmur，2013；Cooper，Cook，Dickinson & Heyes，2013；Cook，Bird，Catmur，Press & Heyes，2014）。除了当前得到了更多实证研究成果的支持外，联结序列学习假设也更符合当前具身认知的认识论立场（陈巍，郭本禹，2014）。镜像神经元可能不像适应性假设所预设的那样起着关键的、专门的作用，而是在除动作理解外的动作模仿、共情、言语进化等社会认知活动中起着重要作用。相比于适应假设现在还主要停留在思辨性的或者经验性的研究水平上，联结序列学习假设已将研究视角从一个较宏观的理论预设落实到一个较微观的研究领域，使得镜像神经元相关研究变得易于操作。此外，联结序列学习假设本身也易于验证，这也是许多研究者倾向于支持它的主要原因。然而，必须指出的是，虽然目前的研究证据倾向于支持联结假设，但这些证据本身在逻辑上并没有排他性地直接否定适应假设，后者并没有在支持前者的实验证据中被"证伪"。换言之，认为镜像神经元的属性可以通过后天感觉运动的联结学习来获得或改变，并不能由此排斥它在种系发生学与个体发生学上作为进化适应性产物的可能性。因此，这二者的争议至今仍然没有定论，它们依旧是当前镜像神经元研究中的焦点问题（Iacoboni，2009a；Heyes，2010b；Oztop，Kawatob & Arbib，2013；Cook et al. ，2014）。

第二节　镜像的外延

镜像"内涵"的争议是当前镜像神经元研究中的核心内容，它极大地影响着我们对镜像神经元的正确理解。相比之下，有关镜像"外延"的争议则略显次要。此处的镜像"外延"主要指镜像神经元研究的衍生研究，本节主要探讨由镜像神经元系统和镜像机制二者引发的争议。对前者引发的争议进行整理将帮助我们重温镜像神经元研究的发展历程，而对后者进行讨论不单是因为它有望在多数研究中取代"镜像神经元系统"成为描述镜像现象的规范性术语之一，更多的是因为它有望成为短时期内镜像神经元研究的纲领性目标。

一、人脑中的镜像神经元系统

人脑镜像神经元系统引发的争议源自加莱塞等（1996）在研究过程中的一个假想。加莱塞等根据恒河猴 F5 区镜像神经元分类的结果，推断这些镜像神经元将组成一个系统用以匹配所观察到的动作和所执行的动作。在讨论这一系统在动作识别中的作用时，他们假定恒河猴 F5 区在人脑中的同源体，即布洛卡区也存在着类似的匹配系统。

里佐拉蒂、法迪加、马泰利等（1996）最早利用 PET 技术来精确定位人脑中这种匹配系统所涉及的脑区，以对这一假设进行验证性研究。结果表明，对抓取动作的观察确实能显著激活人脑皮层中的颞中回和邻近的颞上沟，以及左侧额下回等脑区。随着研究的逐渐展开，有关人脑镜像神经元系统所涉及的相关脑区及镜像网络的争议也迅速蔓延开来。

亚科波尼（Iacoboni）等（1999）证实了左侧额叶岛部（布罗德曼 44 区）

和右侧顶上小叶（right superior parietal lobule，rSPL）边缘大部在人类动作模仿过程中构成了匹配系统的解剖学基础，这一结果与梅达（Maeda）、费斯曼（Kleiner-Fisman）和莱昂（Pascual-Leone）（2002）随后的研究结果一致。哈姆扎伊（Hamzei）等（2003）利用 fMRI 技术研究动作再认系统与布洛卡区的关系时发现，无论是在观察还是执行相似行为的过程中，额下回、中央前回、顶叶皮层等脑区均有激活。贝基奥（Becchio）、宾科夫斯基（Binkofski）和里焦（Riggio）（2004），鲍姆盖特纳（Baumgaertner）等人（2007）和德祖比查雷（de Zubicaray）等人（2010）也发现，人类被试的左侧额叶岛部在其观察和执行手部或者口部相类似动作时也都被激活。

正如上述脑成像研究所表明的，人类在观察与执行相类似的动作时，左侧额下回、颞中回、颞上沟、右侧顶上小叶喙部、中央前回等脑区都有被激活的现象。换言之，人脑的这些区域都有可能是人类镜像神经元系统的重要组成部分。但大部分研究都有左侧额下回后部（posterior IFG）和和顶下小叶喙部（rostral IPL）被激活的证据（图 2-4），里佐拉蒂和克拉伊盖罗（2004）认为至少这两个区域构成了镜像神经元系统的核心。亚科波尼和达普雷托（Dapretto）（2006）则进一步主张，镜像神经元系统涉及一个核心的环路，它包括三个脑区。其中有两个脑区是镜像神经元网络的组成部分，即额下回后部与腹侧前运动区的联结处和顶下小叶前部。第三个区域是在镜像神经元系统核心区域定义之外的颞上沟后部。这一主张得到多数研究者的支持（Keysers & Gazzola，2009a；Rizzolatti & Sinigaglia，2010；Sinigaglia，2010；Fogassi & Ferrari，2010）。

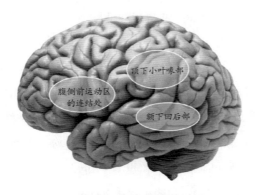

图 2-4　人脑中的镜像神经元系统

　　但事实上，并非所有的研究者都认可左侧额下回后部和顶下小叶喙部在镜像神经元系统中的重要作用。格雷泽（Grèzes）等（2003）认为，前中央沟腹侧边缘可能是恒河猴 F5 区对应的人脑中同源体的组成部分，而作为联结前运动皮层和前额叶皮层的过渡性区域，左侧额叶岛部只不过构成了人脑 F5 区的前端。乔纳斯（Jonas）等（2007）在利用事件相关 fMRI 探究对不及物手指动作的观察和空间一致地模仿会引起额下回后部和顶下小叶前部的变化特征时发现，单独观察一个手指运动并不能显著激活这两个区域。他们推测出现这种现象的原因可能是人类顶—额镜像网络（parieto-frontal mirror network）对简单不及物动作的响应严重依赖于实验情境。

　　莫伦贝格（Molenberghs）等（2009）对 20 篇探讨这两个区域在动作模仿中的作用的文章进行了基于激活可能性的估计（activation likelihood estimation，ALE）和基于标签（label-based）的元分析（meta-analysis）研究。结果表明，动作模仿中主要涉及的脑区是顶上小叶、顶下小叶和背侧前运动皮层，而非额下回。并且，动作模仿过程中持续激活的是额叶和前运动皮层，也非额下回。换言之，动作模仿中所涉及的脑区，并非经典镜像神经元系统所涉及的脑区。随后，他们再次用相同的方法对 125 篇 fMRI 研究进行元分析以确定人脑中具有镜像属性的脑区时发现，除上额下回、背侧/腹侧前运动区皮层、顶上/下小叶外，镜像属性脑区的精确定位取决于任务形式（Molenberghs et al.，2012）。另外，图雷拉（Turella）等（2009）也从理论基础、研究方法、实验设计、结果分析等角度对先前采用 fMRI 和 PET 技术来研究人脑镜像神经元系统的大量文章进行了严格的再审视。他们认为，当前假定动作观察、动作模仿和动作执行共用了重叠的网络是合理的，但是仅通过比较几个不同的实验结论就简单地得出某些脑区（如左侧额叶岛部）是镜像神经元系统区域的结论是不合理的。最近，奥斯特霍夫（Oosterhof），蒂波（Tipper）和唐宁（Downing）（2013）采用重复抑制范式以及多维模式分析方法（multivariate pattern analysis，MVPA）发现了前顶叶区域对于动作知觉的重要作用。此外，他们的研究还进一步为枕颞叶两侧皮质在人类镜像神经元系统中的作用提供了更多的证据。然而，他们的发现却无法为前运动皮层在镜像神经元系统中的作用提供更多的支持。

此外，来自 EEG/MEG 的研究发现，"μ 波抑制（murhythm suppression）"现象可以成为检验人类大脑中镜像神经元系统活动的重要生物学指标，即动作观察会引起观察者感觉运动皮层内部 μ 波节律的抑制性变化，并且这种变化与个体在动作执行过程中出现的 μ 波节律变化非常相似，只是变化幅度较小（Muthukumaraswamy & Johnson，2004）。进而来自成人、婴儿与新生猴的 EEG 研究发现，在动作观察过程中的 μ 波抑制并非是由观察者外显的运动系统的变化造成的（Muthukumaraswamy，Johnson & McNair，2004；Nyström，Ljunghammar，Rosander & Von Hofsten，2010；Ferrari et al.，2012），且观察非生物性的运动则不会引发 μ 波抑制现象（Oberman，Hubbard，McCleery，

Altschuler，Ramachandran ＆ Pineda，2005；Oberman，Pineda ＆ Ramachandran，2007；Ferrari et al.，2012）。这就意味着 μ 波节律的变化是纯粹表征水平而不是激活水平上的大脑皮层活动所导致的。当然，近期也有 EEG-fMRI 的同步研究发现，并非所有的镜像神经元系统的区域都严格对应存在动作执行与观察动作中共变的 μ 波抑制现象，例如左侧额叶岛部（Arnstein，Cui，Keysers，Maurits ＆ Gazzola，2011；Braadbaart，Williams ＆ Waiter，2013）。因此，将 μ 波抑制视为支持镜像神经元系统活动的直接与可靠证据仍然存在争议（Vanderwert，Fox ＆ Ferrari，2013）。

至此，我们认为有必要区分在镜像外延研究中经常用到的两个术语：镜像神经元系统（mirror neuron system）和镜像属性区域（regions with mirroring property）。镜像神经元系统又可分为猴镜像神经元系统与人类镜像神经元系统两类。猴镜像神经元系统主要由顶下小叶的喙部（rostral part of the inferior parietal lobule，IPL，即 PF/PFG 区）和腹侧前运动皮层（ventral premotor cortex，vPM，即 F5 区）组成。人类镜像神经元系统则专指具备类似视觉—运动对应关系的运动皮层区域（Rizzolatti ＆ Fabbri-Destro，2008；Rizzolatti ＆ Sinigaglia，2010）。结合来自进化神经科学与重复抑制范式 fMRI 的证据，目前普遍认可的人类经典镜像神经元系统只包含两个脑区：额下回的后部和顶下小叶喙部（Rizzolatti ＆ Craighero，2004；Kilner ＆ Lemon，2013；Cook et al.，2014）。相比之下，镜像属性区域则泛指一切在自我—他人的认知活动之间构成直接"镜像匹配"（mirror matching）的脑区，这些区域本身不具备运动性属性，其功能也就大大地拓展到了动作理解之外的诸多社会认知现象（Muthukumaraswamy ＆ Johnson，2007；Hickok，2009）。例如，"共情"（empathy）指的是在观察到他人某种情绪时自身也会产生类似的情感体验。作为一个情绪与感觉的加工过程，共情牵扯诸多的感觉皮层和皮层下结构，不仅仅是感觉运动皮层的功能（Frith & Frith，2012）。因此，负责共情的脑区应仅被标以镜像属性区域，而不应直接列入人类镜像神经元系统的组成部分。

综上，目前看来，任何对镜像神经元系统所涉及的脑区和网络进行精确描述的尝试都可能是不合时宜的，因而对镜像神经元系统的争议作出评判意义并不大。时下研究者更应该关注人脑中的镜像机制，对镜像神经元系统的描述也应该建立在已经弄清镜像机制的基础之上。

二、人脑中的镜像机制

之所以对当前镜像神经元系统引发的争议不做评判，一个很重要的原因是许多研究对"镜像神经元系统"这个术语本身的谬用。海耶斯（2010a）强调我们在使用"镜像神经元系统"这一术语时要谨慎，只不过其主要是从镜像神经元起源的角度来考虑的。镜像神经元系统是动作模仿、动作再认和动作理解等复杂认知活动的基础。从这种意义上讲，"镜像神经元系统"可以被视为一个典型的开放的复杂巨系统（钱学森，于景元，戴汝为，1990；佘振苏，2012），它包含了不同亚型的镜像神经元系统。之所以称其为"复杂"的，是因为这些亚型的镜像神经元系统在功能上既可以特异性地服务于某类社会认知功能（Fabbri-Destro & Rizzolatti，2008），也可以表现出有别于经典镜像神经元系统的其他镜像属性（Mukamel et al.，2010）。其之所以是"开放"的，是因为就目前的研究而言，对镜像神经元系统的功能与镜像属性的了解正处于证据积累阶段。未来完全可能发现新的镜像神经元系统亚型或子系统。相反，那些将镜像神经元系统笼统地等同于镜像属性区域的研究本身就值得商榷。

就单个亚型的镜像神经元系统而言，它不仅包括各类镜像神经元，还包括复杂的镜像机制（Buccino et al.，2004；Iacoboni et al.，2005；Oztop et al.，2013），即一种统一动作知觉和动作执行的机制，能削弱个体观察和自身卷入状态之间的差异（Rizzolatti & Sinigaglia，2010；Sinigaglia，2010）。因此，对镜像机制的研究和直接验证某些脑区是否为镜像神经元系统组成部分的研究还是有着本质的区别。帕舍里（Pacherie）和多基奇（Dokic）（2006）提到要区分镜像神经元系统和镜像机制，但他们更关注镜像神经元的属性和功能，所以只区分了广义和狭义的镜像神经元系统，并未对镜像神经元的工作机制作出进一步解释。

按照钱学森对开放的复杂巨系统从定性到定量的研究思路来看，时下镜像神经元研究在短期内应以镜像机制研究为主。这样既可以使我们的研究变得可行，又可以使研究对象更加明确，同时还可以为我们对镜像神经元系统描述工作的进一步展开打下良好基础。

最早明确提出将镜像机制作为研究对象的是亚科波尼等人（1999），他们证实在人脑皮层中存在一种将观察到的动作与这个动作的内部运动表征进行直接匹配（direct-matching）的机制，而动作模仿正是基于这种直接匹配机制。里佐拉蒂、福加西和加莱塞（2001）随后也再次证实这种镜像机制的存在。但贝基奥等（2001）认为，这种匹配机制匹配的是所观察动作的感觉表征和动作表征库中的运动表征。当亚科波尼等人（1999）在研究中仅要求被试去观察动作而不进行模仿时，并未发现顶上小叶有明显激活，且在动作观察过程中左侧额下回的激活是由将观察动作内部词语化（internal verbalization）所造成的。因此，这种直接匹配机制并非镜像机制。镜像神经元是否促进动作理解，仍然存在较大的争议（Hickok，2013）。

里佐拉蒂和克拉伊盖罗（2004）发现除镜像机制外，可能还有其他神经机制在动作理解和动作再认中发挥重要作用。德斯特罗（Fabbri-Destro）和里佐拉蒂（2008）再次对镜像机制在动作和意图理解中的作用做了回顾。结果发现，镜像机制跟随镜像神经元在人脑皮层中位置的变化而变化，它们分别在意图理解、模仿，语言和情绪体验等社会认知活动中发挥重要作用。同时，他们还强调人脑中可能存在许多不同的镜像神经元系统，当前已有证据初步指向上述设想（Rizzolatti & Fogassi，2014）。

亚科波尼和达普雷托（2006）在人脑额叶皮层的镜像神经元中观察到了一种脉冲率变化的现象，有超过 80％ 的镜像神经元在动作执行中表现出兴奋性反应而在动作观察中则表现出抑制性反应，剩下小部分镜像神经元则表现出了完全相反的形式。他们称这种小部分表现出相反兴奋和抑制形式的镜像神经元为"超级镜像神经元"（super mirror neurons）。超级镜像神经元被认为处于功能性神经元层，是经典镜像神经元的最高层，因而能够控制和调节较低水平镜像神经元的活动（Iacoboni，2008，2009b）。这种超级镜像神经元在区别自生成表征状态和通过动作观察所生成的表征状态中起着重要作用，可以帮助我们在动作执行中保持主体感并且抑制动作观察中不必要的模仿（Mukamel，Ekstrom，Kaplan，Iacoboni & Fried，2007；Mukamel et al.，2010）。简言之，这两个镜像神经子系统可以帮助我们灵活地整合和区分自己和他人动作的知觉和运动方面。进一步，汪（Wang）、拉姆齐（Ramsey）和汉密尔顿（Hamilton）（2011）的 fMRI 研究发现，在模仿行为发生过程中，镜像神经元系统的活动受到内侧前额皮层（medial prefrontal cortex，mPFC）的实时调控。当环境中包含的社会性信号需要个体进行人际交流时，内侧前额皮层就会促进镜像神经元系统的活动，加强无意识模仿；而当环境中出现交流停止的社会性信号时，内侧前额皮层就会抑制镜像神经元系统的活动，从而阻断对观察动作的无意识模仿。因此，在这种情况下，镜像神经元系统又成为上述"社会性自上而下的反应调控机制"（social top-down response modulation，STORM）（Wang & Hamilton，2012）的子系统。

综上所述，我们当前对镜像机制的认识还非常模糊。尤其是在亚科波尼和穆卡梅尔等发现了不同于传统经典镜像机制的另一种镜像机制，汪等进一步澄清外部情境对其的作用之后，对镜像机制的具体特征进行深入研究就显得更为迫切。如果要对镜像神经元系统做进一步的研究，就必须弄清各种类型的镜像机制及其相互关系。

第三节　延展的镜像神经元系统及其展望

与这一思路相呼应，在整合该领域相关研究的基础上，有必要为反思上述争论提供一个"延展的镜像神经元系统"（extended mirror neuron system）假说。该假说认为，如果研究者想弄清楚镜像神经元系统所参与的认知能力，也要考虑到前扣带沟（anterior cingulate gyrus）、内侧前额皮层、颞上沟、躯体感觉皮层（somatosensory cortex）、颞中回（middle temporal gyrus）、脑岛（insula）、基底神经节（basal ganglia，BG）等区域（Pineda，2008；Bonini，2017；Errante et al.，2023）。

对这些区域在运动共振的整个过程中发挥着怎样的作用，它们如何组成一个完整的识别/理解动作的系统，这应该是未来的研究重点之一。例如，颞上沟对于分析人类走动或生物体运动相关的刺激至关重要（Grossman，Battelli & Pascualleone，2005）；虽然这个区域自身并没有运动属性，但它却是镜像神经元最为重要的知觉输入脑区（sensory input）。内侧前额皮层不仅参与了归因他人的心理状态，也在观察自己的心理状态中产生了激活（Mitchell，Banaji & Macrae，2005）。同时，内侧前额皮层和颞上沟还属于心智化（mentalizing）系统，将这两个区域纳入延展的镜像神经元系统意味着在识别/理解动作过程中有时需要使用推理的能力（图 2-5）。布拉斯（Brass）等人（Brass，Schmitt & Spengler，et al.，2007）制作了三段视频分别呈现给被试观看。行动者在双手都拿满物品的情况下用自己的膝盖来开照明开关（易于解释）；行动者双手仅仅拿着一个小且轻的物品的情况下用膝盖来开照明开关（有点反常）；行动者双手没有拿任何东西的情况下用膝盖来开照明开关（非常不合理）。被试的内侧前额皮层和颞上沟在观察三种条件下出现了不同的激活程度，但是经典镜像神经元系统中的额下回尾侧在这三种情况下激活并没有显著区别。这一结果显示心智化系统和经典镜像神经元系统共同参与了识别/理解动作。

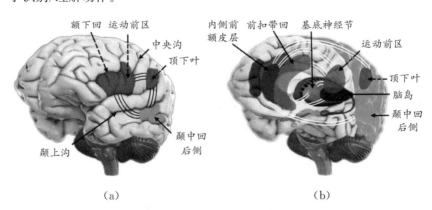

（a） （b）

**图 2-5　左图中虚线箭头所示区域为经典的额叶—顶叶回路（a），
右图为延展的镜像神经元系统（b）。**

注：图中各个脑区之间的线条代表这两个脑区之间存在双向的信息通路。左图黑色线条表示已经基本得到确认的通路，右图白色线条表示基于过去的解剖学研究推测可能存在的通路。

然而这一结果并没有办法回答心智化系统与经典的镜像神经元系统各自在识别/理解动作中发挥着什么样的作用以及这两个系统之间的关

系。一项涵盖超过 200 个脑成像研究的元分析显示运动共振所属的经典的镜像神经元系统和心智化系统都参与到了理解他人的活动之中，但是经典镜像神经元系统并没有参与心智化系统的加工过程，心智化系统也没有参与到经典镜像元神经系统的加工中。它们各自加工感、知觉系统中的一部分信息，在功能上是相对独立的（Overwalle & Baetens，2009）。

在延展的镜像神经元系统中存在心智化系统的部分脑区似乎让人感觉困惑，运动共振在多大程度上是识别/理解动作的必要条件呢？当前很多证据显示当运动共振受到影响时，对动作识别/理解的能力也下降了，并且这种执行某类动作与感知该类动作的对应关系体现在了多种脑损伤病例中。但是一些证据显示失用症病人仍然可以理解动作（Halsband，Schmitt & Weyers，et al.，2001；Negri，Rumiati & Zadini，et al.，2007）。在解剖学上，人类的布洛卡区对应猕猴脑中发现镜像神经元的区域；但在记录人类布洛卡区活动的实验中，有的实验记录到了布洛卡区在观察动作时激活，有的实验则记录到了布洛卡区在执行动作时激活，同时记录到布洛卡区在观察和执行同一动作过程中都激活的实验并不多（Hickok，2014）。早在镜像神经元发现之前，言语的运动知觉理论已经遭受众多批评（Massaro & Cohen，1983；Gracco & Abbs，1986；Massaro & Stork，1998）。虽然在镜像神经元被发现以后，通过实证检验该理论的热情又高涨起来，但新的证据并不能让过去那些对言语的运动知觉理论不利的证据消失（Hickok，2014）。

当前，被运动共振支持者用以辩护运动共振是先天的重要证据——从模拟表情到理解情绪——也受到了质疑。情绪与镜像神经元系统激活之间的关系目前尚不清楚（Hill，Fitzgibbon & Arnold，et al.，2013；Fitzgibbon，Kirkovski & Fornito，et al.，2016）。例如，莫比斯综合征

(Möbius syndrome)患者虽然无法作出面部表情，但他们在表情识别上并非一定存在缺陷。一些莫比斯综合征患者能够很好地识别表情（Rives Bogart & Matsumoto，2010）。虽然一些实验显示他们识别表情的能力弱于正常被试，但他们在实验中依旧识别出了一定比例的表情。这表明即使他们完全无法依靠模拟来获得面部动作的信息，他们还是可以通过其他的渠道来识别表情（Calder，Keane & Cole，et al.，2000）。这些研究为运动共振理论泛化到情绪感受领域敲响了警钟。有研究者尖锐地指出，目前并没有直接证据显示镜像神经元系统参与了个体在观察他人情绪表达中产生的情绪反应。现有的实验证据也不足以支持运动共振可以自下而上地模拟他人的感受（Lamm & Majdandžić，2015）。

　　一个非常重要的事实是，自迪·佩莱格里诺等首次发现镜像神经元以来，有关镜像神经元的研究已广泛开展，其中不乏出色的研究成果，但也存在着诸多争议。镜像神经元研究本身的复杂性以及间接性，使得常用的单细胞记录、PET、TMS、fMRI 和 ERP 等技术显得并不完美。因此，在科学研究的认识论层面上，必须警惕将镜像神经元视为"认知科学的圣杯"（Holy Grail of Cognitive Science）这样一种极端偷懒的神经还原主义的倾向。在方法论层面上，对于相关的实验设计和结论解释需要小心谨慎。尤其是在尽可能明晰镜像神经元操作性定义的前提下，相关实验设计的内部效度必须尽快提上日程。

　　虽然，当前镜像神经元的研究具有上述不可避免的不利因素，但并不影响其继续深入下去。整合现有的镜像神经元研究已有成果，我们认为，镜像神经元将来的研究重点可能会出现如下趋势：（1）通过改变未来该领域的提问方式以推进对镜像神经元功能与镜像机制的认识。传统研究中类似"镜像神经元是用来做什么的？"或"它们是为什么服务的？"这样的询问方式本身就存在着过分依赖适应假说的风险。至少研究者（Cook et al.，2014）还应该同时询问"赋予镜像神经元以'镜像'（mirrorness)过程是怎么样的，或者说镜像神经元所具有的这种可以将观察和执行动作匹配起来的首要功能是如何产生的?"在这种提问方式下，科勒(Kohler)等(2002)和凯泽等(2003)在恒河猴的前运动皮层发现的视听镜像神经元以及费拉里(Ferrari)、罗齐(Rozzi)和福加西（2005），罗沙(Rochat)等(2010)在豚尾猴 F5 区外侧相继发现的各种"工具响应型镜像神经元"(tool-responding mirror neurons)等各类"逻辑相关的镜像神经元(logically-related mirror neurons)，以及超级镜像机制都有可得到更系统的解释。当然，这也意味着旧有镜像神经元研究范式要作出相应调整，尤其是采用 fMRI 技术的研究。(2)同时考察各种镜像机制及其与其他社会认知的神经机制之间的关系。未来的研究不仅需要积极探究人脑不同皮层区域在意图理解、动作模仿、语言和情绪体验等社会认知功能中的作用，以及镜像神经元系统与这些皮层区域联合活动实现某种社会认知功能的具体机制(Keysers，2009)。例如，如果感觉—运动属性是镜像神经元的诸多功能的首要属性，那么这种低阶的神经表征机制如何与非感觉运动(nonsensorimotor)的、抽象的高阶神经表征之间产生联系，从而实现各种社会认知活动(Caramazza et al.，2014)的。又如，理解非意图的动作(non-intended actions)不仅需要镜像神经元系统的参与，而且需要在时间与空间范畴内对突发事件的信号进行编码，这就需要右侧颞顶联结(right tempcro-parietal junction，rTPJ)，左侧缘上回(left supra-marginal gyrus)和内侧前额皮层的共同参与(Buccino，Baumgaertner，Colle，Buechel，Rizzolatti & Binkofski，2007)。(3)在发展科学(Devel-opmental Science)视角下审视并检验镜像神经元的功能与起源问题。从发展科学的视角来看，上述问题实际上是"天性—教养"之争(The Na-ture-Nurture Debates)在社会认知活动及其神经基础上的延续与回响。因此，海耶斯(2014)建议遵循动物行为学先驱丁伯根(Tinbergen)的学说，从因果关系(causation)、个体发生学(ontogeny)、存在价值(survival value)与进化(evolution)四个方面来系统考察镜像神经元的功能与起源问题。同样，在这方面，郭任远和戈特利布(Gottlieb)的渐成论(Epigenesis)思想也具有重要启示作用。(4)以一些特殊群体作为研究对象检验镜像神经元研究中的争议。比如，利用婴儿来研究镜像神经元的个体发生学特征；利用神经外科患者来进行深度植入的单细胞记录研究；利用永久植物状态或最小意识状态的个体来探究经典镜像神经元系统、镜像属性区域与其他社会脑(social brain)区域之间的关系(Chen，Shan，Guo & Yuan，2013)；利用考察联觉者(synaesthetes)对他人躯体感觉的体验来检测躯体感觉皮层与镜像神经元系统之间的复杂联结关系(Keysers，Kaas & Gazzola，2010)等，都可以帮助克服我们当前研究中一些不可回避的缺陷。当然，这必须在道德、法律和患者本人知情同意的前提下展开。

　　总之，即便近年来的研究已经逐步将镜像神经元请下了"科学神坛"，也并不妨碍其成为改变认知神经科学的重要发现(Brass & Rüschemeyer，2010)。当然，由于镜像神经元结构与功能的复杂性，决定了其所带来的争议必将持续下去。最后，正如库克等(2014)建议的那样："关于镜像神经元功能的可靠信息，只能基于发展的历史、系统的理论以及谨慎的实验而获得，同时我们也需要理智地去审视这些争议。"

第三章

镜像神经元、动作理解与具身模拟理论

第一节 镜像神经元系统在动作理解上的活动特征

一直以来，人类认知活动中存在复杂的逻辑推导过程是毋庸置疑的，但当人类在看到简单的动作时，往往马上就能作出正确判断，这意味着人类大脑还存在着更简单、更直接的理解机制。动作心理学的研究表明，感觉—运动功能与周围环境的相互作用是以心理表象为基础的，这种表象既加速了对动作的执行也加速了对这些动作的知觉（Malcolm & Keenan，2003；Prinz，2003）。鉴于此，研究者们提出了一个比较具有说服力的理论来解释动作的执行与知觉之间的关联，即"共享编码理论"（common coding theory）（Prinz，1997；Knoblich & Flach，2001）。这个理论的核心假设为：知觉和动作之间存在密切联系，两者拥有一个共享的表征。一个动作的执行会产生一个双向联系：即动作本身所遵循的运动模式（动作如何进行）和动作产生的感觉效果之间的联系。一个知觉活动会激活与该活动密切相关的动作，而执行一个动作也会激活与之紧密

相关的知觉事件(陈巍，丁峻，2009；孙月等，2011)。借助这种联系，大脑可以通过一个动作的可知觉的效果来识别并编码这是哪个动作(Prinz，1997)。镜像神经元的发现很好地支持了共享编码理论的假设，起到了连接动作执行与动作结果知觉的桥梁作用(图 3-1)。目前，和动作识别或理解相关的研究已经成为镜像神经元研究中成果最为丰富与系统的领域之一。

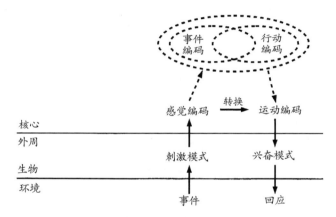

图 3-1 知觉与动作之间的关系(转引自 Prinz，1997，p. 130)

注：实线部分为独立编码，虚线部分为共享编码

动作的识别(action recognition)或理解相对于声音或物体的识别而言具有特殊之处。因为其必须包含对目标、原因、作用者、作用对象等相关方面的识别。所以，回答动作理解中镜像神经元系统记录的仅仅是动作本身还是包括了上述相关方面则显得尤为重要。里佐拉蒂等(2001)指出，如果镜像神经元调节的是动作的识别或理解，那么它们的活动就必须针对观察动作的意义(meaning)作出反应，而不是针对动作的视觉特征(visual features)。为了验证里佐拉蒂等的这种假设，科勒等(2002)设计了如下实验。该实验设置了两种条件：(1)呈现伴随可视的撕纸动

作而产生的撕纸的声音。在这种条件下，动作的视觉信息和听觉信息同时呈现。（2）呈现撕纸的声音但是不让猴子看到相同动作的执行。在这种条件下，仅呈现听觉信息而没有呈现视觉信息。结果发现，在两种条件下，在 F5 区被记录的神经元中有 63% 产生了放电现象。这说明视觉信息的呈现与否对镜像神经元的放电并无太大影响。当然，上述实验虽然部分证明了镜像神经元在缺少与动作有关的视觉信息的情况下依旧具有动作的识别与理解能力，但究竟是声音本身还是声音所蕴含的意义引起镜像神经元放电呢？为了回答上述问题，他们继续设置了另外两种实验条件：（3）呈现计算机模拟的白噪声（white noise）。（4）呈现猴子的叫声。结果发现，在这两种条件下并不能激活 F5 区中的镜像神经元。因此，他们的实验结论是：动作和动作所伴随的声音都能激活镜像神经元，并且只有与动作相关的（action-related）声音才能激活镜像神经元的活动，而与动作无关的（non-action-related）声音不会激活镜像神经元。这个实验有力地论证了里佐拉蒂等的假设。

凯泽等（2003）尝试从另外一个方面来验证镜像神经元的活动是基于对动作的识别与理解。他们认为不同的动作对于生物体的意义是不同的，因此，由这些动作而激活的镜像神经元的活动程度应该存在差别，即镜像神经元的活动强度具有选择特性。如果能够证明这种假设，那么就能从另一侧面论证并深化里佐拉蒂对于镜像神经元表征动作意义的假设。他们的实验对不同类型的动作所激活的镜像神经元的强度进行了对比。该实验设置了四种情境，在此基础上考察了两类动作对镜像神经元活动的影响。（1）剥花生的动作。向猴子同时呈现动作的视觉和听觉信息（V+S）；仅呈现动作的视觉信息（V）；仅呈现动作的听觉信息（S）；运动条件（M）（让猴子自己执行该动作）。（2）抓取环形物的动作。也分别在上述四种情境下展开。实验结果显示：无论是观察剥花生还是抓取

环形物，在四种观察条件下均激活了镜像神经元。但是，在四种情况
下，抓取环形物所产生的镜像神经元的激活程度小于剥花生的动作所引
起的镜像神经元的激活程度。进一步对视觉和听觉两种情况下神经元反
应的独立分析显示这种选择特性具有显著性。如图 3-2 所示。至于是什
么原因导致了剥花生的动作所诱发的镜像神经元的激活程度显著高于抓
取环形物动作，亚科波尼（2009a）认为这是因为摄食对于生物体的生存
与繁衍具有更高的价值，这种影响是伴随进化过程被大脑镜像神经元系
统所保留下来的。因此，该实验进一步证实了镜像神经元不是对动作本
身产生反应（简单地记录动作的视觉表征），而是能够对动作所具有的意
义产生反应。换言之，镜像神经元具有动作识别或理解的功能。

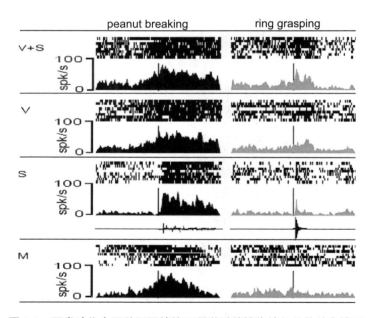

图 3-2　两类动作在四种不同情境下所激活的镜像神经元的放电情况
（转引自 Keysers，et al.，2003，p. 638）

由于动作的意义中最为核心的部分是动作的意图（intention），而上述研究虽然很好地说明了镜像神经元的活动是由动作的意义所启动的，但是依旧没有完全地揭示动作的意图在镜像神经元的活动中所扮演的角色。在我们的日常生活中经常会发生这样的情况，比如，当我们看到某人做一个将手伸向茶杯的动作时，我们几乎不假思索地知道他需要喝水来缓解口渴的意图。并且在正常情况下，哪怕我们没能看到他最终拿到茶杯的动作，我们的推理也不会存在障碍。因此，研究者进一步假设：如果镜像神经元真的具备动作理解的功能，那么它的活动就不应该仅仅是在看到动作或者听到动作所伴随的声音时产生。只要具有充足的环境信息，哪怕动作并不能完全可视，镜像神经元也应该能够通过完整把握动作的意图而实现对动作的理解。

为了验证上述假设，乌米特阿（Umiltà）等（2001）设计了以下实验。该实验首先设置了两个条件：（1）全视条件（full vision condition）；（2）隐藏条件（hidden condition）。每种实验条件下又区分出两种情境。全视条件：（A）让猴子看到实验者伸手抓取靶对象（target object）（一个正方体）的全过程；（C）让猴子看到实验者伸手的全过程，但是最终并没有靶对象可以抓取。隐藏条件：（B）在物品前面设置一个挡板，猴子只能看到实验者抓取的手部动作而无法看到手和正方体的直接接触；（D）同样设置挡板，但是挡板后面并没有靶对象放置。研究者使用单细胞记录法分别记录豚尾猴在四种情境下观察由研究者实施的动作时 F5 区镜像神经元的放电情况。实验结果显示：在 A、B 条件下，绝大多数镜像神经元被激活了；但是在 C、D 条件下，这些镜像神经元没有产生反应。超过50％的镜像神经元被检测到在掩蔽条件下被激活，它们中又有近50％在掩蔽条件和全视条件下的反应没有任何差异，另外的50％则显示在全视条件下反应较强烈，如图 3-3 所示。

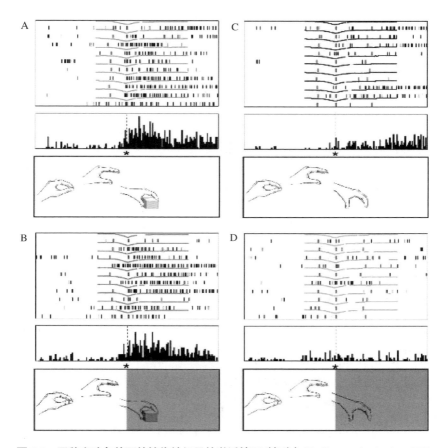

图 3-3　四种实验条件下的镜像神经元的激活情况（转引自 Umiltà,et al. ,2001,p. 158)

　　按照实验的设置，（A）与（B）的唯一区别在于最终手和正方体接触的部分能否被观察。结果表明，由于有之前的经验以及环境所提供的暗示信息，虽然猴子无法观察到手和正方体之间的最终接触，但是其 F5 区的镜像神经元依旧被激活了。这说明镜像神经元不仅在观察到动作全过程的时候被激活，而且在观察所执行动作的关键部分被掩蔽的情况下依旧被激活。而（C）与（D）情境下，镜像神经元的激活程度极其相似。这意味着挡板的设置与否并没有明显地影响镜像神经元的活动。但是，

（A）与（C）条件相比，镜像神经元在激活程度上存在显著差异。（A）对应的情境是猴子观察到呈现有手和物体的直接接触，而（C）则没有手和物体的接触。根据之前证实过的镜像神经元能够对不同的动作进行识别的功能不难理解其具有区分（A）与（C）情境的功能。但是，（B）与（D）情境相比，两种条件下猴子所看到的内容是一样的。换言之，这两个条件在物理学上呈现的信息是完全一致的。但是实验结果显示，（B）、（D）条件下镜像神经元的激活程度也存在显著差异。由此可以推测豚尾猴 F5 区的镜像神经元能够根据个体经验以及环境所提供的信息，在看似相同的情境下对实验者的动作意图产生不同的反应。上述实验进一步证实了镜像神经元具有通过编码动作意图的前提下识别并理解动作意义的功能。

　　上述实验论证了猴脑中的镜像神经元具有动作识别与意图理解的能力。那么，人类镜像神经元在这方面是否也具有同样的或更为复杂的功能呢？对于人类而言，动作的社会性线索（social clue for action）可以使我们了解别人动作背后的精细意图。而相比之下，豚尾猴等非人灵长类动物在识别这种精细的意图方面存在困难。比如，动作执行时所处的社会性背景就是重要线索之一。同样的动作在不同的社会性背景下执行可以产生完全不同的意思，并且也表达了完全不同的意图。

　　为此，亚科波尼等（2005）设计了一个精致的实验来考察动作的社会性线索对人类镜像神经元系统活动的影响。该实验的假设是：观察处在不同社会性线索下的相同抓握的动作（如处在某个可以暗示这个动作意图的背景下或没有任何背景的情况下）所引起的调控抓握的镜像神经元系统的活动是否相同。如果镜像神经元系统编码记录的仅仅是观察到的行为的类型（如那是"抓握"）以及动作直接的目的（他想要"抓握"杯子），那么镜像神经元系统的活动不应该被有无背景的情况所影响。相反，如果镜像神经元编码记录的是和观察到的行为相关的全部意图，那么处在某些可以暗示动作意图的背景的情况下，镜像神经元系统的活动将会发生改变。

实验的程序如下。被试观察了三种完全不同的视频：背景条件（context）、动作条件（action）与意图条件（intention）。并且，每次观察间的休息是观察空白的屏幕。背景条件是由两幅三维的图构成的（包括一个茶壶、一个杯子、一盘饼干与一个罐子等）。这些物体的放置是以喝茶前的场景（"准备喝"的背景）以及喝完茶的场景（"准备收拾"的背景）来安排的。动作条件所表现的是：在缺少任何物体的背景下一只手握住一个杯子的动作。涉及两种类型的握法：精确握（用手指握住杯子的把手）和全手握（用手握住杯子的杯身）。在意图条件中，握手的动作（包括精确握和全手握）分别在两个不同的背景条件（"准备喝"和"准备收拾"）中执行。这样，背景就可以暗示动作背后的意图了。"准备喝"的场景暗示着手抓住杯子准备喝，而"准备收拾"的场景暗示着手抓住杯子准备收拾。因此，意图条件中包含了可以让人理解意图的信息，而在背景条件和动作条件中没有这种信息。此外，在意图条件下，在"准备喝"与"准备收拾"的情境中执行相同次数的精确握与全手握，如图3-4所示。研究者使用fMRI技术对正常人类被试观察上述剪辑时的大脑活动进行扫描。

实验结果发现：（1）相对于静息状态，在动作条件、背景条件和意图条件下，神经元活动的明显增加主要发生在枕部、后颞部、顶部以及额部等，尤其是前运动皮层的活动最强烈。而这些区域正是人类镜像神经元系统的核心部分。（2）相对于静息状态，在观察意图图和动作图的情况下，信号的增加主要发生在负责抓握的顶—额皮层回路（parieto-frontal cortical circuit）。之前的研究已经证明，这个回路在观察、模仿和执行手部动作时会被激活。同时，该回路也属于镜像神经元系统。

背景条件　　　　　　　　动作条件　　　　　　　　意图条件

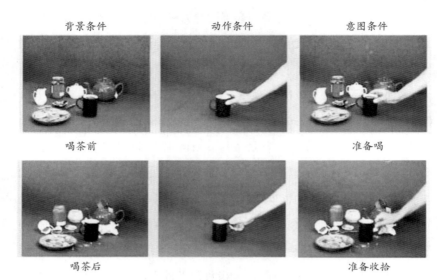

喝茶前　　　　　　　　　　　　　　　　准备喝

喝茶后　　　　　　　　　　　　　　　　准备收拾

图 3-4　采自背景、动作与意图条件下剪辑的图片
（转引自 Iacoboni，et al.，2005，p.529）

（3）相对于缺少背景或者只观察背景的情况下，额下皮层（inferior frontal cortex）在观察有背景的抓握动作时产生更强烈的活动。这个发现证明了镜像神经元系统不仅仅是提供了动作识别的机制，同样也是神经系统编码记录别人意图的组成部分。（4）两种意图和两种背景下引发的额皮层区域激活程度不一致。意图条件下，"准备喝"产生的皮层反应要比"准备收拾"强烈得多。与此形成对比的是，在背景条件下，"准备喝"与"准备收拾"产生的皮层反应没有显著差异。这个结果表明：在编码记录他人意图时，有一类位于下额皮层的神经元被激活，而这个激活不能归结于是由抓握的动作所激起的（因为在"准备喝"和"准备收拾"的意图组中动作都是相同的），也不能归结于是由周围的物体所引起的。（5）大多数镜像神经元都具有"视觉和运动的一致性"的特征。但这无法解释在观察"准备喝"和"准备收拾"这两种不同的意图条件下额下皮层表现出的不同反应。因此，在额下皮层中可能存在着另一类"逻辑相关的镜像神经元"
（logically related mirror neurons）。它们不会被正在观察的这一动作（如
看到抓握动作）所激活，而是被紧接着观察到的动作之后发生的动作（如
放到嘴边）所激活。(6)虽然在意图条件下，"准备喝"和"准备收拾"情境
中都执行了相同次数的"精确握"和"全手握"。但是"准备喝"的情境所引
发的镜像神经元系统的反应要显著强烈于"准备收拾"的情境。因此，对
于在观察两种意图条件时产生了不同的镜像神经元系统反应不能解释为
是不同的抓握动作传递了不同的含义，更不能解释成是因为抓握动作和
背景类型两者共同影响的"兼容效应"（compatibility effect）（比如在某一
背景下的"全手握"才表明了"准备收拾"）（Iacoboni, et al., 2005）。

第二节　动作理解的具身模拟理论

基于这些研究，加莱塞（2005）提出了一个将镜像神经元及其系统与
现象学相结合来解释动作理解的理论框架，即"具身模仿理论"（embodied
simulation theory, EST）。该理论认为，在人类以及那些非人灵长类的大
脑中均已形成了一套基本的功能性机制，它赋予我们经验性地洞察他人
动作的能力。镜像神经元的研究证据表明动作的识别理解可以直接发生
在神经层面，尽管这一层面是内隐的，但是当这些生物体在面对他人的
有意图的动作时，它会产生一种特殊的"意图共鸣"（intentional at-
tunement）的现象状态。这种现象状态通过将他人的意图转化为观察者的
意图，从而使得个体具有熟悉他人动作的特有能力（丁峻，陈巍，2009）。

具体而言，所谓"具身"是指：首先，我们的身体是现象学意义的身
体（Leib），它是我们可以"离线地"（off-line）承载经验的场所。胡塞尔

(Husserl)认为，我们并不是借助其可见性(visibility)而看到的每一样东西，我们同时也将其视为一个触觉对象，就像某些直接与我们活动的身体相联系的那样："我的身体作为一种内在状态、一种意志的结构、一种感受维度而被给予我，但它也作为一种视觉和触觉上显现出的外部状态而被给予。活生生的身体之内在性(inwardness)与身体之外在性(externality)之间有何关联？在触碰某人自己的身体和其他东西——无论那是一个无生命的事物还是另一个人的身体——之间所具有的重大区别恰在于它暗示出一种'双重感觉'(double-sensation)。它呈现给我们的是一种两可的假设，手起到了两种作用，触碰或者被触碰"(转引自扎哈维，2008，p. 199)。在乌米特阿(2001)的实验中，掩蔽条件下执行的动作依旧能够激活镜像神经元，这很好地印证了胡塞尔的上述观点。加莱塞形象地将这种动作理解的现象学特征称为："'视线之外'(out of sight)并不意味着'心灵之外'(out of mind)"(Gallese，2005，p. 33)。因为我们的身体不是依据可见性来理解动作的执行，而是通过将其视为一个被"触摸的"(touched)对象来加以知觉。在这种情况下，动作执行中的"空缺"可以被有效填补。其次，我们在动作识别与理论过程中使用了一个大脑—身体系统(brain-body system)(Gallese，2007a)或大脑中预先存在的身体模型(pre-existing body model)(Gallese，2011)。这种身体模型类似于梅洛-庞蒂(Merleau-Ponty)的身体图式(Gallese，2005)或胡塞尔的躯体(Körper)(Gallese，2009a)。在这里特指所有显示出镜像机制(mirror mechanisms)的大脑区域。它们建模了我们与世界的交往。这种交往模型也是梅洛-庞蒂意义上的"实践知"(praktognosia)。该模型不仅与由我们自己的动作所引导的任务高度相关，而且也与我们解释、编码与理解他人的动作密不可分。所谓"模仿"是指，我们使用了一个同型的表征形式(isomorphic representational format)。我们将他人的动作映射到我们自己的运动表征(motor representation)之上。这里的"表征"不同于传统认知科学的标准定义，运动表征是一类由我们与世界的互动所产生的内容，它是前理论(pre-theoretical)与前语言的(pre-linguistic)(Gallese，2011)。

按照具身模仿理论的解释，如果当一个特定的行为被计划好，那么运动的后果就是可以预测的。这意味着我们在计划执行一个给定的行为时同样可以预测其结果。因此，逻辑相关的镜像神经元的活动所依据的规律是：对于社会情境中表现的或者看到的习惯动作而言，何种动作最常出现在其他动作之后的统计能够限制推理与预测的优先路径(preferential paths)(Gallese，2007b)。换言之，我们可以假设，这些预测是通过不同镜像神经元对运动动作和特定环境下紧随其后的动作进行编码并连成序列而完成的(陈巍等，2008)。比如，"拿起杯子"这一动作之后最有可能紧接的动作是"喝水"。

基尔纳(2007a，2007b)等认为有两个模型可以描述逻辑相关的镜像神经元的工作模式。(1)前馈识别模型(feedforward recognition model)。在前馈识别模型中，视觉信息顺向地通过镜像神经元系统以及颞上沟之间的联结，从比较低级的动作呈递区域传送到高级的意图呈递区域。在这种策略中，观察到动作的视觉信号首先激活颞上沟的神经元，然后这些被激活的神经元进一步激活 PF 区的镜像神经元，最后这些 PF 区的镜像神经元引起 F5 区镜像神经元放电信号的增强。与前馈识别模型相反的是发生模型(generative model)。它首先从 F5 区呈递感觉，这种感觉通过记录某一动作的运动学的(kinematic)特点来呈递目的和意图层面。(2)预测编码模型(predictive coding model)。该模型是在理解或者推测他人动作意图时被激活的途径。它主要是通过在各级皮层中广泛重复的交互处理作用从而达到减少推测错误的目的。在这个模型中，每一层的神经元都需要通过发生模型来处理来自前一层神经元的信号，并且产生对它的意图推测。这个意图推测通过与前一层神经元的逆向联结（backward connections）并回传给前一层，在比较了前一层新的动作呈递和原本的意图推测后，如果新的动作和旧的意图推测不一致，那么将会产生"预测错误"（prediction error）上传给产生意图推测的那一层，并让其改变原本的推测。改变好的推测又回传给下一层，与新的动作呈递做比较。这样往返检测直到把推测错误最小化，如图 3-5 所示。

(a)前馈识别模型　　　　　　　　　　(b)预测编码模型

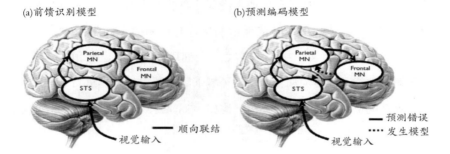

图 3-5　具身模仿的前馈识别模型与预测编码模型
（转引自 Kinler, et al., 2007a, p. 620）

注：MN 为镜像神经元的英文缩写。

脑区缩写：STS＝颞上沟（superior temporal sulcus），Parietal MN＝顶叶镜像神经元，Frontal MN＝额叶镜像神经元。

加莱塞（2009）进而推论，从胡塞尔所谓的"生活世界"（lebenswelt）中发生、发展而来的"活生生的经验"是这种预测编码模型具有一定精确性的前提。因此，归因意图往往存在于对即将出现的新的目的的预测中。根据这一观点，动作预测和意图归因就和现象有关，并由相同的功能机制所巩固。在此基础上，在亚个人（sub-personal）层面上被执行与被感知的事物之间所共享的神经元映射启动了这两种认知事件的"等价"（equivalence）过程，并且使得这些信息同样被用于预测他人行为的结果。

这种由镜像神经元的激活所巩固的等价确保了对自我的行为和他人的行为的预测都成为模仿的过程。综上，支持自我建模的功能逻辑同样用来为他人动作建模：感知一个动作等价于在内部模仿该动作。这使得观察者能够使用他人的资源，通过对运动模仿的直接的、自动化的（automatically）、前反思的加工方式来理解与识别他人动作（Gallese，2005）。最终，具身模仿实现了梅洛-庞蒂所说的："动作的沟通或理解是通过我的意向和他人的动作、我的动作和在他人行为中显现的意向的相关关系实现的。所发生的一切像是他人的意向寓于我的身体中，或我的意向寓于他人的身体中"（梅洛-庞蒂，2005，p. 241）。

第四章

镜像神经元、同感与共享多重交互主体性

第一节　加莱塞：现象学取向的神经生理学家

未来，科学的一大系统工程是"如何将个体独特的'在世之在'转译成他们大脑—身体系统的独特运作方式"（Gallese，2011）。其中，著名神经生理学、精神病学、心理学家与哲学家维多利奥·加莱塞（Vittorio Gallese）的工作尤为值得关注。1959年，加莱塞出生于意大利帕尔马，1990年于意大利帕尔马大学获得神经病学博士学位。随后，他相继在瑞士洛桑大学、日本大学、美国加州大学伯克利分校、柏林洪堡大学工作，现为意大利帕尔马大学神经科学系全职教授，伦敦大学高级研究学院、哲学研究所实验美学（Experimental Aesthetics）全职教授，哥伦比亚大学艺术史和考古学系兼职高级研究员。迄今为止，加莱塞本人及其研究已获得多项殊荣：获乔治·米勒（George Miller）基金，受邀为加州大

图 4-1　意大利神经生理学家
加莱塞（1959—　 ）

学伯克利分校脑与心智研究所的访问教授（2002）、葛洛麦尔心理学奖
（Grawemeyer Award for Psychology）（2007）、保罗·哈理斯之友奖
（2009）、比利时鲁汶大学荣誉博士（2010）、神经精神分析的阿诺德·普
费佛奖（Arnold Pfeffer Prize for Neuropsychoanalysis）（2010）、意大利精
神分析协会西塞尔奖（2013）。洪堡大学柏林心智与大脑学院宇宙基金
（2014）以及爱因斯坦基金（2016—2018）。

　　加莱塞开创性地使用了一系列神经生理学与功能性神经成像技术来
考察非人灵长类、人类的感觉运动系统与认知之间的关系，进而尝试阐
明潜在于社会认知（包括动作理解、同感与心智理论）之下的脑机制的功
能性组织。20 世纪 90 年代初，加莱塞通过与帕尔马大学的同事里佐拉
蒂、法迪加与福加西合作发现了"镜像神经元"，并在此基础上发展出一
系列有关社会认知各个基本方面的理论模型，如动作理解的具身模拟理
论以及同感的多重共享假说等。20 世纪 90 年代中期，加莱塞牵头组织
了一支国际性的研究团队，在人类前沿科学计划组织（Human Frontier
Science Program Organization，HFSPO）的支持下，把不同国家的实验
室聚集在一起，全力破解镜像神经元。这个计划希望用不同的方法研究
相同的主题，以检验并深化镜像神经元及其学说的合理性，增强其说服
力。加莱塞的计划横跨三大洲，涉及五个国家的七个实验室。这项工程
大大拓展了学术界乃至民众对人类与非人灵长类镜像神经元系统的了
解，同时也吸引了越来越多的科学家加入这一新兴领域的研究队伍中，
使得镜像神经元迅速成为"可能改变科学面貌的 50 个想法"（Hobson &
Behrens，2010）。

　　作为一位杰出的神经生理学家，加莱塞本人对哲学，尤其是现象学
具有浓厚的兴趣。他早年曾努力钻研过现象学鼻祖、德国现象学家胡塞

尔以及法国现象学家梅洛-庞蒂的一系列论著，并发现了哲学与神经科学的可类比之处。这使得他更愿意用比较哲学性而较少科学性的方式解释帕尔马团队积累的实验资料。他也是帕尔马团队乃至整个镜像神经元研究领域中比较愿意大胆假设镜像神经元功能的学者。比如，加莱塞与著名哲学家戈德曼（Goldman）多年来一直致力于为读心的模拟论（simulation theory）寻觅神经生物学基础与机制，以此化解哲学史上的"他心问题"。近年来，加莱塞还积极与精神病学、精神分析、认知语言学、美学与叙事学（narratology）领域的权威学者开展了一系列卓有成效的跨学科合作。

这样的知识结构与背景使加莱塞有广泛的兴趣和意愿去思考架构以外的可能性，且不受传统观点的束缚。其中，这些工作中最具影响力的是"现象学神经科学"（phenomenologize neuroscience）或"认知神经科学的现象学化"（Gallese & Cuccio，2014）。按照加莱塞的观点："现象学神经科学意味着神经科学研究必须从分析主观体验以及活生生的身体构成开始"（Gallese，2011）。对主体性和交互主体性发生维度的实验研究应该建立在这样的新基础上。本节尝试以镜像神经元研究为背景，围绕"同感"与交互主体性问题对加莱塞的现象学神经科学思想及其意义进行系统阐发。

第二节　镜像神经元的发现与同感的神经基础

在社会交流中，理解他人的情绪与情感同样重要。人类具有可以与他人的思想产生共鸣的能力，也可以身临其境地体验他人所体验的情感，甚至将类似的动作也表现出来（即所谓的"感同身受"）。对此，现象学家洛马尔(Lohmar)举了一个鲜活的例子："(以影片《侏罗纪公园》为例)……当主角受伤后躺在吉普车的货斗内，而一条巨大的霸王龙正在追赶着这辆吉普车时的场景。在整个追逐过程中，这条巨大的霸王龙一遍遍地试图寻找主角的腿，突然它猛咬住了主角的腿。整个场景显得十分紧张刺激，但是观众的反应可能更紧张，每当这头巨兽一下子咬到主角的腿时，观众都会下意识地将自己的腿往回缩。这表明：观众的举动似乎感觉威胁是针对他们的双腿的，因此他们相应地'开始产生行为'。"(Lohmar，2007)

　　这种现象在心理学上被称为"同感"(也被译成"共情"或"同理心")。"同感"这个术语最初是由英国心理学家铁钦纳(Titchener)(1909)从德文单词"einfühlung"翻译而来的。一般认为，同感最早是由德国心理学家、美学家立普斯(Lipps)(1903)引入美学经验的心理学概念，以诠释艺术品与观察者之间的关系：观察者会将自己投射到沉思的对象上。随后，立普斯将同感的内涵拓展至交互主体性范畴内，并将其描述为对他人行为的"内部模拟"(inner imitation)(Montag，Gallinat & Heinz，2008)。比如，当我们看到一个杂技演员走在悬空的钢丝上，虽然事实上我们是坐在椅子上的，但我们会跟着他的动作在内心模拟。我们会产生如同杂技演员在台上一样的，而不是坐在椅子上的那种视觉与动作印象。就好像我们就在钢丝上表演，而不是在观看，直到我们移动自己酸麻的脚时才觉知到自己不是那个演员。从词源上的分析进一步论证了同感的特征。"einfüh"本意是指一类由触觉或类似触感产生的感觉，并不仅仅指涉情绪性的感觉。而"in"既可指位置上的内在，也可以是"指向"上的内在，或兼指两者。因此，"einfühlung"既可以指发生在自己的里面，也可以进入他人内部。这意味着产生"einfühlung"时，个体可以与自己的主体性同在，也可以沉浸并接纳他人的经验。除非这个经验延续到最后阶段，否则我们无法阐明正在进行的究竟是哪一种内在知觉（李世易，2007）。因此，同感具有如下特征。（1）自我与他人之间所共享的身体空间是同感产生的必要前提。（2）同感是一种包含动作或行为的感觉、情绪与感受在内的复杂心理活动。（3）同感发生在自我与他人的交互活动之中。模拟是产生同感的重要途径，两者之间存在密切联系。伴随神经科学的发展与镜像神经元的发现，神经现象学尝试在结合现象学与神经科学的基础上对同感进行深入的探索。

在 20 世纪 90 年代中早期，意大利帕尔马大学的神经科学家里佐拉蒂领导的团队在恒河猴大脑腹侧前运动皮层（ventral premotor cortex area）F5 区发现了这样一组神经元，它们在猴子作出目标导向的动作（如用手抓取一颗花生）和观察他人执行相同动作时均产生放电。因为这些神经元同时对自己执行的动作和他人执行的动作均产生激活，它们被命名为"镜像神经元"（Di Pellegrino，Fadiga，Fogassi，Gallese & Rizzolatti，1992）。随后，在与腹侧前运动皮层交互联结的后顶叶皮层的 AIP 区和 PFG 区也发现这种神经元。进一步的实验研究还发现，镜像神经元可能表征了动作本身，而无论动作执行者是谁。只要猴子拥有足够多的关于动作执行者意图的暗示信息，这些神经元在动作的目标对于猴子的视觉系统来说是隐蔽的时候也会被激活。这就意味着它们在动作理解的过程中起着重要的作用（Umiltà，Kohler，Gallese，Fogassi，Fadiga，Keysers & Rizzolatti，2001）。并且，伴随着指向目标动作的声音也能够导致特定的镜像神经元的激活，纵然该过程对于猴子来说并没有视觉信息的呈现（Kohler，Keysers，Umiltà，Fogassi，Gallese & Rizzolatti，2002）（图 4-2）。

图 4-2　新生猕猴模仿面部表情（转引自：Gross，2006，p. 1484）

随后一系列的脑成像研究显示，在人类大脑中也存在着一个分布更为广泛、功能更为复杂的镜像神经元系统。其主要包括腹侧运动前区（ventral premotor cortex）、顶下叶（inferior parietal lobule）及额下回尾侧（caudal part of inferior frontal gyrus）等（陈波，陈巍，张静，袁逖飞，2015）。该系统与猴脑镜像神经元富集区之间存在着进化上的同源关系，并作为一种直接映射动作知觉与动作执行的镜像机制普遍存在于人脑中（Rizzolatti & Sinigaglia，2016）。与恒河猴不同，人类的运动回应不仅能被目标导向的运动行为的执行/观察所唤醒，还会被简单的动作（如举手臂、跳跃或弯曲手指）所唤醒。加莱塞认为，这种广泛的"运动调色板"（motor palette）可能在孕育人类与众不同的模拟本质中具有重要作用。事实上，为了模拟他人的行为，人类不仅应该复制被观察行为的运动目标，还应该复制其意义，也就是完成这一行为所需的动作。人类动作的镜像机制能够完成这两项任务（Gallese，2014）。

基于镜像神经元在识别与理解他人动作上扮演的重要角色，加莱塞提出了一个有趣的问题：如果由动作执行者所发出的感觉信息直接投射到观察者产生动作的生物性构造之上使得观察者产生了动作模拟，那么这些感觉信息是否会进一步使观察者产生相同的情绪体验呢？换言之，镜像神经元是否起到了连接动作模拟与情绪共鸣的桥梁作用？这种假设的思路不仅严格遵循了同感的定义，而且能够为传统的心理学与现象学对同感的分析提供经验上的支持。在他的领导与积极参与下，一系列的神经科学实验验证并深化了上述假设的合理性，而使用现象学分析框架对这些实验证据进行解读，为同感的发生机制提供了丰富的启示。

威克尔(Wicker)(2003)等的研究考察了第一人称视角和第三人称视角对特定情绪的体验是否被一个共享的神经表征所映射。研究者通过让正常被试吸入令人恶心的气味产生情绪体验，以及观察视频剪辑中他人通过面部表情动态地表现出吸入恶心气味时产生相同的情绪体验，同时使用 fMRI 技术对被试在经验恶心现象时的大脑活动进行扫描。实验结果显示，看到他人恶心表情和自己对于恶心的主观体验都激活了左侧前脑岛（left anterior insula）中相同的位置（Wicker，Keysers，Plailly，Royet，Gallese & Rizzolatti，2003）。根据之前研究的结论，前脑岛接收来自嗅觉、味觉结构以及颞上沟腹侧前部等区域的联合信息，并且当猴子看到脸部时该区域的神经元会作出反应（Perrett，Rolls & Caan，1982）。早在 1955 年，彭菲尔德（Penfield）与福克（Faulk）就曾在手术中用电刺激人类前脑岛会让病人产生恶心的感觉（Penfield & Faulk，1955）。克罗拉克-赛门(Krolak-Salmon)等通过使用更短、更弱的刺激诱发被试喉部和嘴部的反应，结果也验证前部的内脏—运动脑岛（anterior viscero-motor insula）和恶心的感觉之间存在联系（Krolak-Salmon，Hénaff，Isnard，Tallon-Baudry，Guenot，Vighetto，Bertrand & Mauguiere，2003）。这些研究均证明了前脑岛不仅将嗅觉、味觉、视觉刺激与内脏感觉联系起来，而且还与内脏—运动反应（viscero-motor responses)有关。因此，威克尔等的研究说明，当我们看到他人面部表情时，这一知觉引导我们体验一种特殊的情感状态。

那么，除厌恶之外的其他情绪状态是否也存在类似的现象呢？辛格（Singer）等（2004）对疼痛的同感体验进行了研究。实验要求女性被试躺在 fMRI 仪器中，她的配偶或男友坐在仪器边的椅子上，两个人手上都安装了会产生电击的导线。同时，在她们面前的电脑屏幕上会随机出现不同颜色的电击，让她们知道接下去谁要被电击了（男性或女性）并告知她们电击的强度。实验结果发现，当被试自己被电击时，她大脑中的躯体感觉皮层（somatosensory cortex）被激活了，同时大脑中处理疼痛情绪的区域也被激活了（双侧前脑岛与扣带前回）。当躺在 fMRI 仪器中的女性知道她们的配偶或男友要被电击时，其大脑中只有与疼痛情绪相关的脑区（双侧前脑岛与扣带前回）被激活，而躯体感觉皮层并没有产生反应（Singer，Seymour，O'doherty，Kaube，Dolan & Frith，2004）。本实验的关键之处在于：因为被试躺在仪器内部，所以她们并没有看到其配偶或男友被电击，既没有看到他们痛苦的表情，也没有听见其痛苦的叫声。她们知觉到的纯粹是一个抽象的信息（带有颜色的箭头出现在屏幕上）而已。然而，即便如此，被试还是能对他人所感受到的疼痛体验产生同感。

然而，传统负责情绪的脑区主要位于边缘系统（limbic system），主要包括嗅球（olfactory bulb）、脑岛、海马、扣带回与杏仁核（amygdala）。这些区域有别于人类镜像神经元系统的核心部分。因此，研究者需要进一步回答：在同感产生时，镜像神经元系统与脑岛、边缘系统之间的关系究竟如何？卡尔（Carr）等通过让被试观察或模拟害怕、悲伤、愤怒、快乐、惊讶和厌恶等面部表情，同时使用 fMRI 技术扫描其大脑活动。实验的假设是：如果镜像神经元系统是通过脑岛与负责情绪的边缘系统相联结，那么当被试观察面部表情的图片时，这三个区域应该都被激活。同时，如果镜像神经元系统在输出信号，那么当被试模拟图片上的表情时，其大脑活动程度的增强就不应局限于镜像神经元系统，也应该出现在脑岛与边缘系统上。实验结果发现：（1）脑岛将颞上沟与作为动作表征的关键区域的额下皮层与边缘系统联系起来；（2）模拟和观察情绪都激活了一个大型的、相似的大脑网络。这个网络由镜像神经元系统、边缘系统以及连接这两个神经系统的脑岛组成。在这个网络内部，镜像神经元系统通过模拟观察到他人面部表情，从而进一步引起边缘系统的活动，最终观察者产生了被观察者的情绪体验。此外，对情绪的模拟过程较之对情绪的观察过程激活了包括额下皮层在内的前运动皮层，以及颞上沟、脑岛与杏仁核（Carr，Iacoboni，Dubeau，Mazziotta & Lenzi，2003）。上述结论证实了实验的假设：在观察和模拟面部表情时镜像神经元系统、脑岛与边缘系统会产生反应，而且模拟过程中镜像神经元系统活动信号的增强也应该传输至脑岛和边缘系统中。

因此，我们对他人感受到的情绪的理解借助了一个动作表征的机制，这个机制确保了我们能产生同感并调节我们的情绪内容。加莱塞认为，通过具身模拟机制产生的共享身体状态使得他人的情绪被构成，而观察者和被观察者神经机制的激活使得对情绪的直接理解成为可能（Gallese，2003）。虽然这种理解情绪的镜像机制不足以解释所有人类对情感的共鸣现象，但这至少是第一次证明了人类大脑中的确存在一个产生某些同感的神经基础。

第三节　共享的多重交互主体性

有关同感的镜像神经机制的研究促使加莱塞认识到该领域与现象学之间的密切联系。加莱塞指出，早在《笛卡尔式的沉思》一书中，胡塞尔就将同感设想成一种借助类比(analogy)而产生的知觉的意向形式。而且，同感是通过一种因为其他个体的出现而被给予的世界的"共享经验"(shared experience)。按照胡塞尔的理解，身体是令我们能够实现与他人共享经验的原初工具。我们从未将其他自主体(agent)的身体仅仅视为一种物质对象，而是某种活的(alive)对象，就像我们经验到的自己活动的身体。这使得其他自主体的行为变得内隐地可理解(Gallese，2001)。

在此基础上，加莱塞认为现象学家斯坦茵(Stein)与梅洛-庞蒂在分析活生生的身体与同感之间关系上的贡献不容忽视。斯坦茵首先澄清了同感的概念，她认为同感并不局限于他人的感觉或情绪，而具有更基本的内涵，即我们通过一种对相似性的体验而将他人经验成自己的另一种存在。这种相似性的重要成分存在于我们对行为的共同经验上。正如斯坦茵指出的，如果我们的手的尺寸是以固定的尺码而被给定的，就像某种预先决定(predetermined)的东西那样，那么我们就很难产生与这些预先决定的物理规格不相匹配的其他类型的手的"同感"。然而，我们可以精确地区分孩子的手与猴子的手，因为两者在视觉上存在显著的差异。此外，我们甚至可以在无法利用所有视觉细节的情况下(如从我们的视野中撤走)依旧能认识这是手(李世易，2007)。按照今天心理学研究的概念框架，这种同感不同于"情绪同感"(emotional empathy)，而属于"认知同感"(cognitive empathy)。

更重要的是，在正常情况下，情绪同感与认知同感之间存在着不可分割的联系。已有研究显示，即便我们看到的仅仅是由移动的点光源所演示的人类行为，我们依旧不仅能够认出这是一个行走中的人，而且能够区分出它是我们自己或是我们正在观看的某人，甚至还能区分出这个行走中的人的性别及其处于愉悦、沮丧或悲哀的情绪状态(Centelles，

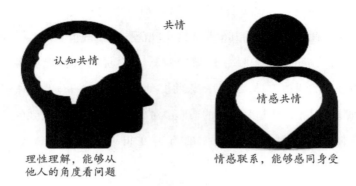

图 4-3　认知同感与情绪同感

Assaiante，Nazarian，Anton & Schmitz，2011）。虽然在正常条件下，我们走路时从未审视自己，但是我们可以借助一种机制来很好地解释这一现象：观察移动的刺激激活了观察者自身行走的运动图式（motor schema），而不是仅仅借助一种纯粹的视觉过程。这意味着我们对世界意义的把握并非单一地依靠被动的视觉记录，而是受到与动作相关的感觉运动过程的深刻影响。这种影响进而产生了对观察者动作所显露的情绪的理解与共鸣。

胡塞尔最早在现象学上区分了身体与躯体这对互补且紧密相联的概念。加莱塞将这对概念引入同感的现象学神经科学研究中，他将前者视为包含对自我与他人体验的活生生的身体，而后者则是客体化的躯体，大脑是其组成部分之一（Gallese，2005）。在交互主体性水平上，我们的躯体首先奠定了同感产生的可能性。由于躯体必须通过外在的感知（outer perception）给予我们，因此，同感是在我的本己躯体与一个外部被感知到的躯体之间的感知的相似性。这种相似性不是一种在两个外部空间形式之间的相似性，而是一个在两种运动之间直接可感觉到的对应性：（1）动感地被感知到的外部躯体的运动和位置。（2）在外界被感知到的外部躯体的运动和位置（Gallese，2009）。这种相似性会引发起一种统摄性的转渡，在此之中，外部躯体在一种与本己躯体的类比中被统握为一个感觉着的和感知者的躯体。其次，由躯体与意识联结在一起而形成的身体确保了同感产生的有效性。身体不是仅仅依靠外在的感知而给予我们的。比如，我们闭上双眼，在没有跟其他躯体部位有所接触的情况下伸开四肢，我们不会产生任何与躯体之间的分离感。身体的这种本体感受（proprioceptive）特征在我们经验他人情绪时依然发挥着作用。在上述辛格的实验中，即使被试没看到其配偶或男友的躯体受到电击，而只是看到抽象的符号，她们仍然能够产生同感。

　　结合这两个方面，观察者与被观察者构成了一个由可逆性规则所支配的动力系统，而我们对于他人活生生的身体的感知能力依赖于一个共享的、有意义的人际空间的形成。加莱塞将这样一个由观察者与被观察者（或自我与他人）组成的、产生交互作用的动力系统或形成的人际空间称为"共享的多重交互主体性"（shared manifold of intersubjectivity）（倪梁康，2007）。该假说的意义首先在于它区分了作为同感充要条件的两种同一性。（1）个体同一性（i-identity）。其主要指我们将同一性经验视为个体的生物体而不是一个非生命的客体（nonliving objects），借此自我变得独一无二。（2）自我与他人同一性（s-identity）。主要指我们在与其他个体的交互之中经验到的同一性，借此使自我在一个由他人组成的更大的团体之中被赋予同一性（Zahavi，2012）。

　　该假说进一步指出，当我们观察到其他活动的个体的时候，面对的是他们的一整套表达能力（他们的行为方式以及他们所表露出来的情绪与感受），在此之中一个有意义的具身交互个体性联系（embodied inter-individual link）被自动化地建立起来。在猴子大脑中发现的镜像神经元证明这些表达行为被执行和观察时激活了相同的神经基质。因此，在我们能够共享他人感受与情绪的能力之中或许也蕴藏着类似的神经机制。加莱塞认为不同的"镜像的匹配机制"（mirror matching mechanism）在我们特有的关于自身的多通道经验知识和了解他人之间起着协调作用。这种与身体相联系的经验知识使得我们能够直接理解他人动作的意义，并体验他们所经历的感觉（如疼痛）、情绪和情感。这印证了现象学对同感产生方式的思考："（在我的本己躯体与外部被感知到的躯体之间的）这种统摄性的转渡不是一种推理性的思维行为或逻辑推断，而是一种只需看一眼便可以发生的活动，无须追忆和对照，我们将那些在我们以往经验中已经为相似的客体所获得的意义转渡到这些我们普通感知的客体之上"（Gallese，2009）。

　　但是，我们需要一种现象学上的概念工具以更好地描绘与阐述这种功能层面与亚个人层面上经验的共享，这种工具便是共享的多重交互主体性。加莱塞假设，正是借助这种共享的多重交互主体性，我们可以将其他人类视为与自己一样的人，从而实现自我与他人的同一性（倪梁康，2007）。

　　共享的多重交互主体性可以在三个不同的层面上实现操作化：（1）现象学层面（phenomenological level）。现象学的层面中产生了相似感，即作为一个像我们一样的更大的社会团体之中的个体的感觉。无论任何时候，当我们面对其他人类个体时都会体验到这种感觉。这种感觉必须在同感层面上加以界定。在这里，同感的概念得到进一步的扩大，因为我们与他人共享了动作、情绪与感觉。因此，他人经验到的这些心理与行为对我们而言开始内隐地变得有意义。胡塞尔称这个过程为"陌生经验（fremderfahrung）的共现（appräsentation）"（Gallese，2009）。（2）功能层面（functional level）。功能层面是指交互作用的"好像模式"（as if modes）创立起了自我—他人模式。相同的功能逻辑在自我控制与对他人行为的经验上发挥着作用。这种交互模式将他们的参照对象映射到相同的关系性的功能节点上。所有的交互作用模式共享了一个关系特征。在功能层面上描绘共享的多重性，即由于操作的相关逻辑产生了自我与他人的同一性，使得个体能够探测独立于他们所处的资源的连贯性、规则性与可预测性。功能层面就是上述提到的具身模拟（Gallese & Cuccio，2014）。（3）亚个人层面（subpersonal level）。亚个人层面是一系列镜像匹配神经回路活动的实例化。这些神经回路的活动依次与身体状态内部的多层次改变紧密耦合在一起。镜像神经元证实了在大脑内部存在着一个超通道的意向共享空间（supramodal intentional shared space）。具体而言，在产生超通道的情绪与感觉共享空间上可能存在类似的神经网络在发挥作用。共享的空间允许我们去鉴别、体验，并且内隐地、前反思地去理解别人体验到的情绪和感觉。例如，当我们阅读小说《北京折叠》的时候，小说会再现一个情绪和体验的世界。其中主人公老刀的情绪和体验会栖居且穿梭第一空间与第三空间等小说营造的虚拟世界中。这种奠基于共享的多重交互主体性的具身模拟机制，可以帮助我们"航行"于这个虚拟世界中。它允许我们理解并在某种程度上重新体验老刀的悲欢离合。在这种情况下，具身模拟的意义是实践性的，它给予我们一种第二人称的认识论视角通向虚拟的他人，最终建立对整个社会性世界的经验与认识。

第五章

语言理解与进化

第一节　言语的知觉运动理论

　　"在从最智能的非人灵长目动物到以语言为交流工具的人类的这个进化过程中，交流和大脑复杂性取得了质的飞跃。作为独一无二的人类，口语和符号语言标志着猴脑到人类大脑的剧烈转变"（Gazzaniga et al.，2010，p.335）。语言活动可以被视为认知活动中最具复杂性的现象之一。在乔姆斯基（Chomsky）等传统语言学家看来，语言是一种以抽象的符号为基础的计算系统，并以语法（规则）操作这些符号，这些符号与语言所代表的意义之间很少或几乎没有关联（转引自 Jay，2004）。例如，英文的"dog"、法文的"Chien"、中文的"狗"所指的都是狗，但是这些单词听起来并没有它所代表的意思，只是不同语言里代表"狗"的声音，是一种抽象的符号。然而，传统语言学遗留下一系列难以解决的问题：如果语言是一种基于符号与逻辑的计算过程，那么构成语言的规则究竟是什么？这些规则又会牵扯哪些认知活动（比如，除了说或写之外，手势为什么也能作为语言的表达形式）？这些规则从何而来？经验又在这些规则的形成中扮演了怎样的角色？最重要的是，虽然几个世纪以来，一些脑区一直被认为是与语言有关的核心区域，但这些来自神经病理学的松散线索无法进一步揭示：在语言发生的过程中我们的大脑究竟发生着怎样的变化。当然，这些零碎的神经科学证据也就更谈不上反哺语言的认知理论了。镜像神经元及其系统的发现为研究者窥视语言的奥秘打开了新的窗口。

首先，虽然言语（speech）中（至少在现代言语中）字词的含义与发音动作（phono-articulatory actions）必须发出这样的音之间并不存在关联的问题，但是我们却能听懂别人言语所表达的意义。这意味着我们对语言的理解并非依赖于发音本身，不同的语言发音所对应的意义之间具有某种不变性（invariance）。为了解释这种现象，语言心理学家利伯曼（Liberman）与马廷林（Mattingly）（1985）提出了言语知觉的运动理论（motor theory of speech perception）。该理论认为倾听者在听觉域内无法解决不变性，却可以在运动域中解决这种不变性。在语言理解的过程中，声学的模式（acoustic patterns）可以不同，但是产生这种声音模式的发音姿势却是一样的。因此，语言理解中的知觉问题可以借助其产生系统的构造与特征得到解决。简言之，一个倾听者是借助他自己成为说话者时所采用的发音姿势从而理解说话者的语言。言语知觉的对象是发音事件。根据这个理论，倾听者将神经运动的指令（neuromotor commands）发送到发音器（如舌头、嘴唇和声带），从而提供了语言理解中所需的不变性。这样一来，不仅语言与发音动作之间的自然联结现象得到了解释，而且还为语言所表达的意义如何在发音动作中保持可理解性提供了一个合理的假说。

此外，来自常识的经验显示，语言和运动系统（motor system）之间有复杂的联结和交互作用还不仅局限在发音动作上，姿势性动作同样与语言之间存在密切联系："我看到我的女儿与她的朋友打电话时，她的手臂和手都在舞动，这个自发性的动作往往伴随着我们的说话过程，我们称为'手势'（gesture）"（Iacoboni，2009a）。事实上，即便在明知对方完全看不到的情况下（如对方是盲人），我们在进行言语表达时依旧会不由自主地做手势。这说明在姿势性的交流（gestural communication）中蕴含了语义（semantics）；而在言语中缺少这一点（Rizzolatti & Craighero，2004）。换言之，至少语言和动作比语言和知觉的关系更直接。言语知觉、语言理解都无法脱离运动系统而独立发生。

第二节　镜像神经元系统与语言理解、进化的关系

一、镜像神经元系统在语言理解上的活动特征

镜像神经元及其系统的发现为言语知觉的运动理论以及语言和运动系统间的复杂联系提供了神经科学层面上的有力证据。综上，镜像神经元系统令人信服地解释了对动作的知觉与执行组织之间存在着功能上的相互依赖性，这使研究者自然联想到：镜像神经元系统同样在联结言语信息的知觉与言语动作的执行方面扮演着重要角色（Schnelle，2010）。早在发现镜像神经元之初，猴脑中的 F5 区就被认为与人类大脑中的布洛卡区具有相似性，而布洛卡区正是心理学家与神经科学家辨识出来的第一个与语言有关的脑区（Rizzolatti & Arbib，1998），如图 5-1 所示。

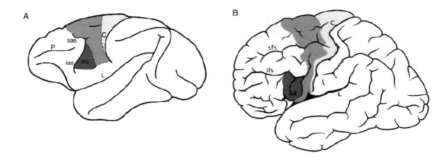

图 5-1　豚尾猴大脑皮层（A）与人类大脑皮层（B）显示的同源皮层区域（彩色部分）（Fogassi & Ferrari，2005，p.137）

　　注：灰色与浅灰部分分别显示的是猴与人脑中均存在的初级运动和前运动皮层。深灰色部分显示的是假设的与交流与语言有关的同源皮层运动区（猴脑 F5 区与人脑 BA44 区或布洛卡区）。

　　脑区缩写：C＝中央回；IAS＝弓状沟的下肢；IFS＝额下回；L＝外侧沟；P＝主沟；SAS＝弓状沟的上肢；SFS＝额上沟。

　　人类的布洛卡区还可以进一步被分为 BA44 区和 BA45 区（如图 5-2 所示）。其中，BA44 区是真正意义上与 F5 区具有同源性的脑区（Aziz-Zadeh & Ivry，2009）。脑成像研究显示，BA45 区在语言输出时（无论是说话还是示意）被激活（Horwitz，et al.，2003）。相较而言，BA44 区是由非语言的运动功能所激活，包括复杂的手部运动，以及感觉运动学习（sensorimotor learning）及其整合（Binkofski & Buccino，2004）。为此，一些学者提议，布洛卡区应该被视为一个包含很多不同的功能整合的脑区，这些功能之间并不存在清晰的界限（Lindenberg，et al.，2007）。

　　此外，阿兹-扎戴（Aziz-Zadeh）等（2004）的研究显示，仅仅听手部动作引发的声音就可以促进人类被试的运动诱发电位（motor evoked potentials，MEPs），但这种现象只有当左半球的手部区域被刺激时才出现，刺激右半球则不会出现这种现象。这种奇特的属性及其单侧化活动（lateralized activation）规律不仅强烈暗示了在大脑左半球存在一个听觉

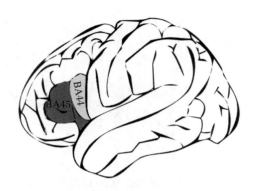

图 5-2　人脑布洛卡区 BA44 区和 BA45 区

镜像神经元系统（aucitory mirror system），而且由于语音的神经系统恰恰是人类大脑进化过程中最古老的单侧化系统之一，所以以布洛卡区为代表的语言功能区可能正是从负责语音识别的左半球听觉镜像神经元系统演化而来的（Toni，et al.，2008）。

　　基于上述证据，研究者认为镜像神经元系统可以被视为联结语言与动作的枢轴（pivot）或桥梁（Arbib，2006；Chen & Yuan，2008）。并且，运动系统的进化是先于语言，并作为语言最初的基本形式。因此，言语进化（speech evolution）从姿势意义（gestural meaning）中迁移过来是必不可少的一个环节。姿势的内在核心是提取声音的意义。这一假设遵循一个清晰的神经生理预设：手、手臂和言语姿势必须紧密联系，并且至少在部分水平上两者共享相同的神经基质（Rizzolatti & Craighero，2004；Arbib，2005；Fogassi & Ferrari，2007；Gallese，2008）。

　　为了验证这一假设的正确性，研究者开展了一系列以从简单发音现象到复杂语言现象为研究对象的实验。例如，吉蒂鲁西（Gentilucci）等（2001）设计了如下实验。在该实验的一项任务中他们给被试呈现两个"＋"形或者在"＋"形占据的空间中随机散落一系列圆点，并要求被试去用右手拇指与食指抓取物体。当物体以"+"形条件出现时，被试需要张开他们的嘴。这些手部动觉、手臂和口部动作都被记录下来，结果显示：当动作导向大的物体时嘴唇开启的缝隙和开启的速率峰值都有所增加。在另一项任务中，他们要求被试发出一个音节（如 GU、GA）来替代一种简单张嘴的动作，结果发现，当抓取大的物体时嘴唇开启缝隙较大。另外，在发音过程中所记录到的语音频谱的最大功率依旧是在抓取较大的物体时更高。最有趣的是，抓取动作对音节发音的影响并不只在动作实施时出现，而是当仅仅观察到抓取动作时也会对发音产生影响。吉蒂鲁西（2003）的研究要求被试在观察到其他个体抓取不同尺寸物体时发出 BA、GA 的音节。实验结果发现，被试嘴唇开启缝隙的动觉和声波振幅均受到其他个体抓取动作的影响。具体而言，当被试观察到其他个体抓向较大物体的动作时，被试自己的嘴唇开启缝隙和声音振幅的峰值均会更大一些，并且缝隙和峰值的增大不受观察其他个体手臂运动速率的影响。综上，这些实验揭示了即便在最简单的音节发音现象中，人类的手部动作和嘴部动作就已经存在着紧密的联系。这也间接地支持了在种系发生学（phylogenetically）的层面上，以布洛卡区为代表的镜像神经元系统是由猴脑中控制嘴部、手臂动作的前运动皮层演化而来的。

法迪加等（2002）使用 TMS 技术对正常被试仔细听言语和非言语听觉刺激情况下舌部肌肉的运动诱发电位进行了记录。他们使用的刺激材料是三类听觉刺激：真词、假词（pseudowords）与双调的声音（bitonal sounds）。前两者是言语听觉刺激，而双调的声音是非言语听觉刺激。在这些真词和假词的中间位置会固定出现"ff"或者"rr"。如"birra"（啤酒）、"carro"（马车）等。仅当刺激呈现在被试左侧运动皮层（left motor cortex）时给予 TMS 刺激。实验结果显示：（1）较之听到单词和含有"ff"的假词以及双调声音时，被试在听到单词和含有"rr"的假词时舌部肌肉产生的运动诱发电位值有显著的增加。（2）相比听到假词中含有"rr"或"ff"辅音，在听到真词中含有"rr"辅音或"ff"辅音时被试的舌部肌肉更容易产生较高的激活水平。（3）听到双调声音时被试的舌部肌肉产生的运动诱发电位值与听到含有"ff"辅音的真词与假词时不存在显著差异，但在该情况下其运动诱发电位值显著低于听到含有"rr"辅音的真词与假词时。

法迪加等认为，第一，与腭龈摩擦辅音（lingua-palatal fricative consonant）"r"相比，"f"是唇齿摩擦辅音（labio-dental fricative consonant），这意味着在发音时需要舌部的较大运动。虽然被试仅仅是倾听他人对两类辅音字母的发音，但依旧会启动自己执行上述发音动作时对应的舌部肌肉活动。第二，在实验中，真词中含有"rr"或"ff"辅音条件下产生的运动诱发电位值显著高于假词条件，这说明被试在倾听两类辅音字母的发音并调整其舌部肌肉运动时不仅仅依据发音动作本身，而且依赖于发音动作中所蕴含的意义。双调声音条件下被试的舌部肌肉产生的运动诱发电位值显著小于"rr"辅音条件，且与"ff"辅音条件下无显著差异，进一步说明了双调声音条件仅仅是借助一种声音的物理属性，而不是意义属性来启动被试舌部运动的。这个实验成功地印证了语言的知觉运动理论：在听他人的语言表述过程中，听者在模仿语言表述者的舌部肌肉的运动，并且这种模仿可以促进我们理解他人言语所表述的意义。

那么，既然在个体听到与舌部有关的言语信息时其舌部肌肉会给予回应，这是否意味着只要言语中包含与运动系统有关的信息，个体相对应的运动系统都会予以回应呢？运动系统的反应又是如何体现出镜像属性的呢？沃特金斯（Watkins）等（2003）对此进行了考察。他们通过使用TMS技术在四种条件下记录下被试嘴唇（口轮匝肌）（orbicularis oris）和手部肌肉（first interosseus）的运动诱发电位。这四种条件包括：听散文、听非言语声音、观察言语相关嘴唇运动、观察眼和眉的运动。实验结果发现，与控制条件相比较，听到言语会增强来自嘴唇肌肉（口轮匝肌）的运动诱发电位值，并且仅在对左半球初级运动皮层（primary motor cortex）的刺激作出反应时才能观察到这种增强。而在任何一种条件下，只要是对右半球初级运动皮层的刺激进行观察，运动诱发电位值都不会产生变化。最后，在任何一种条件下由手部肌肉引出的运动诱发电位值的大小都没有区别。

普尔维穆勒（Pulvermüeller）等（2002）的研究也得出了相似的结论。他们使用 EEG 技术对当被试听到与脸（如"talking"）和腿部（如"walking"）相关的动作动词时大脑皮层的激活状况进行比较。实验结果发现，这些与动作有关的词汇会激活运动皮层与前运动皮层中的躯体定位区域（somatotopic areas），如图 5-3 所示。例如，当词汇描述的是腿部动作时会引发运动皮层与前运动皮层的背侧区域更强烈的活动，而这一区域主要靠近腿部运动皮层。类似地，那些与"talking"类型相关的动词则引发了运动皮层的外侧裂（perisylvian）附近更强烈的活动，而这一区域靠近表征脸和嘴的运动皮层。需要指出的是，因为这些区域也正是被试自己执行上述动作时所对应的区域，所以其具有镜像属性。

泰塔曼蒂（Tettamanti）等（2005）的 fMRI 实验对人类被试听到关于动作的句子时与观察动作时是否激活相似的皮层区域进行了检验。这些句子描述的动作包括嘴部、手/手臂、腿部动作，控制条件是呈现与之具有相同句法结构（syntactic structures）的抽象句子。结果显示，在两种条件下，左侧中央前回（left precentral gyrus）和额下回的后部都被激活了。尤其是听到与手部动作相关的句子时，左侧中央前回的激活状况基本上与观察同样动作时发现的激活状况相一致。虽然在听到与嘴部动作相关的句子时额下回的岛盖部（pars opercularis of IFG）（即布洛卡区）激

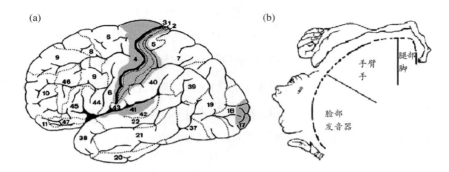

图 5-3　人类大脑皮层外侧面的布罗德曼分区(A)以及初级运动皮层的躯体定位的构成(somatotopic organization)(B)（转引自 Pulvermüeller，2002，pp. 14-15）

　　注：(a)图中的灰色区域表示与言语知觉和产生相关的初级运动与感觉区域。(b)图由彭菲德(Penfield)与拉斯姆森(Rassmussen)绘制。他们使用弱电流刺激皮层表面来探索人类运动皮层的构成，并记录下哪一部位的身体肌肉活动是相应刺激产生的结果。根据刺激 B 图中的这些区域会引起身体肌肉的收缩，他们最终绘制了"躯体感觉的侏儒人"(somatosensory homunculus)。本图与运动皮层的神经解剖投射之间存在对应关系。

活程度非常高，但在听到关于其他效应器所做动作时该区域也会有一定程度的激活。因此，研究者认为，除了嘴部动作之外，布洛卡区很有可能也负责对与动作相关的动词进行一般性的表征。

　　综上，普尔维穆勒与法迪加(2010)认为："语言理解受惠于前额中央动作系统(frontocentral action system)或感觉—运动回路(sensorimotor circuits)。该系统在一定的语言学背景下作为学习的结果而被确立起来，并为(言语的)刺激特征与产生这些感觉特征的动作之间提供了一种自动化的耦合(automatic coupling)"(Pulvermuller & Fadiga，2010，p. 358)。因此，"感觉—运动回路(sensorimotor circuits)就是语言的皮层基础"(Pulvermuller & Fadiga，2010，p. 351)。

二、语言理解与进化的具身语义学

基于这些研究，研究者逐渐确认在人脑中存在一种共鸣神经系统（echo-neuron system），当个体一听到言语刺激时，便激活了与言语相关的运动中枢。这种共鸣神经系统不仅对言语声音的模仿进行调节，还对言语知觉进行调节。此外，该系统与其原始的语义功能之间可能存在着密切联系（Rizzolatti & Craighero，2004；Fogassi & Ferrari，2007；Gallese，2008）。这种有助于语言理解的共鸣系统是一种从动作镜像神经元系统（action mirror neuron）中演化而来的新型的镜像神经元系统。阿兹-扎戴与伊夫里（Ivry）（2009）将这种基于镜像神经元系统的研究来探索语言理解、进化的全新范式称为"具身语义学"（Embodied Semantics）。具身语义学首先回答了手部动作到嘴—喉部动作是如何从进化中迁移过来的。根据之前科勒等（2002）的研究证实，猴脑 F5 区中存在着一类视听镜像神经元，它们会被那些在猴子观察或执行动作时发出的声音所激活，并予以反馈。这些视听镜像神经元的存在说明了在猴脑中存在着对动作表征的听觉通道。视听镜像神经元只对与目标相关的动作（object-related actions）进行编码，这符合"经典"视觉镜像神经元的特征。然而，与目标有关的动作并不足以创造一个有效的意向交流系统（efficient intentional communication system）。这是因为"我们使用的语言并不限于具体动作的描述，语言的功能在于它可以以生成的方式来描述抽象概念"（Aziz-Zadeh & Ivry，2009，p. 368）。因此，作为语言基本要素之一的词汇应该主要起源于伴随不及物动作（intransitive actions）和手势（pantomimes）相关联的声音，而不是起源于与目标相关的动作。

为此，里佐拉蒂与克拉伊盖罗（2004）借助语言学家帕盖特（Paget）（1930）的一个经验性例子对此予以了澄清：当我们吃东西的时候，我们以一种特殊方式运动我们的嘴、脸、舌头和嘴唇。对这一系列运动动作（包括姿势）的观察使得其意义对于我们每个人而言都是公开的，那就是"吃"。如果我们在做这一动作的同时，我们还通过嘴—喉部向外吹气，那么我们可能发出一种类似"mnyam-mnyam"或者"mnya-mnya"的声音。通过这样一种联结机制，动作的意义在转换成声音的同时也自然地得到了理解，并在人们的认可中被进化选择而保留下来。因此，他们认为，虽然词汇与嘴部动作出现的联系是通过视听镜像神经元的活动与姿势动作的联系得以理解。然而，个体在通向成功获得言语的道路上的关键性步骤在很大程度上要归功于模仿能力的改进，这使得个体在没有作出动作但伴随一个具体动作情况下也能发出原始的声音。这种新的能力可以确保听觉镜像神经元系统在原始的视听镜像神经元系统上发展起来并最终形成，但其进化又不独立于原始的视听镜像神经元系统。最终，在摆脱复杂动作的协调作用对摄食行为的必要性的情况下，前运动皮层逐渐具备了产生"mnyam-mnyam"声的功能。与此同时，这些进化而来的神经元能够同时产生声音并对该声音作出反应并产生共鸣。于是，诸如音韵（phonology）、句法（syntax）等人类语言的成分嵌入了运动系统的组织属性之中（Fogassi & Ferrari，2007），而人类大脑中的布洛卡区也由此进化成一个具有复杂功能的脑区。音韵、语义、手部动作、摄食动作和句法都混杂在这一独特的神经空间中。

　　为了更好地解释前运动皮层在贯通动作与语言理解方面的功能，加莱塞（Gallese，2008；2009b）提出了一个更为具体的"神经利用假说"（Neural Exploitation Hypothesis，NEH）。该假说首先借助乔姆斯基的语言理论划分出两种不同的语法生成模型：有限状态的语法（finite state grammar，FSG）与短语结构的语法（phrase structure grammar，PSG）。后者比前者具有更强的语言生成能力，可以生成前者所不能生成的句子。这主要体现在该模型可以对等级性结构化递归序列（hierarchically structured recursive sequences）进行加工。所谓"递归"，主要指反复使用相同的语法规则来生成无限的短语或句子。比如，句子"the women kick the chair"就是有限状态的语法无法生成的。短语结构的语法使人类语言具有独特的功能，而其他非人灵长类物种只能相当有限地使用非常简单的"有限状态的语法"。加莱塞认为，人脑中存在着控制与目标有关动作的神经结构，这些动作又被"利用"（exploitation）来服务于最近获得的语言句法（language syntax）功能。这说明，动作和语言获得之间存在功能性的重合，这从儿童在语言和与目标有关的动作领域内掌握等级复杂化能力的并行发展中得到佐证（Greenfield，1991）。

　　加莱塞（2009b）进一步指出，这种短语结构的语法完全奠基于人类前运动皮层中存在的"结构化"（structuring）的镜像神经元系统。其功能可以用两个操作模型予以描述。操作模型（1）是该系统可以通过运动效应器与其他感觉皮层区域的神经联结将动作的执行与动作知觉及表象组织起来。操作模型（2）是相同的系统将其动作执行与知觉功能分离开来，并且为大脑非感觉运动（nonsensory-motor）部位提供其结构化的加工。这样一来，前运动系统中的镜像神经元系统既在掌握等级性结构的语言方面发挥作用，又在加工"抽象"结构的语言领域内服从"抽象推理"（abstract inferences）的规则。根据神经利用假说，镜像神经元系统不仅控制了我们如何运动身体，并确保我们可以理解他人的动作，在原则上也同样确保我们理解结构化与抽象的语言。

第六章

孤独症的碎镜理论迷思

孤独症(autism)，又称自闭症，现与阿斯伯格综合征(Asperger syn-drome)、儿童瓦解综合征(childhood disintegrative disorder)以及未分类广泛性发展障碍(pervasive developmental disorder not otherwise speci-fied)统称为孤独症谱系障碍(autism spectrum disorder)。作为病因未明的神经发育疾病(neurodevelopmental disorders)，其主要症状为在各种场合出现持久的社会沟通和交往障碍(涉及社会情感互动缺陷、非语言行为交流缺陷、发展维持和理解人际关系的缺陷)，伴随狭隘的兴趣、刻板的重复行为或活动模式(涉及刻板或重复躯体运动、高度受限的固定兴趣、感觉输入的过度反应或反应不足)(DSM-V，2013)。基于病情的严重程度，孤独症患者在眼神交流、面部表情、社会兴趣、同伴关系以及社交或情感互动等方面呈现不同的状态。这些异常的状态与个体的模仿、心智理论(theory of mind)(揣摩他人心智的能力)、共情等社会认知能力(个体对外界状态的表征能力，包括他人的心理状态或者行为)(Hohwy & Palmer，2014)的缺损有关。自 20 世纪 80 年代以来，研究者提出了许多理论解释孤独症患者的社会认知障碍，诸如心盲理论(mind-blindness theory)和共情系统化理论(empathizing-systemizing the-ory)等，分别作出了孤独症患者心智理论缺失或者共情缺损的解释，简化了对孤独症复杂行为的解释。然而，行为学研究显示许多高功能孤独症患者具备显著或有限的心智化能力（mentalising），只是其社会认知过程中潜在自动的直觉成分仍然是受损的，而这种异常和损失又是孤独症的独有症状（Lai，Lombardo & Baron-Cohen，2014），这表明孤独症的心智理论缺失或共情缺损有可能只是这种直觉成分异常后的副产品。

第一节　孤独症的碎镜理论

碎镜理论（broken-mirror theory，BMT）正是从社会认知的直觉成分（潜在自动化的情绪或动作等的模仿与识别）受损层面解释孤独症症状机制的理论假说。作为人类镜像神经元系统（mirror neurons system，MNS）研究在孤独症领域中的推进与拓展，BMT 提出了一整套关于MNS 功能（社会认知的直觉成分）异常而导致孤独症症状的理论体系。BMT 的支持者认为，MNS 为孤独症提供了确定的神经机制，未来的孤独症研究将从纷繁复杂、毫无头绪的境地走向可控的神经科学领域，解决孤独症难题指日可待。一时间，BMT 引起了极大地关注。但是随着研究的深入，越来越多的研究者发现，MNS 作为社会认知神经机制的假说显得过于夸大或歪曲，基于此而形成的 BMT 在解释孤独症患者的社会认知障碍上面临越来越多的质疑，其理论的合理性有待确认（Southgate & Hamilton，2008；Enticott et al.，2013）。甚至，在贾特勒（Christian Jarrett）（2014）出版的新书《大脑的重大迷思》（*Great Myths of the Brain*）中，有关"镜像神经元将我们塑造成人类"以及"碎镜诱发孤独症"的研究已经沦为了迷思。一个在解释孤独症成因与表现上曾被赋予无限期待的崭新理论为何遭遇这般现实际遇？孤独症与镜像神经元之间究竟存在着怎样的关系？本节拟从 BMT 的发展路径出发，系统回顾与梳理 BMT 的内涵与证据，通过澄清 BMT 面临的质疑及其证据，尝试对其未来发展作出理性展望。

图 6-1　碎镜理论（BMT）的提出者神经科学家拉马钱德兰（Ramachandran）

一、镜像神经元与社会认知的关系

20 世纪 90 年代，意大利帕尔马大学的加莱塞等在猕猴属（基于豚尾猴和恒河猴的研究）中意外发现了一些神经元，当猴子作出一个动作（比如用手抓取物体）或者观察到研究人员进行同样动作的时候这些神经元出现了类似的激活反应。研究者根据其表现出的镜像特点将其命名为"镜像神经元"，指出这种镜像的瞬间认知使得猴子仅仅通过观察就能够体验到外界的动作（Rizzolatti & Fabbri-Destro，2010）。后续的研究表明，镜像神经元（确切地说是其组成的神经系统）不仅传递运动控制指令（执行动作时激活），也可让猴子经由脑部神经活动达成理解动作和分辨意图的活动（在观察动作时激活；在仅听到动作声音的条件下，以及在传递动作意图的关键视觉线索被掩蔽的条件下出现与观察动作同样的激活反应），因此它也被视为模仿、动作认知发展的关键神经机制（Rizzo-

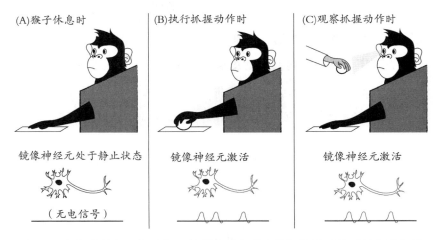

图 6-2　恒河猴执行目标导向手部动作或者观察执行相似动作时镜像神经元的活动(改编自 John T，Youngeun C.，2010，p. 1040)

latti，Fogassi & Gallese，2006)。

　　目前，基于实验伦理的限制无法采用侵入性技术获得人类存在镜像神经元的直接证据，但是大量研究应用非侵入技术——例如脑电图(EEG)研究使用 μ 波(μ 波是个体在进行随意运动或观察随意动作时出现的脑电波，其抑制和激活与 MNS 的反应相反)、功能性磁共振成像研究采用血氧合度依赖(blood oxygenation level dependent contrast，BOLD)信号(神经元活动所引发之血液动力的改变)以及经颅磁刺激(TMS)通过微量电流刺激大脑等探查了人类的 MNS 情况——发现人类大脑主要在顶下小叶、腹侧前运动皮层及额下回等区域出现镜像反应，偶尔有研究发现顶上小叶和小脑(cerebel)(Molenberghs，Cunnington & Mattingley，2012)、内侧颞叶(medial temporal lobe)(Mukamel，Ekstrom，Kaplan，Iacoboni & Fried，2010)等区域也有镜像属性。研究者认为镜像反应是一个系统化的功能，独立具备该功能的神经元并不存在，因而将人类的镜像反应区域命名为 MNS，目前所指的人类 MNS 主

要包括：（1）包含脑岛（岛叶）（insula）和前额叶皮质（anterior mesial fron-
tal cortex）的边缘镜像系统，在理解和感受他人情绪时产生激活反应；
（2）包含顶下小叶、腹侧前运动皮层以及额下回尾部的顶额镜像回路
（parieto-frontal MNS circuit），在观察或模仿单纯（不包含情绪成分）动
作或行动时产生激活反应（Casartelli & Molteni，2014）。

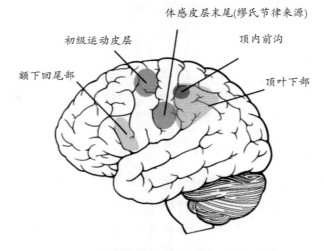

图 6-3　人类镜像神经元系统的大脑区域图
（选自 Hamilton A F. ，2013，pp. 91-105）

　　基于 MNS 将外界动作或情绪映射到自身的能力，这种连接自我与
他人（self-other）关系的属性启发了研究者对其与社会认知关系的诸多研
究。例如，亚科波尼等人（1999）研究发现 MNS 在模仿和动作理解中都
发挥了作用，他们在实验中要求被试观察和模仿手部动作，然后根据提
示再现该动作，结果被试的 MNS 不仅在模仿手部动作时被激活，而且
在根据提示再现该动作时还出现了反应增强的现象，研究者推测这种反
应增强表明再现动作时 MNS 已经潜在理解了动作。随后，亚科波尼等

人（2005）的研究发现 MNS 具有分辨意图的功能。他们为被试呈现了三组影片，分别是：空白背景上一只手伸出来抓住一只杯子；两个茶杯摆设的场景，一个场景的摆设像是准备好让人享用下午茶，另一个场景则好像是用餐已毕等待收拾；第三组影片是在不同场景下有一只手伸出来抓住杯子，从而透露出动作的意图。结果显示，被试对于具有清楚意图的动作反应最强烈，而且在观察"饮用"或"收拾"的手部动作时，MNS 出现不同的反应，并且这两种场景下镜像神经元的激活程度都比看到空白背景的手拿杯子动作或是单纯只是观看场景的摆设来得更为强烈。威克尔等人（2003）的研究显示镜像神经元与共情也有关系。研究者让被试依次嗅闻刺激性气味或者观看别人吸入刺激性气味时面部表情的影片以体验恶心的情绪，结果发现两种条件下被试的前脑岛（岛叶）区的反应相似，而脑岛（岛叶）区也是人类 MNS 的重要组成部分。加佐拉、阿兹-扎戴和凯泽（2006）发现 MNS 在被试只听到动作声音的情况下能够出现和执行动作时的同样的反应，这表明 MNS 能够基于动作的相关属性实现对动作的理解。

一些专家和学者认为，MNS 的出现为我们理解社会行为提供了一个统一的神经机制视角，也将掀起一场理解社会行为的革命（Iacoboni，2008）。当然，即便 MNS 的功能在当时并未得到澄清，但它与社会认知的关系对于孤独症研究来讲，确实也提供了崭新的思路。

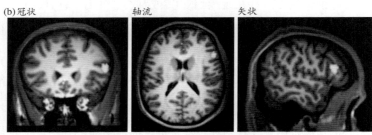

图 6-4　不同意图的判断引起人脑 IFG 部位镜像神经元的不同活动

（选自 Timon van Asten. ，2011，p. 7）

图 6-5　第一本关于镜像神经元与社会认知内容的适合

普通大众读者的书《*Mirroring People*》

二、碎镜理论的内涵与论据

孤独症的核心是社会认知的缺损和异常。这一结论早已得到了来自心理学、神经电生理以及脑功能成像等研究的证实。行为学的研究也显示孤独症患者普遍存在异常的社会认知特征，如社会知觉功能受损、执行功能障碍以及异常的感知和信息处理等。

由于孤独症患者普遍存在社会认知异常，MNS 又似乎是社会认知的神经机制，这使得研究者意识到孤独症与 MNS 二者之间可能存在某种关联，并推测孤独症患者的 MNS 是异常的。来自 EEG、fMRI 和行为学研究的结论支持了这一想法。奥伯曼等人（2005）利用 EEG 记录孤独症患者和正常发育（typical development，TD）被试在观察和执行手部动作（例如抓握物品）时的 μ 波情况，结果显示 TD 被试在观察和执行动作时都有显著的 μ 波抑制，而孤独症患者在执行动作时有 μ 波抑制，但是在观察动作时则没有 μ 波抑制。这表明孤独症患者执行动作的感觉运动皮层正常，但是涉及动作模仿的 MNS 异常。达普雷托等人（2006）的 fMRI 研究记录了孤独症和 TD 被试在观察和模仿情绪时的反应，结果显示孤独症被试的 MNS 活动存在异常，主要表现在右侧额下回后部反应薄弱，左额下回区域反应强烈。马蒂诺（Martineau）、安德森（Andersson）、巴泰勒米（Barthélémy）、科捷（Cottier）和德斯特里厄（Destrieux）（2010）通过 fMRI 研究孤独症和 TD 被试在观察和执行手部动作时的表现，同样显示孤独症被试的 MNS 的反应异常。更多支持 BMT 的实验证据详见表 6-1。

结合孤独症、MNS 与社会认知三者的关系，威廉姆斯（Williams）、怀特（Whiten）、苏登多夫（Suddendorf）和佩雷特（2001）、拉马钱德兰和奥伯曼（2006）以及亚科波尼和达普雷托（2006）等人提出了碎镜假说。

表 6-1　支持 BMT 的研究

研究	方法	内容	结果	结论
奥伯曼等（2005）	EEG	观察和执行手部动作	正常组被试在观察/执行中均出现显著 μ 波抑制，孤独症被试执行动作时出现 μ 波抑制，观察动作时 μ 波抑制较少	孤独症患者执行动作的感觉运动皮层正常，涉及动作模仿的 MNS 异常
达普雷托等（2006）	fMRI	观察和模仿面部表情	相比正常组被试，孤独症被试右额下回后部反应薄弱，左额下回区域反应强烈	孤独症患者 MNS 异常
哈吉哈尼（Hadjikhani）、约瑟夫（Joseph）、斯奈德（Snyder）、弗鲁斯伯格（Flusberg）（2006）	生理数据比较	孤独症被试与正常被试大脑皮层的差异	相对正常被试和普通人，孤独症患者 MNS 区的灰质明显减少，这些区域同时与情绪识别和社会认知相关	孤独症患者 MNS 异常
伯尼尔（Bernier）、道森（Dawson）、韦布（Webb）、穆里亚斯（Murias）（2007）	EEG、行为研究	观察和执行手部动作	孤独症被试在模仿任务表现明显较差，在 EEG 研究中孤独症患者和正常组被试在执行动作时均出现 μ 波抑制，孤独症患者在观察时 μ 波抑制减少	孤独症患者存在模仿障碍，模仿障碍与 MNS 有关
卡塔内奥（Cattaneo）（2007）	EMG	观察抓起食物吃和抓起纸放到肩上的动作	正常发育被试在两个任务上有类似的肌电反应，孤独症患者反应不强	孤独症患者在动作序列理解上异常

（续表）

研究	方法	内容	结果	结论
马蒂诺、科钦（Cochin）、巴泰勒米、玛格尼（Magne）（2008）	EEG	观看包含动作的视频	在观察感知各个动作的不同阶段时，正常被试的运动皮质、额叶、颞叶区出现去同步化现象，孤独症被试没有此反应	这些区域是人类经典的 MNS 区域，表示孤独症患者的 MNS 异常
博里亚等（2009）	行为研究	观看图片，回答问题	孤独症被试回答"她为什么这么做"问题比回答"她在做什么"类问题上的表现显著较差	孤独症患者认知动作序列的能力较差
马蒂诺等（2010）	fMRI	观察和执行手部动作	相对正常组被试，孤独症被试双侧额下回反应异常强烈	孤独症患者 MNS 异常
恩蒂科特（Enticott）等（2012）	TMS	观察手部动作的视频	观察及物动作比不及物动作出现较弱的皮质反应，表明 MNS 反应异常，此外，MNS 障碍没有随着年龄增长而减轻	孤独症患者 MNS 异常，MNS 活动与年龄无关
皮内达（Pineda）（2013）	生物反馈法	训练调整 μ 波反应	基于 μ 波抑制与 MNS 可能存在的关系，利用生物反馈法训练孤独症被试和正常发育被试调节 μ 波反应，将训练前后的反应与家长填写的前后行为问卷相比较	孤独症患者可以通过 μ 波反应的生物反馈训练影响 MNS 的活动

（续表）

研究	方法	内容	结果	结论
帕金斯（Perkins），斯托克斯（Stokes），麦吉利夫雷（McGillivray），考克斯（Cox），比塔尔（Bittar）(2014)	fMRI	观察手势（挥舞、指向、抓握等）	孤独症被试和正常发育被试都存在前额叶、顶下小叶和颞叶的激活，但是孤独症被试在前扣带回和额内侧回反应增加，距状皮层（spur cortex）、楔叶（cuneus）、中颞叶（middle temporal）反应减低	手势观察任务中额叶皮层影响孤独症被试的反应，这可能显示其MNS功能异常
近（Chien）等（2015）	生理数据比较	比较孤独症患者与正常被试MNS区域的皮质厚度和神经束的完整性	相对正常组被试，孤独症被试的皮质厚度较薄，右额顶骨神经束的完整性与社会交往问卷（中国版）的得分存在强相关	右额顶骨的神经束与社会交往相关显示MNS可能影响孤独症患者的社会交往能力，孤独症患者MNS区皮质结构结构证实了二者的关系

"碎镜"是 MNS 功能异常的形象化表述，主要观点是 MNS 功能异常导致了孤独症患者的社会认知缺陷。个体在社会认知功能，诸如模仿、共情以及动作理解等方面表现不一致继而导致孤独症患者之间症状的多样性。虽然 MNS 的研究反映它与模仿、共情和动作理解有极大的关联，但是每位研究者对它们之间的关系有不同的看法，因而 BMT 也同样出现了对于孤独症的不同解释。汉密尔顿(2013a)将 BMT 归纳为三个亚版本：模仿说(imitation version of BMT)、模拟说(simulation version of BMT)和锁链说(chaining version of BMT)。

模仿说认为模仿是关系个体对他人动作表征的重要能力，涉及感知

发挥了多大作用同样有待确认（Perkins，Stokes，McGillivray & Bittar，2010）。这样的情况同样存在于人类 MNS 研究中。林瑙、格谢里奇（Gesierich）和卡拉马扎（Caramazza）（2009）的研究通过重复抑制原理（重复呈现某一刺激，其相关的神经元会出现抑制反应）并未发现存在镜像反应的神经元。许多学者一直倾向于对具有镜像属性的皮层回路进行进一步的研究，但当前关于 MNS 分布和功能的研究同样存在争议。莫伦贝格、坎宁顿（Cunnington）和马廷利（Mattingley）（2009）综合多项研究的元分析发现，额下回区域并不能作为对应模仿功能发生的脑区，广义镜像神经元区域仍然没有得到广泛的认同。

第二，学术界尚难宣称获得了真实或精确的 MNS 反应。当前研究虽然采用了 fMRI、EEG 或者 TMS 等多种技术，但是肌肉的兴奋水平、皮质脊髓的兴奋性、静息状态下的 μ 波等并不一定能匹配 MNS 的反应状态（Cattaneo，2007）。μ 波可能只是观察者自身感觉（触觉）的反应指标而不是观察外界动作的反应指标（Coll，Bird，Catmur & Press，2015）。菲茨杰拉德（Fitzgerald）（2006）指出 MEG 研究中使用的 β 波（β 波反映了大脑初级运动皮层的兴奋性，被当作 MNS 激活的一项指标）与被试实验前接受的磁刺激治疗、服用的药物、观察的认知或运动任务相关较大，不具备实验的可重复性。而且，当前匹配 MNS 反应的指标多是区域性的大批神经元反应，研究者很难从这种复杂的区域神经系统的反应中区分出真实的 MNS 反应与其他运动神经元的反应。肖（Shaw）和切科沃娃（Czekoová）（2013）指 EEG 的研究无法明确神经系统失调或者兴奋的具体空间定位，被试的感官经验和后期训练会影响脑电反应。维尔吉-巴布尔（Virji-Babul）等人（2012）的研究中就发现 14～16 个月大的婴儿观察其他婴儿爬行时的脑电要比行走时强烈得多，也就是说脑电的变化存在经验依赖，即我们当前通过 EEG 获得的所谓 MNS 的激活或者异常可能依赖于观察者是否具有被观察动作的经验，这使得研究中容易出现经验差异导致结果不同的情况。此外，巴斯蒂安森(Bastiaansen)等人(2011)的研究显示年龄同样影响 MNS 的反应。他们在孤独症患者观察面部表情的任务中发现，不同年龄的孤独症患者在 MNS 反应上出现了显著差异，成人被试较儿童具备更强的反应，研究者推测 MNS 在18～55 岁仍在持续地发展和完善。这些问题的存在显示研究者不仅难以明确区分研究中记录到反应，而且对于人类 MNS 发展机制的理解还处在初级水平，年龄、经验或者其他因素仍可能影响脑电或真实 MNS 的反应，人类 MNS 研究的信度和效度有待提升。

(二)MNS 至多是社会认知的附带原因

即便我们忽略人类 MNS 研究的间接性，MNS 与社会认知的关系似乎并非那么密切。首先，社会认知所需的有效模仿涉及视觉分析、目的表征、动作选择等认知过程，这些功能显然不是 MNS 所影响的简单的动作复制。卡拉马扎等(2014)指出，镜像神经元在动作理解中只参与了将动作转换为视觉表征的处理过程，在此意义上并不能认为镜像神经元具有动作理解的功能。杨森(Janssen)和舍尔伯格(Scherberger)(2015)的分析显示顶叶皮层 PFG 区和 V6A 脑区等非镜像区在将客体信息由视觉转换为动作指令的过程中发挥了重要作用，虽然目前尚不明了这些区域和 MNS 如何共同促进指向客体的动作的产生。

其次，MNS 的主要功能也非是动作模仿或意图理解。纽曼-诺伦德(Newman-Norlund)等人(2007)研究发现，被试的 MNS 在进行辅助动作(complementary actions)(如将手悬停在杯子上方这一动作，它是举起手和握杯子或抓起杯子的中介辅助动作)的时候比观察模仿动作(imitative actions)(如模仿研究者示范的抓杯子动作)的时候反应更加强烈，因而指出 MNS 主要影响各类动作的耦合，即动作与动作如何连贯从而产生目的性行为而不是模仿或执行行为。卡纳(Kana)、沃兹沃斯(Wad-sworth)和特拉弗斯(Travers)(2011)综合分析了多个 MNS 与模仿关系的研究认为，MNS可能具有诸如注意力调整、自我与他人匹配或者目标认知等能够促进模仿的辅助功能，但其主要功能并非模仿。此外，动作理解往往涉及观察者的感觉系统和运动系统，这一过程中更多地需要前运动区神经元的激活（Rizzolatti & Sinigaglia，2010），而镜像神经元关涉的动作理解仅仅是基于MNS对于视觉输入的本能反应（Rizzolatti & Sinigaglia，2010；Cook，Bird，Catmur，Press & Heyes，2014）。科索诺戈夫（Kosonogov）（2012）认为，镜像神经元的主要功能不是认知动作目的或理解意图，可能只是在大脑的某些结构对动作目的或意图进行分辨之后参与了一些步骤，但并非重要角色。

最后，镜像神经元的功能是联想学习（associative learning）的产物。近期的一系列收敛性证据显示，MNS所具有的功能具有极强的可塑性，这反映了这些功能不太可能是生物进化特异于社会认知的。例如，动作理解的MNS反应可以经由训练改变（例如要求被试在观察到食指动作时以小指做反应，多次训练后MNS也会出现针对食指动作的非镜像反应）（Catmur，Walsh & Heyes，2007；Catmur，Mars，Rushworth & Heyes，2011）。来自婴儿EEG研究的证据也显示，在婴儿大脑有关感觉运动耦合（perceptual-motor couplings）以及理解他人的这种耦合都依赖于相关视觉运动经验过程中的联想学习（de Klerk，Johnson，Heyes & Southgate，2015）。据此，希考克（Hickok）（2014）认为MNS与动作理解的原因无关，只是在我们选择如何使用他人动作的过程中发挥了作用，MNS的激活反应或许更应该是动作理解的结果。

由此可见，MNS与社会认知之间的关系尚未完全明朗。现存的实验结论并不支持有关两者关系的最初设想。正如斯坦霍斯特（Steinhorst）和芬克（Funke）（2014）总结的："宣称MNS的重要社会功能只是在直觉上是可信的，但这并不是衡量一个理论真实与否的科学标准"。目前，已有学者明确指出MNS至多是社会认知的附带原因（contributory cause)，即 MNS 对于产生社会认知既非必要也非充分的，虽然它的确有助于产生社会认知(Spaulding，2013)。未来可以考虑进一步明确 MNS 究竟在社会认知中扮演了何种角色，以及它在何种程度上的异常会影响以及如何影响了社会认知。

(三)MNS 功能障碍不是孤独症的必要条件

从孤独症与 MNS 的关系来看，近期很多研究显示孤独症患者的 MNS 是正常的，MNS 功能障碍并不是导致孤独症的必要条件，研究者认为前后研究矛盾的结果多是由于被试或者实验条件差异而造成的。

雷马克斯(Raymaekers)(2009)的研究记录了高功能孤独症和 TD 儿童观察和执行手部动作的情况，结果发现两组被试在两种情况下均出现显著的 μ 波抑制现象，且两组之间没有显著差异。范(Fan)等人(2010)的研究也发现孤独症与 TD 被试在观察手部动作时均出现显著的 μ 波抑制，只是孤独症组无法模仿观察到的动作，研究者认为孤独症患者的 MNS 正常，可能只是功能受到抑制。马什(Marsh)和汉密尔顿(2011)发现，TD 和孤独症被试在观察合理(rational)和不合理(irrational)(以"合理"与"不合理"分别考察被试的动作理解能力和单纯的镜像反应)的手部动作时，两组被试在 MNS 的左前内沟区域同样激活，TD 被试同时激活了扣带回及其双侧皮质的神经回路。当观看不合理的手部动作时，两组被试无显著差异。索登(Sowden)等人(2015)开展的行为学研究显示孤独症患者的自动模仿能力正常，他们和匹配组在模仿手指举起的任务上表现并无差异，但是在分别考察被试的自动模仿能力(例如，在不同颜色背景下模仿手部动作，以剔除相同的背景可能对模仿的促进)和空间兼容(spatial compatibility)对模仿行为影响(例如，在相同背景下，要求被试观察左手动作时用右手模仿，以考察同样的空间背景能否促进被试的模仿)的实验中，却发现孤独症患者的用时更短，即孤独症并非模仿能力缺损，反而更可能是一种异常强烈的自动模仿倾向所导致的疾病。由此，许多研究者认为孤独症患者的 MNS 正常，而且镜像反应与动作理解是不同脑区的功能，MNS 似乎并不涉及动作理解，与孤独症的社会认知异常和缺损关系不大。

此外，如果孤独症的成因是 MNS 的缺损，那么孤独症患者大脑的 MNS 应该有别于正常人。但是托尔（Toal）等（2010）研究了 65 位孤独症患者的大脑，结果发现孤独症患者的内侧颞叶梭状回和小脑比常人稍小，额下回或顶下小叶等经典 MNS 区与常人并无差异。杜尔登（Duer-den），麦凡（Mak-Fan），泰勒（Taylor）和罗伯茨（Roberts）（2012）的研究分析了 22 个孤独症研究的报告，结果显示孤独症患者与正常人在前额叶、扣带回和脑岛（岛叶）存在大小差异，但额下回或顶下小叶区等镜像区域并无结构或功能的区别。汉密尔顿（2013a）分析了 25 个利用 fMRI、EEG 或眼球追踪技术研究孤独症患者 MNS 功能的研究报告，指出并无确凿的证据支持 BMT 关于孤独症患者 MNS 异常说法，并且指出基于 BMT 的干预方法也没有效果。更多质疑 BMT 的实验证据详见表 6-2。

表 6-2 质疑 BMT 的研究

研究	方法	内容	结果	结论
史密斯和布莱森（2007）	行为研究	模仿手势、命名手势、按照口令再现手势	在明确的要求下，孤独症患者能够完成大致准确的模仿，但是难以命名手势以及按照口令再现手势	孤独症患者模仿能力正常，只是不知道何时模仿以及模仿什么

（续表）

研究	方法	内容	结果	结论
维万蒂（Vivanti），纳迪格（Nadig），罗杰斯（Rogers），奥佐诺夫（Ozonoff）（2008）	眼球追踪	观察模仿6个意义动作和6个无意义动作	孤独症被试和正常发育被试都注视意义动作较多，二者没有显著组间差异，两种模仿任务上也无显著差异	孤独症患者模仿精确性较低，但是模仿能力与正常发育人群并无显著差异
雷马克斯（2009）	EEG	观察和执行手部动作	两组被试在两种情况下均出现显著的 μ 波抑制现象，且两组之间没有显著差异	孤独症患者 MNS 正常
丁斯坦等（2010）	fMRI	观察和执行手部动作	孤独症患者在观察和执行手部动作时 fMRI 记录到正常的 MNS 反应，而且在重复观察同一动作时出现了重复抑制的反应，表现出了动作选择性的功能	孤独症患者 MNS 正常，动作选择性功能正常
范等（2010）	EEG	观察和执行手部动作	孤独症与正常被试均出现显著的 μ 波抑制，只是孤独症组无法模仿观察到的动作	孤独症患者 MNS 正常，但功能受到抑制
托尔等（2010）	生理数据比较	比较孤独症患者和普通人的大脑差异	孤独症患者的内侧颞叶梭状回和小脑区域存在异常，经典的 MNS 区额下回或顶下小叶等与常人无异	与正常人相比，孤独症患者大脑的异常区域不在所谓 MNS 区

（续表）

研究	方法	内容	结果	结论
马什和汉密尔顿（2011）	fMRI	观察移动的物体、合理的手部动作和不合理的手部动作	两组被试在观看手部动作时 MNS 的左前内沟区域出现同样激活，正常被试同时激活了扣带回和双侧皮质回路。当观看不合理的手部动作时，两组被试无显著差异	孤独症患者 MNS 正常，镜像反应与动作理解是大脑区域不同的功能，MNS 与动作理解无关
米歇尔（Michel）等（2011）	fMRI	孤独症和正常被试在情感识别、换位思考和情感反应等三类共情任务上的表现	两组被试在情感反应任务上无差别，在情感识别和观点采择上存在差异。孤独症组用时较长，在皮质—边缘回路存在异常激活	孤独症患者在完成共情的情感识别和观点采择成分上存在异常，并非整体的共情缺损
福尔克，费内尔（Fernell），赫德瓦尔（Hedvall），霍夫斯滕（Hofsten），吉尔伯格（Gillberg）（2012）	眼球追踪	考察被试能否自发的注视到正确的玩具，以及作出正确反应的时长	孤独症被试注视行为的精确程度与其社交技能水平相关，行为用时与言语智力水平相关	孤独症的原因更可能是一种注意方面的障碍

（续表）

研究	方法	内容	结果	结论
恩蒂科特等（2013）	TMS	观察静止的手，一个人的手以及两个人互动的手	孤独症患者与正常组被试在观察时并无显著差异	孤独症患者的MNS正常，实验中涉及社会交往线索（两个人互动的手）的任务并未造成结果差异，这显示MNS与社会认知关系不大
鲁伊斯施特（Ruysschaert），沃伦（Warreyn），维尔斯玛（Wiersema），奥斯特拉（Oostra），罗伊斯（Roeyers）（2014）	EEG	观察和执行目的导向动作和非目的导向动作	在观察和执行动作时，孤独症被试与正常发育被试的μ波抑制现象一致，并且μ波抑制现象与模仿质量、年龄和社会交往问卷得分无显著相关	质疑BMT关于孤独症患者MNS缺损的说法
索登等（2015）	行为研究	在不同实验场景下观察模仿动作，考察空间兼容性对以往显示孤独症患者模仿能力正常的实验的影响	在观察和执行动作实验中，孤独症被试和正常发育被试的模仿能力均正常，在不同实验场景设置下观察和执行动作的模仿能力正常	孤独症患者的模仿能力正常，并且在场景不同的实验任务中还出现更好的空间兼容性

（续表）

研究	方法	内容	结果	结论
库萨克等（2015）	行为研究	面对外界动作（如外界的警告）时的感知能力	孤独症被试与正常组被试在动作感知上并无显著差异，孤独症患者的感知系统能够完整地处理他人的社交信号	孤独症患者在复杂动作理解和生成的障碍并非认知动作序列困难
波科尔尼等（2015）	fMRI	观察模仿及物动作和不及物动作	两组被试在两种情况下并没有反应差异，孤独症患者在两种情况下也未出现差异	孤独症患者在认知动作序列或简单动作方面与常人无异，没有特别的认知动作序列缺损

综上，MNS功能障碍不是孤独症的必要条件。新近研究显示孤独症患者的MNS正常，孤独症患者与正常人的大脑MNS区域也没有显著差异。早期关于孤独症患者MNS异常的说法可能是MNS的功能受到抑制或者是实验任务与被试的差异导致了不同的结果。研究者更倾向认为孤独症患者MNS是正常的，只是其功能由于孤独症的继发原因受到抑制。

（四）碎镜理论各版本的观点缺乏依据

BMT的问题不仅在于MNS与社会认知、孤独症与MNS的关系模糊，其各种理论版本亦缺乏说服力。

从BMT的主要观点看，模仿说认为MNS是模仿的重要基础，孤独症患者表现出的模仿障碍是MNS功能异常的表现。然而，当前诸多研究显示MNS与模仿的关系不大，而即便有研究表示MNS应该参与了模仿的重要环节，但基于孤独症患者的研究发现他们的模仿能力并未受影响。史密斯（Smith）和布莱森（Bryson）（2007）研究了孤独症患者在社交手势（如对人竖大拇指）和哑剧手势（如握拳）方面的模仿能力，结果对比非孤独症的发展迟滞和 TD 被试，在明确的要求下，孤独症患者能够完成大致准确的模仿，但是难以完成对手势的命名和按照实验者的语言指令再现手势。这说明孤独症患者的模仿能力是正常的，他们的问题可能在于不知道何时模仿以及模仿什么。

就模拟说而言，也有研究显示孤独症患者在动作理解和共情上并没有困难。米歇尔（Michel）等人（2011）的研究考察了孤独症患者和正常被试在情感识别、观点采择和情感反应等三类共情任务上的表现，发现孤独症患者与正常被试在情感反应上并无差别，但是在情感识别和换位思考任务上表现较差，fMRI 记录显示了两组被试在皮质—边缘区域（cortico-limbic）的反应差异。这显示孤独症患者似乎并非整体的共情（认知共情和情感共情）异常，可能只是有利于完成共情的情感识别和换位思考方面存在缺损，并非模拟"自我与他人"状态的损伤。

BMT 的锁链说认为，孤独症患者认知动作序列的 MNS 异常，所以在复杂的动作理解和生成上存在障碍。但是斯普特（Spunt）、福尔克（Falck）和利伯曼（2010）的研究却显示在"为什么"类问题[例如，实验者作出喝茶行为，提问被试该实验者"如何做（用杯子喝）"和"为什么做（为了保持清醒）"]上表现较差，这不是动作理解的障碍，而是由于无法表征他人的心理状态。因此，博里亚等（2009）发现孤独症患者在"为什么"类问题表现较差并不能说明他们无法认知动作序列。库萨克（Cusack），威廉姆斯和内里（Neri）（2015）在研究中调查了孤独症患者的动作感知能力，结果发现孤独症被试与 TD 组被试在动作感知（如外界的警告）上并无显著差异，孤独症患者的感知系统能够完整地处理他人的社交信号，他们在复杂动作理解或生成上的异常表现可能是由于不知何时作出反应以及如何作出反应，并不符合锁链说的假设。波科尔尼（Pokorny）等人（2015）的研究考察了孤独症患者和 TD 成人在观察模仿及物动作（主体指向客体的动作，如伸手越过书拿杯子）和不及物动作（如伸手越过书）时 MNS 的反应情况，结果发现二者在两种情况下并没有反应差异，而且孤独症患者在两种情况下也未出现差异，这表明孤独症患者在认知动作序列或简单动作方面与常人无异，没有特别的认知动作序列缺损。

从上述的这些事实可以发现，BMT 几乎是在一个没有牢固根基的情况下突现的一座美丽的空中楼阁。即便我们忽略人类 MNS 研究的先天缺陷，关于 MNS 与社会认知的具体关系、孤独症患者的 MNS 究竟是否异常，或者孤独症各症状之间的关联如何受到 MNS 的影响等问题的答案依然是模糊的。或许，这也是我们整理几近揭开孤独症谜团的兴奋之情，拨开 BMT 迷思，走向新征程的时候了。

二、碎镜理论及孤独症研究的未来发展

镜像神经元的发现至今已有三十多年（di Pellegrino et al.，1992），而 BMT 的提出也已近二十年（Ramachandran & Oberman，2006）。这十多年正好是镜像神经元从神经神话（neuromyth）降为理性思考的阶段。由于科学界对镜像神经元功能至今仍然没有统一意见，各个领域对其研究及相关争论还会持续下去。同时，随着孤独症研究对象的变化，镜像神经元的社会响应学说的提出，双个体社交范式、第二人称神经科学范式与计算精神病学的兴起，我们相信镜像神经元与孤独症的真正关系将被逐步阐明。

（一）新研究对象对于碎镜理论的验证

近些年来，孤独症的发病率明显提高了，例如美国从 1980 年的 0.05％ 提升到 2014 年的 1.5％。有研究表明孤独症发病率的猛增主要是由于诊断手段的变化（Hansen，Schendel & Parner，2014）。旧的诊断手段（DSM-V 之前）详细规定了界定孤独症患者与正常个体的标准以及

轻度和重度孤独症的界限。然而随着孤独症流行病学的研究以及遗传学对孤独症相关基因的分析（Chakrabarti et al.，2009；Robinson et al.，2011），人们发现孤独症在总人群中的发生概率以及严重程度呈连续正态分布，并且某些人格特质也与孤独症症状高度重叠（Baron-Cohen，2009；Ronald & Hoekstra，2011）。如果把临床诊断中用于测量孤独症特征（autistic traits）的孤独症问卷（autism spectrum quotient，AQ）施用在总人群，那么93%的正常个体都会正态分布于32分以下（AQ总分为50分），而99%的孤独症获诊个体则正态分布于32分以上（Baron-Cohen et al.，2001）。考虑到孤独症患者的高度异质性（heterogeneity）（即个体之间智力、社会成长背景、缺损社会认知功能的数量和程度差异极大），之前研究中许多相互矛盾的实验结果极有可能是异质性所致（Bolte，Poustka & Constantino，2008）。为了避免异质性对于研究结果的干扰，一些学者建议可以（跳过孤独症患者）直接研究正常个体中孤独症特征和镜像神经元活动的相关关系，从而来间接验证BMT：比如让正常个体完成一些测量孤独症特征的问卷，然后比较是否孤独症特征较高的个体其MNS的活动较孤独症特征低的个体更弱。考虑到目前该类型的研究还不多，并且一半支持（Puzzo，Cooper，Cantarella，Fitzgerald & Russo，2013；Cooper，Simpson，Till，Simmons & Puzzo，2013）一半反对BMT（Haffey，Press，O'Connell & Chakrabarti，2013；Sims，Neufeld，Johnstone & Chakrabarti，2014），将来我们需要更多在正常个体中的研究来验证BMT。

（二）新理论对于镜像神经元功能的探索

虽然大量科学证据基本否定了BMT的观点（即镜像神经元受损是孤独症的主要病因），但是人们并不能完全排除孤独症患者某些细微社会认知功能的缺损是镜像神经元异常活动所致。因此，在最终消除BMT

"神话"之前，我们还需尽可能阐明镜像神经元的真正功能。之前的理论主要把镜像神经元和动作理解、模仿等功能联系在一起，但是镜像神经元既不是动作理解的充分必要条件，其活动特征也与动作模仿所需的精确复制性相违背。那么，除动作理解和模仿外，镜像神经元还可能参与其他什么社会认知功能？

汉密尔顿(2013b)提出了一个新理论：镜像神经元可能主要参与社会响应功能(social responding)。受辅助动作(complementary actions)实验的启发(Newman-Norlund et al.，2007)，汉密尔顿认为镜像神经元不仅仅在被动地分析所观察到的动作信息，更重要的功能是从自身运动皮层中激发那些能回应该目标动作的运动表征，从而为接下去可能作出的社会回应行为做准备。为了便于理解该功能，我们可以想象以下情景：当你的朋友在饭桌上把啤酒杯递给你的时候，镜像神经元可能不仅仅帮你理解那是一个"握着啤酒杯的动作"，其更重要的是诱发你接下去作出合适的社会反应，即"张开手掌作出接杯子的动作"。在这里，由于啤酒杯的两侧不一样(一侧是柄，另一侧是宽大的杯面)，你看到他人的动作(握杯柄)和你自身回应的动作(张开手掌去握杯面)会稍有不同；但如果这是一个普通的透明玻璃杯(圆柱状无柄)，则观察和回应的动作完全相同。这种允许镜像神经元在动作观察和执行时编码一致和非一致的表征很好地解释了为什么只有1/3的镜像神经元是"严格一致的镜像神经元"(strictly-congruent mirror neurons)，而2/3的镜像神经元是"宽泛一致的镜像神经元"(broadly-congruent mirror neurons)(Rizzolatti & Craighero，2004；Kilner & Lemon，2013)。

虽然该理论才刚刚提出，并且还没有实验证据直接证明，但从逻辑上说，镜像神经元的一些重要特征都支持社会响应理论，如推测性镜像神经元(predictive mirror neurons)或逻辑相关的镜像神经元(logically-related mirror neurons)（Keysers & Gazzola，2014），以及联想学习性（几乎所有人类社会响应动作是后天学习的产物）（Cook et al.，2014）。考虑到孤独症患者的日常行为严重缺乏社会响应动作，这极有可能是镜像神经元与孤独症联系最紧密的环节。

（三）新研究范式对于镜像神经元以及孤独症研究的推动

受到还原主义（redunctionism）的影响，心理学研究往往聚焦单一的外界刺激和过度细化的认知过程，这种影响在镜像神经元的研究中也颇为明显。虽然日常生活中人类的社会行为丰富多彩，镜像神经元的实验主要还是围绕在简单的个体动作上（如观察一只手在拿杯子，或者一张脸在笑）。我们认为，运用双个体社交范式（dyadic social interaction paradigm）来研究镜像神经元是否参与复杂的群体动作理解可能是将来的热点（Wang & Quadflieg，2015）。举两个例子：第一，当我们看到一些社会情景，比如一位学生拉着另外一位快要摔倒的学生的胳臂时，镜像神经元是如何理解这个群体行为？这两个学生各自的行为极为不同，我们的镜像神经元是如何用唯一的运动皮层来同时模拟这两种不同的肢体动作的？镜像神经元又如何区分这个动作是亲社会性的（如扶起摔倒的同学）而不是反社会性的（两个同学打架）？第二，当你看到两个学生打闹以及他们面部表情的时候，我们是如何理解以下微妙的行为意图：快乐玩耍（两个学生都在笑），真正打架（两个学生都在生气），一方欺凌另一方（推搡的学生在笑，被推搡的学生生气）。理解这些复杂的群体行为涉及对于两个个体动作（或面部表情）的宏观解读：仅仅明白单一个体动作（如拉手臂、摔倒、哭、笑）不足以让我们完全理解整个动作的意义。在这里，简单的镜像神经元模拟说似乎无法帮助个体理解复杂的群体动作（因为个体无法同时模拟两种不同的全身动作），所以极有可能需要其他的认知过程或神经网络去参与整合多种单一动作的信息。考虑到孤独症患者缺乏对于事物"格式塔式"的宏观理解（参考弱中心统合理论），我们可以想象孤独症患者在日常生活中遇到的动作理解困难很有可能不是镜像神经元对于单一动作理解的问题，而是某些负责整合多种动作信息并对其进行格式塔式解读的认知过程或神经网络出了问题（即在动作理解方面的"见木不见林"）（Simmons et al.，2009，Bolte，Holtmann，Poustka，Scheurich & Schmidt，2007）。我们相信将来会有不少研究运用这种新型多个体社交范式去冲击 BMT 对于动作理解缺损的解释。

　　此外，第二人称神经科学范式（second-person neuroscience paradigm）可能是未来推动镜像神经元和孤独症研究的另一个重要方向（Schilbach，2015）。社会神经科学目前主要采取的是第三人称式的研究方法（third-person neuroscience），即被试在核磁共振仪中被动地观察实验者所提供的各种社会刺激（如动作、面部表情、社会场景）。这种像看电影似的感知社会刺激而不是像日常生活中那样主动参与社会交流中的范式在近些年来饱受诟病（Schilbach et al.，2013）。因为无论从神经现象学角度还是认知科学角度，大脑在经历这两种不同范式时的状态极为不同（Schilbach，2014）：前者被称为离线社会认知（off-line social cognition），而后者则被称为在线社会认知（online social cognition）。这两者的关系就如同认知主义（Cognitivism）和生成主义（Enactivism）般微妙：前者认为大脑主要负责信息处理从而帮助个体更好地认识理解这个世界，而后者强调大脑服务于个体更好地与周围的环境互动从而更好地适应这个世界（Cisek & Kalaska，2010）。让我们回到上面提到过的递啤酒杯的例子：当你看到你的朋友在饭桌上把啤酒杯递给你的时候，你的大脑很有可能已经准备启动接啤酒杯的动作；但是当你回家在沙发上观看用手机录下的一模一样的递啤酒杯的动作时，你的大脑不太可能激活任何和接啤酒杯相关的动作，因为你是以第三人称被动地旁观递啤酒杯的动作，而不是以第二人称设身处地作为递啤酒杯动作的对象。换言之，你身处的环境决定了大脑会对相同的视觉信息作出不同的生理回应。借助近些年来实验仪器设备的发展，目前已经有不少研究采取了第二人称神经科学范式，如用基于眼动仪的实时交互社交实验（eye-tracker based real-time social interaction）以及基于虚拟现实技术的社会互动实验（immersive virtual reality technology）（Pfeiffer，Vogeley & Schilbach，2013），而这些实验也表明不同的脑区以及不同的神经网络分别参与到第二人称和第三人称范式的实验中（Schilbach et al.，2013）。

因此，结合前面讨论的镜像神经元社会响应理论（Hamilton，2013b），将来对于镜像神经元的研究应该更多地采取第二人称式的范式，即在交互情景下（reciprocal/ interactive social contexts）监测 MNS 对于观察到的动作的回应。对于孤独症研究来说，考虑到之前研究发现不少患者在完成某些离线社会任务时（如仅仅通过观察面部图片来识别情绪）与正常被试无显著差异，但是到了日常生活中面对类似的刺激仍有困难（如孤独症患者可以区分微笑的脸和愤怒的脸，但是他们不知道行为上该如何回应这两种表情），将来研究应该多采取第二人称的研究方式来细化孤独症患者在在线社会认知以及离线社会认知上是否存在缺损（Klin，Jones，Schultz & Volkmar，2003；Schilbach，Eickhoff，Cieslik，Kuzmanovic & Vogeley，2012）。

（四）计算精神病学（computational psychiatry）的兴起

受吝啬律（law of parsimony）的影响，科学研究往往偏爱用简单的理论去解释精神疾病的病因。BMT 之所以在提出时就影响巨大，其主要原因是能解释孤独症中几乎所有社会功能的缺陷（如动作理解、共情、模仿、读心、语言发展障碍）。然而，BMT 这种全面性同时也变成了其劣势：由于孤独症患者的异质性太强，不同社会功能的受损程度也大不相同，仅仅基于某个统一的神经基础的受损自然无法解释这样的复杂性。

　　计算精神病学的兴起或许可以帮助我们克服这些单一理论的缺陷，从而更好地解密孤独症的病因（Montague，Dolan，Friston & Dayan，2012；Wang & Krystal，2014）。计算精神病学通过设计神经网络模型、模拟数据运算以及预测患者临床表现，它可以比较以及结合多种现存的理论。例如，对于孤独症来说，BMT 可以和心盲理论相结合：通过建模 MNS 脑区和心智化脑区（mentalizing system）之间的神经通路和交互作用，从而推测正常个体中两个系统如何共同运作或者弥补互作来实现一些社会认知功能，然后再在孤独症患者身上进行功能性脑成像实验，看看这些不同神经网络的交互作用是否出现了问题。这样的研究思路可能更接近事实，因为大脑的运作和社会功能的实现都是由负责不同微小认知功能的脑网络进行协同合作的结果。MNS 可能负责对于社会动作信息的初步分析和情绪的初步共鸣，之后复杂的社会推测功能则需要心智脑区对之前的信息进行更加深入的处理。如果这两个神经网络自身都没有问题，但是相互的协作出了问题，则有可能最终表现出一些复杂的行为学特征或临床表现：如不少孤独症患者动作理解的功能无障碍（即 MNS 功能正常），在外显的读心过程（explicit theory of mind task）也没问题（即心智化脑区也功能正常），但是在内隐的读心过程（implicit theory of mind task）发生了问题，这很有可能是 MNS 产生的初步动作理解产物无法自动被心智脑区所分析和利用。总而言之，未来计算精神病学可以验证和整合之前大量的理论，其发展将会大大加深我们对孤独症病因的理解。

第七章

基于镜像神经元的教育是一种新神经神话吗？

第一节　缘起：镜像教育的来源

近二十年来，镜像神经元及其相关研究已经成为心理科学的"宠儿"，并逐渐渗透至哲学、语言学、人类学、美学等诸多人文社会科学领域。自发现镜像神经元起，研究者不断提出其可能在人类认知活动中扮演的各种角色——从最早的理解他人的动作意图，到模仿他人的动作并对他人产生"感同身受"的共情，再到孤独症成因、语言进化、美学欣赏与政治冲突——镜像神经元甚至被冠以"塑造文明的神经元"之美誉（Ramachandran，2011）。

受这场"镜像风暴"影响，国内一些教育学者也试图在镜像神经元与教育理论之间建立联系，并提出了一个基于镜像神经元的教育变革与创新运动——"镜像教育"。诚然，倡导者们希望趁神经教育学（Neuroeducation）之势提高教育质量的信念与热情应该得到尊重和鼓励，但衡量一个教育方案是否科学的标准并不取决于倡导者的信念、热情甚至其主张的价值，而在于是否有足够的科学证据支持。详加考察后不难发现，镜像教育不仅基于镜像神经元研究这一"有可能是有史以来认知神经科学领域内最大的争议"（Hickok，2014）之上。更令人不安的是，由于研究者在认识论上的严重缺陷，导致该方案所呈现的"核心"理念、"丰富"内涵以及由此衍生的一系列具体实施计划如同"沙滩上的别墅"。眼前一派"面向大海，春暖花开"的美好景象无法掩饰脚下"遍地流沙，处处泥淖"的羸弱根基。鉴于相关的成果已陆续发表在国内主流教育学学术期刊上，并引得主流媒体的频频赞誉，而一般教育工作者、媒体与公众对于"如此包装"的"神经教育学"所知甚少，对于镜像教育中存在的讹误作出必要的澄清也就迫在眉睫了。我们首先考察镜像神经元研究中存在的众多争议，随后论证无视这些争议的镜像教育如何成为新的神经神话（Neuromyth）及其认识论根源。最后就镜像神经元系统可能蕴含的教育意义进行必要前瞻。

第二节　焦点：围绕镜像神经元的争论

什么是"镜像教育"？正如其支持者所宣称的那样："镜像神经元研究在教育中有着广泛的运用机制，呈现出了广阔的发展前景，它将成为21世纪教育重要的科学支柱，引发我们对教育的全新理解和全面变革，教育的改革创新将进入一个以镜像神经元原理为基础的'镜像教育'主题时代"（陈建翔，陈建森，2011）。那么什么是镜像神经元？它的功能是什么？人脑中是否存在镜像神经元？镜像神经元从哪里来？通过深入回答上述问题，镜像教育的种种华而不实、夸大其词的主张与实践也将不攻自破。

一、何谓镜像神经元？

有关镜像神经元的界定需要从原初的研究文献中予以澄清。早在

1992 年，意大利神经科学家迪·佩莱格里诺等利用单细胞记录技术在豚尾猴的前运动皮层（F5 区）首次发现了一类特殊的视觉运动神经元（di Pellegrino，Fadiga & Fogassi，et al.，1992）。其特殊之处在于：它们会在猴子执行一个目标导向（goal-directed）的动作与仅仅观察同样的动作时都会产生神经放电。例如，猴子抓起一个苹果把它送到嘴里的过程或观察其他个体做上述动作时同样被激活。为此，里佐拉蒂等随后形象地称其为"镜像神经元"："脑将知觉到一个动作这一意象投射到了运动系统中，后者会通过即时的、自动化的加工，产生一个对相同动作的运动编码。就像镜子可以对直接感知到的意象产生一个精确的拷贝"（Williams，2013）。这个发现的意义在于：将原先一直视为分离的大脑感知系统与运动系统联系在了一起，特定的感觉信息可以转换成运动形式。关于这一点学术界基本上没有异议。然而，后续的一系列研究却引发了诸多充满"火药味"的争论，这些争论在镜像教育中几乎被全部屏蔽了。

二、人脑是否存在镜像神经元？

迪·佩莱格里诺等在猴脑 F5 区发现镜像神经元之后，提出了另一个十分有趣且非常值得思考的问题，即 F5 区在人脑中的同源体大部分在腹侧前运动皮层，这是否是巧合？（di Pellegrino，Fadiga & Fogassi，et al.，1992）这个问题旋即拉开了关于人脑中镜像神经元是否存在的研究序幕。

由于研究伦理的限制，研究者不

图 7-1　意大利神经科学家里佐拉蒂

可能随意在人脑中疑似具有镜像神经元的脑区进行侵入性的单细胞神经记录研究。故只能采用 PET、fMRI 等非侵入性的脑成像技术来研究人类在有效执行与观察动作过程中所激活的脑区是否存在着空间上的重叠，借此间接地推测这些脑区中是否含有镜像神经元。已有研究发现，在人脑顶下小叶的喙部、中央前回的底部及额下回的后部在功能上具有类似猴镜像神经元的视觉—运动对应特征。由于上述区域是猴脑镜像神经元区域在进化上的同源体，因此也被称为"人类镜像神经元系统"（human mirror neurons system）（Rizzolatti & Craighero，2004）。然而，上述脑成像手段在技术上的局限与间接性，导致越来越多的脑区被发现具有"镜像属性"，相关的争执也有愈演愈烈之势（Gallese，Gernsbacher & Heyes，et al.，2011）。

总体上，学术界在获取人脑存在镜像神经元的确凿的证据方面难以取得突破性进展，而穆卡梅尔等的研究又在水面上投下一枚重磅炸弹。该研究首次使用单细胞神经记录法在 21 位癫痫患者的杏仁核、海马、内嗅皮层、海马旁回、辅助运动区、前辅助运动区、前扣带回背侧和边缘位置均发现了具有镜像属性的神经元（Mukamel，Ekstrom & Kaplan，et al.，2010）。虽然也有学者肯定了这项研究的结论，但更多的学者提出了严肃的批判。原因如下：（1）由于本研究是癫痫治疗的附属实验，只能选择患者癫痫病灶部位附近安置电极，因此，该研究发现的镜像属性神经元都不位于运动皮层，并非原先设想的镜像神经元系统。（2）本研究发现的镜像属性不符合镜像神经元的定义，即这些神经元在个体执行该动作时激活程度增加，但在观察动作过程中其激活程度反而降低，说明其并非促进而是在抑制对观察动作的执行或模仿（Gallese，Gernsbacher & Heyes，et al.，2011）。

综上，迄今为止，神经科学界在探索人脑中是否存在镜像神经元方面并未达成共识。穆卡梅尔等的研究本身就是争论的重要来源，而不是对争论的判决性解决。镜像教育无视这些争论一笔带过，并宣称"在人脑中也证实了镜像神经元的广泛存在"，注定只能将所有的设想建立在"空中楼阁"之上。

三、镜像神经元的功能是什么？

有关镜像神经元功能的设想最初只有两个：动作理解（action understanding）与模仿（imitation）。例如，发现，猴脑镜像神经元的活动不仅会被动作的视觉信息所激活（如猴观看实验人员剥花生的动作），而且会被与动作相关的听觉信息所激活（如剥花生发出的声音）。因此，研究者大胆推测镜像神经元的激活不是对感觉属性的单纯表征，而是表征了动作的意义或意图。加莱塞等进一步假设，这种由于镜像神经元激活的动作理解，在心理机制上经由一种"具身模拟"（embodied simulation）实现，即个体在没有直接执行动作的情况下，会利用自身与观察者之间在身体形式上的相似性，对储存于原有知觉运动经验中的加工信息进行"复用"，从而实现动作理解（Gallese & Sinigaglia，2011）。后续也的确有一些研究支持了上述假设（Gallese，Gernsbacher & Heyes，et al.，2011）。

然而，近来不少研究者开始质疑镜像神经元在动作理解与模仿上的作用。（1）镜像神经元可能并非是动作理解的必要神经机制。例如，一些诸多失用症（apraxia）患者常常无法自己执行某些动作，但是他们却可以较好地理解其他人做这些动作。这表明了即使自己运动皮层中缺少某个动作的表征，病人还是可以对该动作进行准确的理解。这些临床案例暗示动作的理解可能不需要自身运动皮层中的动作信息，从而完全颠覆了镜像神经元在动作理解功能上的工作机制（Hickok，2014）。（2）已有足够证据显示镜像神经元并非是动作理解的充分神经机制。动作理解是一个极其复杂的过程，镜像神经元至多只对其中部分动作类型作出再认与识别。里佐拉蒂也专门撰文对此作出解释："我们认为镜像神经元对于动作理解的贡献仅限于那些我们熟悉的动作，对于我们不熟悉的动作则需要镜像神经元之外的系统来协助"（Rizzolatti & Sinigaglia，2010）。（3）镜像神经元至多可被视为无意识模仿（mimicry）的神经机制，而有意识的模仿需要借助其他脑区的联合活动与调控。例如，前额叶皮层（prefrontal cortex）（汪寅，臧寅垠，陈巍，2011）。

迄今为止，有关镜像神经元在动作理解与模仿上扮演的角色尚不清晰，更缺乏直接的证据将其视为共情、读心、语言进化等认知活动的直接神经机制。然而，镜像教育的支持者为了"包装"自己的主张，不惜夸大镜像神经元的功能："这种神经元能使高级哺乳动物像照镜子一样在头脑里通过内部模仿而即刻辨认出所观察对象的动作行为的潜在意义，并且作出相应的情感反应"（陈建翔，陈建森，2012）。这些根本经不起推敲的主张完全是纸上谈兵构建出来的猜想，没有任何实验证据。

四、镜像神经元从哪里来？

自发现镜像神经元以来，许多研究者一直试图揭开其起源的奥秘。镜像神经元从哪里来？它是遗传基因决定的而预先存在（prewired）于大脑中的？还是由后天的经验"诱发"产生的？围绕这个问题，研究者提出了两种假说：适应假说（adaptation hypothesis）和联想学习假说（associative learning hypothesis）（Heyes，2010）。适应假说认为，镜像神经元是自然选择（natural selection）的结果，是进化的产物（Rizzolatti & Craighero，2004）。如果镜像神经元的确具备动作理解的功能，那么其具有的属性必然是种系进化与个体发生过程中为完成某一特定的功能而形成的一种认知。比如，动作的识别和意图的理解对于有机体的生存与繁衍而言具有至关重要的意义，在这种适应压力下自然选择最终产生镜像神经元。同时，适应假说认为，后天经验对镜像神经元发育的影响是非常微弱的。感觉或运动经验可以引发或促进镜像神经元的发育，但其镜像属性是遗传获得的。与之相对的，联想学习假说的基本观点是，镜像神经元是联想学习的产物而非基于特定的功能形成的（Catmur，et al.，2014）。这一假说遵循的是神经水平上经验的"赫布法则"（Hebb's rule），即类似于巴甫洛夫的条件反射学习机制。该假说认为镜像神经元是个体在感觉运动经验中形成的；个体将在执行和观察同一行为中获得的感觉运动经验联系起来，使原先编码某一动作的运动神经元与编码同一动作的感觉神经元紧密联系，最终使运动神经元获得镜像属性。该假说强调：编码某一动作的运动神经元和感觉神经元都是先天的产物，但是后天的联想学习将两者联系起来才是镜像神经元形成的唯一动力，而联想学习本身并不是自然为了产生镜像神经元而专门进化出来的，它是所有神经系统的特性（Heyes，2013）。

当前，更多证据倾向证明镜像神经元（或系统）是后天经验学习的产物而非特定的进化产物。其主要表现在以下两个方面。（1）镜像神经元并非灵长类特有，非灵长类的物种之中也存在相似镜像属性的神经元，如鸣禽（Catmur，2013）。如果镜像神经元是自然选择压力下为某种功能所形成的认知属性，那么在进化上截然不同、认知能力迥异的鸣禽脑中发现的镜像神经元显然是与适应假说相矛盾的。（2）镜像神经元（或系统）的活动受到其他外部因素的调控。例如，短期的感觉运动训练可以改变镜像神经元（或系统）的活动属性。如果说镜像神经元是自然选择的适应产物，那么其功能不可能在短时间内发生实质性变化（Catmur，et al.，2014）。

　　在这里，我们要强调人类镜像神经元系统并非像镜像教育所提出的那样"比猴镜像神经元进化程度更高"或"文明大爆炸的关键"（陈建翔，陈建森，2011）。鸣禽及其他哺乳动物脑中镜像神经元的发现表明镜像神经元不可能是 5 万年前大自然"眷顾"人类后"智慧基因"的产物（Catmur，et al.，2014）。虽然人类镜像神经元系统看似在特性上比猴镜像神经元更广泛（如猴镜像神经元只针对有目的的及物动作放电，而人类镜像神经元系统则对及物动作、不及物动作、手语动作以及孤立的肢体动作都有反应），在功能上比猴镜像神经元涉及更广（除了动作理解外，人类镜像神经元系统还参与诸如模仿、共情等众多社会认知过程），但这并不代表镜像神经元的进化程度高。基于前面刚刚讨论的镜像神经元是联想学习的产物而非进化选择的结果，人类镜像神经元系统与猴镜像神经元的差异很有可能是各自联想学习环境不同所导致的，如人类在联想学习时的环境更复杂（如工具的使用、不及物肢体动作的使用、丰富的面部表情），内容也更丰富（如动作、情绪与声音）。

第三节　灾变：作为神经神话的镜像教育

　　通过对镜像神经元定义、功能与来源争论的厘定，我们发现镜像教育在认识论上犯下科学研究的大忌：证实偏见（Confirmation Bias），即指人们一般倾向于寻找到可以支持自己信仰和假设的证据而忽视对这些信仰和假设不利的证据。这种偏见不仅出现在人们搜集证据的过程中，也会出现在对其信仰和假设的解释上。在科学研究上，证实偏见往往来自研究者的过度自信（陈建翔，陈建淼，2012；Nosek，Spies & Motyl，2012）。这种证实偏见最终导致镜像教育变成一个神经教育学领域内的全新神经神话。所谓神经神话主要指："来源于神经科学但是在演化过程中偏离了神经科学的原始研究，在神经科学以外的领域中传播与稳定下来的广泛流传的观念"（周加仙，2008）。神经神话的缔造者往往缺乏对原始研究的敬畏感，为了达到宣传目的，扭曲神经科学成果；无视相关研究的背景、细节、限制条件与争论；借助空洞的口号式以夸大研究发现的意义；断章取义地引用科学权威的话语来制造"玄谜"。近三十年来，各种神经神话异常活跃于相关学科领域与公众媒体。尤其是伴随"基于脑的教育"（brain-based education）或神经教育学的新兴学科的蓬勃发展，神经神话已经成为阻碍其健康发展的巨大"绊脚石"。例如，左右脑思维、90％的大脑潜能、莫扎特效应等。通过深入剖析镜像教育的内涵与主张，不难发现其完全符合神经神话的诸多特征。

一、扭曲神经科学的成果"过度包装"论点

从镜像教育的诸多论述中我们可以看到其在教育理论与实践（尤其是家庭教育与早期教育）上的一些观点。例如，注重"自然的教育"与"身教重于言教"（林莉君，2012）。笔者认为，这些观点本身是有意义、建设性的，但是借助镜像神经元予以包装，显然是有"挂羊头卖狗肉"之嫌。如上所述，镜像神经元本身的功能现在还有较大争议，而在镜像教育支持者的描述中，我们经常可以看到其作者"洋洋洒洒"地描述镜像神经元对于人类一系列高级社会认知的重要性。这些高级社会认知包括：

"区别咧着嘴笑与扮鬼脸"（动作理解）；"同情心与感同身受"（共情）；"瞬间理解别人的意图"（读心）；"看到别人吃东西，自己口水来了"（无意识模仿）；"默契"（心灵感应）（林莉君，2012；陈建翔，陈建森，2012；陈建翔，2013）。如果说这些功能或多或少带有一些国外相关学者的猜想与假说成分，那么将智慧、顿悟、直觉、天赋、自发性、领悟力、创造力等高级认知活动也一并塞进镜像神经元的口袋中则是毫无根据的。为了使其观点显得更具"科学性"，镜像教育的始作俑者竟然随意扭曲、偷换与杜撰心理学与神经科学的基本概念："镜像神经元的发现，使我们不得不对自己的眼睛'刮目相看'——眼睛不仅仅是外界万千事物的'感受器'，而且由于它与镜像神经元的直接联系，变成了一种'理性器官'"（陈建翔，陈建森，2012）。上述所有说法均毫无任何科学证据的支持，更是让十多年前那些过度猜想过镜像神经元功能的国外学者"自叹弗如"。

二、借助吸引眼球的口号来夸大研究发现的意义

镜像教育的支持者宣称"每个孩子都是天生的学习者"（陈建翔，陈建森，2011）；"大自然是孩子最值得托付的老师"（陈建翔，2013）。对此，笔者无意否认。然而，其提出的根据是因为："大自然赠予人类一个匪夷所思的镜像神经元，它把漫长的历史进化成果压缩成遗传密码，'刻录'于人的大脑内部，教导人类进行自发而有效的学习，使人类在其遗传结构上能够'按照教育的规律来建造'"（陈建翔，2013）。这些论点实在不能让人认同。当前的科学证据显示，每个孩子天生都具备学习能力是因为联想学习的机制是进化选择的结果，是自然赋予所有动物神经系统的基本特性（Adolph & Joh，2009）。如上文论证的那样，大量

证据倾向于镜像神经元是联想学习的产物，是学习产生了镜像神经元，而不是镜像神经元使个体有学习的能力。迄今为止，没有一个科学研究报道表明镜像神经元对于动作学习的帮助，更不用说对于人类认知能力和其他学习能力的帮助。有研究甚至发现，直接破坏镜像神经区域也没有影响人类对于动作理解的功能(Hickok，2014)，这足以说明镜像神经元是否对于学习有贡献仍是不明确的。因此，宣称"镜像神经元理论与提高教育质量"(陈建淼，陈建翔，2011)；"镜像神经元从根源上解答了'钱学森之问'"(林莉君，2012)等空洞的口号并不具备任何科学价值。

三、断章取义地引用科学权威的话语来制造"玄谜"

哈佛大学心理学家平克(Pinker)认为，我们面对的未知世界有两类，一类关乎问题(problems)，另一类关乎玄谜(mysteries)。对于问题而言，即便我们目前还没有找到答案，但我们确信答案是能够找到的或者前进的方向最终会被确定，而对于玄谜，我们甚至连答案可能会是什么都无法想象。科学研究的本质就是将玄谜转换为问题(Stanovich，2012)。然而，纵观镜像教育的内涵与理念，却不禁令人扼腕。镜像教育不仅没有致力于澄清问题，甚至存在将问题倒退成玄谜的倾向！

此外，镜像教育的鼓吹者还非常善于断章取义地引用权威科学家的言论以增进这种玄谜的"可信度"。例如，"在由晚期智人向人类转变的关键时期，由于环境的突变，迫使晚期智人形成镜像神经元以应对环境变化；而一旦晚期智人具有了镜像神经元，他们就有了'智慧基因'，迎来了'文明大爆炸'，而他们自己也就演变成了真正意义上的人类"(陈建翔，陈建淼，2011)。据笔者考证，这段话的大意应该出自神经科学家拉马钱德兰在TED上名为《塑造文明的神经元》的科普演讲。然而，正如拉马钱德兰本人随后澄清的那样:"我并不认为镜像神经元足以引发人类进化上的大跃进或塑造一般意义上的文化,我只是说它们可能扮演了重要的角色"(Ramachandran,2011)。事实上,上述过度的推测因为诸多同行科学家的严肃质疑而被推翻(Catmur,et al.,2014)。然而,镜像教育却因证实偏见"一叶障目,不见泰山"。

第四节 幻灭:科学沙文主义与常识自由主义之争

通过上述分析,镜像教育完全可以被视为神经教育学时代产生的一个新神经神话。对此,除了予以严肃的批判与谨慎的喊停之外,我们尤其需要反思:如果说一种漏洞百出、以讹传讹甚至连基本概念都混淆不清的"教育"主张能够蒙蔽媒体与公众尚情有可原,那么其居然还能赢得教育学同仁的青睐实则让人费解!笔者认为,这或许与学界长期流传的一对孪生文化有关。我们不妨称之为"科学沙文主义"与"常识自由主义"。

从赫尔巴特(Herbart)时代至今,教育学虽常以人文学(Humanities)或社会科学(Social Science)的身份自居,但从未摆脱过自然科学(Natural Science)的影响。教育学学者对于这种影响经常陷入一种"爱恨两难"的境地。一方面,一些教育学学者着实厌恶"日常生活中,教育发挥着巨大的权力,甚至是一门'显学',在科学研究中,教育学的地位微乎其微"(薛二勇,盛群力,2007)。由此不时陷入一种对以物理学为代表的"硬科学"的"艳羡综合征"。尤其是作为教育学基础的心理学、生物学等学科在进军"硬科学"的道路上大步向前之际,这种艳羡与焦虑也在滋

长。另一方面，他们又坚持"科学不足以诠释教育学"甚或言称"教育的
内在空间是科学所无法、无力达至的领地，教育最终要实现的是心、性
的转化和提升……这些方面不能完全靠科学化的路径，而是要从'玄'门
进入"（谭维智，2013）。这种矛盾的心态最终导致许多教育学者兼持
"科学沙文主义"与"常识自由主义"。

　　具体而言，一方面，研究者会将科学（包括科学结论、方法与工具）
视为衡量一项教育学研究能否赢得学界与公众认可的核心指标。这在伴
随神经教育学之类由自然科学引领的交叉学科兴起后变得越发明显，演
变成一种"神经狂热"（Neuromania）。近来甚至有实证研究发现，只要在
一项研究中加入（即便与研究本身毫无关系）神经科学的解释（如脑成像
的图表与数据）就会让人觉得其结论更加可信（McCabe & Castel，
2008）。然而，另一方面，研究者并非真正尊重、关心与理解科学研究
的规律、过程与细节。因此，这种科学沙文主义只是一件外套，里面包
裹着的却是泛滥的常识自由主义。例如，镜像教育中存在大量"随心所
欲而逾矩"的常识经验：有关"母思维"的概念杜撰，对"顿悟"的反向误
解以及对"模仿"意义的夸大等。最终，成长于这对孪生文化夹缝中的镜
像教育只能堕落为一种"时髦的胡说"（Fashionable Nonsense）。

第五节　重生：镜像神经元系统可能蕴含的教育意义前瞻

　　当然，我们并不反对研究者探索镜像神经元与教育之间的关系，也
与镜像教育的倡导者一样期待尽快将来自镜像神经元研究领域的最新成
果引荐给国内教育学同仁。然而，秉承科学的态度，任何一种对上述两

者关系的"大胆假设"都必须以"小心求证"为前提，并坚持"有一分证据说一分话"。这是救治科学沙文主义与常识自由主义间冲突的唯一良方。对此，牛津大学实验心理学家海耶斯的忠告值得研究者警惕："我们应该停止追问镜像神经元究竟是为了什么而产生的？而是应该询问它能做什么？并告诉我们如何寻找到答案与证据"（Heyes，2013）。那么，就目前国际学术界的主流研究观点与证据来看，镜像神经元究竟能（或者不能）在哪些方面给教育理论与实践带来启示呢？

　　首先，要将镜像神经元与教育联系起来，必须确认镜像神经元参与了哪些与教育和学习相关的脑神经机制。教育是个复杂的大问题，涉及知识的传授、技能的掌握、逻辑思维的锻炼、价值观的灌输、团队合作的形成以及创造力的培养等诸多方面。镜像神经元仅仅参与"动作"相关的信息处理，其至多是和"技能掌握"的神经机制相关。在经典学习心理学理论中，大脑的学习方式主要可以分为两种：联想学习和观察学习（observational learning）。前者对于记忆、情绪、习惯以及奖罚系统的形成至关重要；后者则对于行为模仿、社会技能习得、文化传播以及价值观形成起到关键作用（Frith & Frith，2012）。目前学界大致认为镜像神经元系统可能参与观察学习的某些过程中，但仅仅局限于对新动作的识别和模仿。例如，相关研究发现在学习舞蹈时镜像神经元系统的活动会增加，从而帮助学舞者更快地学习舞蹈动作（Calvo-Merino，Glaser & Grèzes，et al.，2005）；篮球运动员通过观看对手的比赛录像就可以在对手出手前判断球的落点和方向，并且其镜像神经元系统活动相应明显增强（Aglioti，Cesari & Romani，et al.，2008）。然而，镜像神经元系统在这些动作学习的过程中是必要而非充分的。学舞者如果光看他人动作而不自己通过联想学习中的试误学习（trial-and-error learning）来对着镜子练习，新的舞蹈动作就无法被习得。同样，球迷可能观看了某个球星的许多比赛，但不积累观察之外的感觉运动经验（sensorimotor experience），即使他们的镜像神经元系统被激活了也不会拥有球星的高超球技。这表明新动作的习得不仅需要最初的观察学习，更需要之后较长时间的联想学习。从科学研究的角度来说，镜像神经元在观察学习中所扮演的角色还未知。考虑到参与新动作识别和模仿的脑区远远大于镜像神经元系统，镜像神经元很有可能仅仅是加快大脑一般性预测编码（general predictive coding）过程，而这一过程则和学习无直接关系（Hickok，2014）。目前的研究表明教育中最基本并占据主导地位的学习模式还是联想学习而并非镜像神经元倡导的观察学习模式（Coch & Ansari，2009）。退一步讲，即使镜像神经元与观察学习的神经机制密切相关，其所参与的新动作技能的习得也不是涉及所有学科教学，在当下教学活动中相关应用也就少之又少。例如，无论是注重逻辑训练的理科（数理化），还是以知识记忆归纳的文科（文史政）等基础教育阶段的主课都是以联想学习为主。相反，一些注重动作技能的艺术课（如音乐、美术）与体育课则会涉及较多的镜像神经元活动。未来教育的改革可以继续关注镜像神经元系统与这些课程教学之间的关系，但是对其正确的应用还需等待科学的深入检验。

其次，在将镜像神经元应用到教育领域之前，研究者需要了解在哪些情境下增强镜像神经元系统的活动有助于教育，在哪些情境下则需要抑制其活动。目前有关镜像神经元功能中得到公认的是它参与了无意识模仿。作为连接桥梁，镜像神经元在我们观察他人动作时激活了我们自身运动皮层中所对应的神经元，使得类似的动作在我们脑中重现，也让我们在不知不觉中模仿了其他人的动作，使得群体中个体间行为更一致与和谐。比如，在其他个体露出笑容时，我们也会无意识地倾向于报以微笑；在他人表现出难过时，我们的面部也会呈现类似同情的难过表情。然而过度强烈的镜像神经元活动会给个体带来不合群的无意识模仿，从而导致异常不和谐的社会行为，如过度模仿症（echopraxia）（Heyes，2010；Catmur，et al.，2014；Wang ＆ Hamilton，2012）。在很多时候，教育的目的是教导个体在哪些情况下作出哪些合适的行为。例如，当周围的某些同学表现出愤怒以及攻击性行为时，异常强烈的镜像神经元所诱发的反社会行为模仿是不恰当的，反而违背了教育的初衷。因此，我们尤其需要强调在教育学理论与实践中应用镜像神经元属性需要注意的一个事项：并不是镜像神经元活动越多、越强，相应产生的社会行为就越好、越适应，这恰恰是深受证实偏见影响的镜像教育所忽视的。

　　最后，已有不少神经教育学者疾呼在应用某些神经科学的成果之前，研究者必须更好地了解其背后更具体细致的神经机制（Coch ＆ Ansari，2008）。我们赞同这种观点，希望神经教育学领域的应用不要操之过急和急功近利。虽然大脑的可塑性非常强，但是在关键时期如果选择了错误的干预和教育方式，其消极影响可能会持续终身。所以，基于神经层面的教育干预更需谨慎。如前所述，在许多情况下，只有在前额叶皮层调控下的镜像神经元活动才具有教育意义，而前额叶皮层发展一直要持续到青春期（Blakemore ＆ Mills，2014）。这意味着如果镜像教育盲目实践和任意滥用不仅浪费孩子宝贵的学习时间，还有可能会干扰与影响原本自然形成的镜像神经元与前额叶皮层的正常功能，进而导致个体成年后在合作、分享、自控等学习社交能力上的缺陷。总之，鉴于目前镜像神经元的研究还处于初步阶段，"欲速则不达"是任何基于镜像神经元的教育必须要考虑的，也唯有如此其才不至于沦落为下一个神经神话。

第八章

"脑中训练"：观察运动学习的
镜像神经机制及其应用

运动学习是人类灵活适应环境变化、形成或提高运动技能的基本能力，也是近年来运动认知(motor cognition)和认知神经科学的热点研究领域之一。特别是提升运动绩效和运动预测的脑机制研究正吸引着相当多的关注(Di Rienzo，2016)。来自运动心理学的大量实验证据表明，观察运动学习对运动技能的习得有促进作用，而这一效应的潜在脑与神经机制仍有待厘清(Hodges，2017)。

作为一类存在于非人灵长类与人类大脑皮层中的特殊感觉—运动神经元，镜像神经元自发现至今引发了学术界的热切关注。迪·佩莱格里诺等(1992)在恒河猴腹侧前运动皮层(premotor cortex，PM 区)中首次发现具有特殊属性的视觉运动神经元。这些神经元不仅会在猴子执行动作时被激活；在猴子完全处于静止状态时，观察其他个体做上述动作时，同样会被激活(Gallese et al.，1996)。这说明动作观察和动作执行彼此间有如照镜子一样映射其他个体的活动，所以，这些神经元被命名为镜像神经元(Rizzolatti & Craighero，2004)。研究发现，镜像神经元不仅存在于腹侧前运动皮层，还存在于顶下小叶的喙部(the beak of the inferior parietal lobule，PF 区)，这些区域构成了所谓的 MNS。该系统的运作模式是当事件刺激出现后，视觉信号首先传入颞上沟(superior temporal sulcus，STS），而 STS 进一步将视觉信息传送至 PF 区进行处理，随后将信息输出至 PM 区（Rizzolatti & Fogassi，2014）。由此可见，MNS 在动作理解、配对、调节与控制中扮演着重要的角色。镜像神经元的认知功能与动作意图理解、模仿学习和运动表象等观察运动学习的相关要素之间存在密切联系（Buccino & Riggi，2006；王国镇等，2015；Lametti & Watkins，2016；Thanikkal，2019；Schmidt et al.，2021）。观察运动学习是促进镜像神经元系统发展的重要因素，而神经退行性变化（Farina，2018）、外伤或中风（Mao et al.，2020）等因素诱发的该系统的功能失调会造成失能症（Apraxia）与动作意图理解损伤等运动学习障碍（Agnew et al.，2008）。

镜像神经元对观察运动学习的作用机制表现在三方面。第一，帮助理解被观察个体的行为目标，从而推断出被观察个体的意图，有助于理解他人的行为（Ferrari & Rizzolatti，2014）；第二，通过激活观察者的"镜像"模式，MNS 允许观察者根据观察到的执行模型获得新的运动模式（Murray et al.，2018）；第三，有研究认为，MNS 对于动作理解、动作辨识和预测他人意图等运动学习环节具有相当程度的敏感度，并构成了复杂的动作配对系统（Guidali et al.，2020）。

本章以文献回顾的方式，探究镜像神经元在观察运动学习中的作用机制，提供未来在运动领域应用研究的可行性。第一节介绍观察运动学习行为学的解释机制；第二节阐明观察运动学习镜像神经元的理论机制、观察运动学习实践应用和干预等研究；第三节总结该领域存在的问题并展望未来的研究热点。

第一节　观察运动学习行为学的解释机制

观察运动学习（observational motor learning，OML）是通过动作观察进行的运动学习（Hodges et al.，2007；Maslovat et al.，2010），它是获得新技能的一种自然而有力的知识转移方式（Bandura，2003），从观察到的行为和结果中学习的能力是物种进化的需要。从观察中，人们可以与环境互动学习，感知预测结果和获得结果之间的差异（预测误差），从而学习动作或技能。基于预测误差，伯克（Burke）等（2010）提出两个观察学习行为机制，即观察行为预测误差（observational action prediction errors）（实际的预期不及其他人的预期选择）和观察结果预测误差（observational outcome prediction errors）（实际的预期不及被认可的预期结果）。研究证实，背外侧前额叶皮质（dorsolateral prefrontal cortex，DLPFC）和腹内侧前额叶皮质（ventromedial prefrontal cortex，vmPFC）的大脑活动分别对应于这两种不同的观察学习信号（图 8-1）。也就是说，前人研究该观察学习行为机制都是基于运动前区皮层，该区域与计划相关的高级认知活动、抉择和根据内在目标组织思考等行为相关（Miller，2002）。

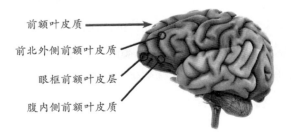

前额叶皮质

前北外侧前额叶皮质

眼框前额叶皮层

腹内侧前额叶皮质

图 8-1　大脑的前额叶皮质

卡特默(2007)提出镜像系统在观察学习中扮演着重要的角色。有研究也证实,观察学习机制中的前额叶区域至少参与了一个镜像系统,使我们能够理解他人的意图(Burke,2010)。从行为表现上看,镜像系统参与观察学习,与镜像神经元系统参与观察学习的脑部区域和行为表现极为相似。

镜像神经元系统在观察运动学习作用机制中的行为表现:观察加速了技能学习,减少了人们在实践中学习所需的时间。它可以改善学习者的运动表现,也可以提高学习者的动作辨识和预测能力(Brunsdon et al.,2020)。在运动领域中,如果能有效辨识和预测对手的行为,并提早做好动作准备,就能优先掌握制胜的契机。准确预测他人的行为意图,只有具备对自我和他人动作的觉察、辨识以及理解等能力,才能有效且准确辨识与预测他人行为意图,决定战术策略的运用。学习者可以通过对学习对象的行为、动作以及它们所引起结果的观察获取信息,而后经过学习主体的大脑进行加工、辨析、内化,再将习得的行为在自己的动作、行为、观念中反映出来。运动水平高的运动员具有更高的动作辨识和预测能力(Williams et al.,2015)。例如,与初学者相比,高水平篮球运动员能更早、更准确地辨识动作和预测投篮结果(张兰兰,2018)。再如,专业的排球主攻手可以利用视觉信息辨识和预测二传手的传球轨迹,更具体地说,主攻手通过处理二传手臂与球之间的信息,预测球的飞行轨迹和落点。在足球项目中,高水平运动员也能更准确地根据对手和同伴的运动来预测球的运行轨迹。镜像神经元促进了观察运动学习对动作的理解、辨识和预测。

第二节 观察运动学习的镜像神经元机制
及其理论和应用

关于感知和行动之间内在联系的观点可以追溯至美国心理学家威廉·詹姆斯的《心理学原理》，他在描述动作意识运动理论时写道："运动的每一个心理表征在某种程度上都唤醒了作为其对象的实际运动。"感知和行动之间的共享机制被认可，虽然关于动作感知涉及运动方面的争论仍在进行(Giese & Rizzolatti，2015)，但感知和行动是内在相关的(Gentsch et al.，2016)。当感知一个动作时(如通过观察、想象或听觉)，动作的内部表征形成，类似于执行动作时的工具表征。由于这种表现，新的运动技能可以通过观察他人学习，而不需要身体练习(Mattar & Gribble，2005)。各种各样的理论被提出来解释内部动作表征的性质以及它们如何支持运动技能学习。随着科学发展和人类科技进步，观察运动学习很多潜在的行为和生理机制逐渐被发现。例如，运动—感知共振机制(motor-perceptual resonance mechanism)、预测编码机制(predictive coding mechanism)、联想学习等相关的脑神经机制。

一、运动和感知共振机制

早期对观察到的视觉信息如何转化为运动行为(视觉—运动转换)的解释是基于认知表征的观点(Carroll & Bandura，1982)。研究认为，感知到的信息被心理演练，提供了一个"蓝图"来指导新的行为，形成的认知表征在感知和行动之间起到了中介作用。20 世纪 70 年代至 90 年代，认知表征理论，特别是班杜拉(Bandura)的社会学习理论和社会认知理论主导了观察性学习文献（Bandura，1977）。然而，这些理论更侧重社会学习方面，在试图解释观察到的运动特征是如何在大脑中编码以支持运动技能学习时比较缺乏。

研究发现，MNS激活了运动共振机制（motor resonance mechanism），该机制与感知和动作相关（Buccino et al.，2001）。在动作观察期间，运动共振机制激活了运动程序，观察者在观察动作中执行运动指令，相当于运动员在观察投篮动作时，他的脑海中会呈现投篮过程。为了从观察到的执行模型中学习动作，观察者需要将呈现的视觉信息转换为运动指令（视觉—运动转换）（Rizzolatti et al.，2014），因为它激活MNS，所以，费布里-德斯特罗（Fabbri-Destro）等（2008）提出，将运动共振机制作为视觉—运动转换过程的神经基础。因此，镜像神经元是观察运动学习的神经基础，它通过激活运动共振机制，诱发与观察动作相似的运动程序（McKyton et al.，2018）。当动作执行和动作观察同时发生时，两个过程之间存在交互作用。运动共振机制解释感知对动作的影响，因为它激活了与观察到的运动模式类似的运动程序。然而，运动共振机制并不能解释动作执行和动作感知之间的交互作用。舒茨-博斯巴赫（Schutz-Bosbach）和普林茨（Prinz）（2007）提出了另一种机制，认为存在一种感知共振机制（perceptual resonance mechanism），可以激活执行的运动命令的感知副本。有趣的是，当有人被要求预测一个观察到的行为的不可见结果时，感知共振机制就会变得活跃起来（Zazio et al.，2019）。

运动和感知共振机制在观察运动学习的执行过程中变得活跃，前者在动作观察过程中活跃，后者在动作执行过程中活跃（图8-2）。因此，镜像神经元是观察运动学习的神经生理学基础，并在观察运动学习所获得的运动和感知成效方面发挥作用（Lago-Rodriguez et al.，2013）。

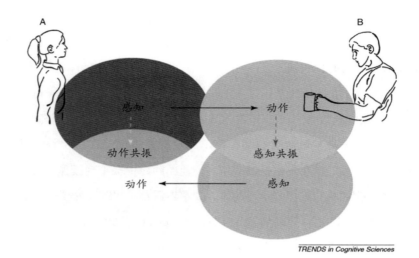

图 8-2　运动和感知共振机制（Schutz-Bosbach & Prinz，2007，p. 350）

注：运动和感知共振。现代社会认知理论认为运动和感知之间有直接的关系，并认为观察到的行动被映射到感知者（个体 A，感知到个体 B 的行动）的同一行动的运动表征上。因此，感知行动可以引起运动的共振和执行所观察到的行为的倾向。然而，行动和感知的共同表征也表明，行动的产生将为行动者（个体 B）的行动知觉提供动力，即它增加了他对那些与他自己的行动相似的其他个体的行动的感知敏感性（感知共振）。

二、运动观察学习的预测编码机制

预测决定了我们如何感知和理解世界的想法，在认知领域和系统神经科学领域越来越有影响力（Reeb-Sutherland et al.，2012；Teufel，2020），行为理解是人类生存的重要技能，是人类高级社会认知技能的基石，如沟通、模仿、意图理解和移情等，而 MNS 被认为是动作理解的基础（Kilner et al.，2007）。基尔纳等（2007）认为 MNS 遵循预测编码的原则，并提出视觉和动作信息是通过相互联系的方式在 MNS 中被处理的。后颞上沟（posterior superior temporal sulcus，pSTS）与顶叶皮层（inferior parietal cortices，IPC）、IPC 与腹侧前运动皮层（ventral premotor cortices，vPMC)之间的前馈与反馈，传入的信号与各级的预测进行比较，也即前馈识别模型(feedforward recognition model)和预测编码模型(predictive coding model)。前馈识别模型中，视觉动作信息通过 pSTS神经元放电，从而驱动 IPC 的活动，进而驱动 vPMC 活动。这种视觉信息顺向地通过 STS 和 MNS 之间的联结，从比较低级的动作呈递区域传送到高级的意图呈递区域。执行动作时，vPMC 中目标的表达会生成肌肉命令，从而引起运动系统执行动作。

预测编码模型(图 8-3A，红色箭头)与前馈识别模型相反，是从脑的 vPMC 呈递感觉，通过自上而下的处理系统来实现：更高级别的信息处理机制提取经验，将结果预测反馈到较低级别的单元(Keller，2018)。在竞技运动中，只要确定运动目标，就可以预测他人的运动命令，从而根据自己的动作系统预测运动，将预测的运动与观察到的运动进行比较会产生误差，此预测误差用于更新我们的运动命令。相反，预测错误会通过正向连接返回到更高的级别，以调整感觉原因的神经元表达，从而改变预测，推断出运动意图(Gardner et al.，2015)。这种相互的信号交换，一直持续到误差最小化并推断出观察到的动作意图为止(图 8-3B)。运动共振机制可以作为前馈识别模型，它激活了观察到的运动程序。感知共振机制可以作为预测编码模型，它触发了动作相关的感知后果。以排球训练为例，运动员要不断采用前馈识别模型和预测编码模型对对手、球的飞行轨迹和球的落点进行动作识别和预判，并作出相应的动作准备和动作执行。然而，如果放在竞技比赛中，情况更为复杂，需要考虑对手的动作干扰和假动作。运动经验(运动训练)对判断假动作等有益处，能减少动作细节识别和提高动作预测时间，提高动作决策能力。

预测编码的基本理念是大脑利用内部的或可生成的模型主动预测传入的信息。这种预测信息与实际接收到的信息之间的偏差被用来驱动推理过程，以达到对当前状态的最佳估计（Spratling，2017）。马拉纳西（Maranesi）等（2014）为镜像神经元的预测活动提供了直接证据，认为需要完善基尔纳等（2007）提出的预测编码机制，机制应考虑不同的先验信息（prior information）（由丘脑连接或前额叶皮层调节的早期视觉皮层）和潜在不同类型的表征单元（representation units）（如图 8-3a）。为了使 MNS 完全符合这个框架，镜像神经元必须根据预测编码的理论结构来定义，即表征单元和误差单元（error units），并且，必须确定先验信息的来源（图 8-3b）（Flounders et al.，2019）。

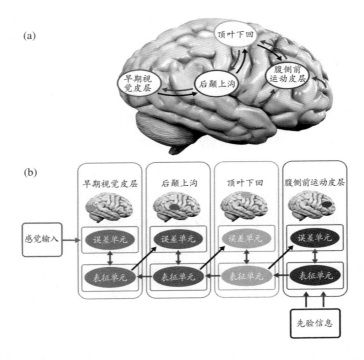

图 8-3　预测编码框架下的动作理解（改编自 Maranesi et al.，2014）

马拉纳西等（2014）还在 vPMC 中发现了两种镜像神经元：动作镜像神经元（action mirror neurons）和非动作镜像神经元（inaction mirror neurons)。此外，在每种镜像神经元类型中，发现两类镜像神经元：反应性神经元(reactive neurons)和预测性神经元(predictive neurons)。研究发现，一些预测性神经元只预测动作，而另一部分预测动作和非动作相关的事件。这些发现为 MNS 符合预测编码框架提供了重要的经验支持(Gardner et al.，2015)。

预测性镜像神经元(包括动作和非动作)代表了系统的表征单元，由先验信息的输入驱动(图 8-3a、b、绿色和蓝色箭头)。从这个角度看，预测性镜像神经元对环境的先验信息进行了编码(Urgen et al.，2020)，误差单元的更新引起传入动作信号活性增加(图 8-3b，双向红色箭头)。印证了弗里斯顿(Friston)等(2010)较早提出的预测编码层次化组织的系统假设，在这种系统中，预测在更高层次生成，然后反馈给较早层次的输入，以便与较早层次的输入进行比较。在这样的比较之后，正确预测信息的处理被抑制，而预测错误被传递到下一级的神经处理进行进一步的处理，并驱动推理以达到预测误差最小化的总体目标。预测编码机制解释了运动员需要经过不同类型长期训练获得更多运动经验储备，为竞技运动提供更多可调用的先验信息，提高运动员运动预测和竞技表现。

值得思考的是，上述研究解释了运动员在运动过程中，前期运动经验能够帮助我们对预测时的表征单元和误差单元进行多次纠错提供样板，帮助对对手动作意图的成功预测。但该机制很难解释运动过程中的动作欺骗(假动作)现象，使我们预测出现偏差，因此，未来对该机制我们还要进一步地探究。

三、运动和感知的观察学习与联想学习

班杜拉的观察学习理论认为儿童可以通过观察他人所表现的行为及其结果进行学习，观察学习是人类学习最基本的学习方式之一。在婴儿

醒着的时候，他们会花费很多时间去观察自己运动着的双手（Markodim-itraki & Kalpidou，2019）；在与照料者面对面的互动中，他们每一分钟都会在模仿（Murray et al.，2018）；"嘈杂行为"（noisy actions）是婴儿模仿行为中最早的模仿现象，它们为婴儿提供了早期经验的来源（De Klerk et al.，2019）。此外，观察模仿学习并非简单的动作模仿，也涉及情感状态、态度等的模仿学习。一项 fMRI 研究显示，体验恶心和看别人通过表情模仿表达相同的情绪时，两种情况在相同的重叠区域均激活了相同的神经结构——前脑岛（Wicker et al.，2003）。这一研究显示，当我们看到他人面部表情时，知觉引导我们体验这种特殊的情感状态，通过具身模仿机制产生的共享身体状态，他人的情绪被复制、体验从而得以直接理解，观察者和被观察者神经机制的激活使得直接体验理解成为可能。戈德曼和斯里巴达（Sripada）（2005）也提出了相同的模仿机制，即"无中介的共鸣"（unmediated resonate）。这种与相同身体感觉相联系的大脑区域激活的双重模式表明，我们体验与直接理解他人触觉经验的能力被具身模仿所调节，这就是通过外部触发对某些相同神经网络的激活，这些神经网络是我们自身触觉感觉的基础。镜像神经元对模仿有调节作用，当人类婴儿有极小的机会进行视觉运动学习时，他们都具有模仿观察到的动作的能力。一项对两周岁双生子的研究显示，在模仿方面的个体差异主要取决于环境而非遗传因素（McEwen et al.，2007）。这些研究都为模仿依赖于观察运动学习提供了证据。

　　镜像神经元是联想学习的产物，该学习产生巴甫洛夫条件反射。这种"联想序列学习"（associative sequence learning）或"联想假设"（associative hypothesis）表明每个镜像神经元都是通过与感觉运动经验相关的观察和执行相同动作的经验来形成的（Heyes & Catmur，2020）。联想序列学习是与产生巴甫洛夫式条件反射相同的学习（Heyes，2010），是一种感觉和运动表征。在联想序列学习之前，STS 中的感觉神经元（用来回应观察动作的高水平视觉特征）（Oram & Perrett，1994）与 PM 和 PF 中的运动神经元之间的直接或间接联结是很弱的（Prinz，2002）。部分联结比其他稍强些，但是编码相似动作的感觉神经元和运动神经元之间的联结并不总是比未匹配的联结强。当编码相似动作的感觉神经元和运动神经元受到相关激活（邻近的与相倚的）时，联想序列学习便产生了镜像神经元。例如，当成人在模仿婴儿的面部动作时，相关激活的神经元就会对噘嘴这个动作的观察和执行产生反应。相关激活的感觉神经元和运动神经元增强了彼此之间的联结，以至于随后感觉神经元的激活会向运动神经元传播。此后，运动神经元不仅会在执行噘嘴时放电，而且，在观察噘嘴时，感觉神经元的联结也会产生放电现象。这就是最初的运动神经元转变成噘嘴镜像神经元的全过程。编码相同特征动作的感觉神经元和运动神经元，不仅会在模仿别人时产生相关激活，而且通过镜子观察自己动作、观察他人动作等时都会发生激活，最终获得同等经验。例如，相同的声音（由动作产生的一个词或是一种声音）有时与观察到的动作相匹配，有时也会和执行的动作相匹配（Nuttall et al.，2018）。当系统接收到观察与执行相似动作的相关经验时，该过程恰好产生了镜像神经元。当该系统接收到观察对象的经验和执行动作的经验时，同样的联结过程便产生了规范性神经元，当观察和执行相同动作时（比如精确抓取某物），"严格一致的"（strictly cong-ruent）镜像神经元会放电。当该系统接收到观察某一动作的经验和执行某一不同动作的经验时，这一联结过程便产生了逻辑相关的镜像神经元。此外，还有研究指出，1 个月的婴儿在联想学习能力上的个体差异可以预测到 8 个月后的模仿表现（Rayson et al.，2017）。这些研究都为模仿的发展关键依赖于联想学习提供了证据，即镜像神经元是联想学习的产物。对镜像神经元起源的研究证实了观察运动学习的重要性，而不是单纯的视觉—运动学习或运动学习

(Heyes & Catmur，2020)。

联想学习理论阐明了镜像神经元的起源，强调了将镜像神经元功能研究纳入系统理论(system-level psychological)和计算理论(computational theories)的价值(Kilner et al.，2007)。镜像神经元功能从外围感觉输入到运动输出的整个过程中，其功能都可以实现。这种系统理论认为，动作理解可以与动作感知区分。直接实现执行动作或构成更高级别的动作理解。也就是说，观察动作触发镜像神经元本身就是行动理解的一种形式。

第三节　观察运动学习的未来

综上，人类 MNS 以高度灵活的方式将动作观察和动作执行耦合起来，奠定了观察运动学习在运动领域中的重要地位。总的来说，通过观察运动学习的机制和通过身体练习学习的机制是相似的。动作观察和动作执行在认知和运动水平上都有共同的神经表征。观察动作的内部表征使我们能够通过观察来学习。这进一步从神经科学层面上支持了观察运动学习是一种高效的运动学习方法，其实现了"脑中训练"与身体练习近乎等同的训练效果，其在动作理解、动作辨别和动作预测方面效果更佳，从而提升运动绩效。相关研究在运动技能学习、竞技训练和比赛以及运动员康复期间技能保持方面应用广泛。

虽然，现有研究支持镜像神经元在观察运动学习中发挥重要作用，但MNS 在观察运动训练过程中仍有以下问题值得进一步明确或深入探究。

首先，镜像神经元系统在观察运动学习与训练扮演的社会响应作用有待探索。对于镜像神经元的功能，运动—感知共振机制强调镜像神经元的活动反映了"现在发生了什么？"（理解）；预测编码机制强调镜像神经元的活动预期"接下去会发生什么"（预测），但关于镜像神经元系统准备"接下来我要做什么？"（响应）却没有得到重视（Hamilton，2013）。事实上，在运动竞技中，运动员不仅需要如实映射、被动地分析所观察到的动作信息，更需要从自身运动皮层中激发那些能回应该目标动作的运动表征，从而为接下去可能作出的社会响应行为做准备。

其次，预测编码机制不足以解释运动竞技中的动作欺骗（假动作）现象。当运动员观察到动作后，在心理上预演动作，并且在决定执行时与心理上该技能动作进行比对，并作出回应。古尔登彭宁（Guldenpenning）等（2019）研究发现，在完成两人成对相反技能练习任务时，不是通过想象这些技能本身，而是通过将每次受干扰的身体练习的实际执行与随后的心理上的动作进行配对，以回应干扰的动作。这与以往研究镜像学习模仿和预测有很大差异。运动领域中，假动作是一种常见现象，对此，编码预测模型有待更深入探究。

最后，在研究范式上，注重运动场景和脑际之间的第二人称神经科学（second-person neuroscience）研究。传统运动科学研究目前主要采取的是第三人称式的研究方法（third-person neuroscience），多以单个个体任务形式考察模仿动作的执行和预测，被试躺在核磁共振仪中或处于静止状态端坐在脑电记录仪下被动地观察实验者所提供的各种运动刺激（如动作、表情、运动场景）。这种像看电影似的感知社会刺激而不是像运动竞技中那样主动参与的运动交互在实验生态效度上存在诸多弊端，由此揭示的神经机制往往是用来执行一个"非自然"的人类行为，这无助于理解人类在真实世界中的协调互动的心理/神经机制（Krakauer et al.，2017；Redcay & Schilbach，2019）。因此，未来研究需要借助虚拟现实（VR）等技术，设计更多体现丰富的运动形式和运动个体间的在线实时互动等研究范式，创设各种真实（或虚拟仿真）运动场景，揭示观察运动学习中运动员的脑际互动机制。

第九章

镜像神经元系统的个体发生学
与学前儿童感知运动学习

人类个体在生命早期如何学习新的行为，掌握新的技能，并与他人建立有效的人际互动，从而更好地适应社会环境一直是发展心理学与学前教育的热门话题。20世纪90年代中期，帕尔马大学的神经科学家陆续在豚尾猴大脑腹侧运动皮层的F5区、顶下小叶（IPL）的PFG区发现了一类特殊的运动神经元，它对于执行或观察具有特定目标指向性（goal-directed）的行为都会作出激活反应（di Pellegrino，Fadiga，Fogassi，Gallese & Rizzolatti）。并且，无论是个体自己的动作执行，还是观察他人的动作执行甚至只是听到他人执行这一动作所对应的声音时都被激活（Kohler，Keysers，Umilta，Fogassi，Gallese & Rizzolatti，2002）。由于其反应属性就像镜子一样可以映射他人行为，因而研究人员将之命名为镜像神经元（Gallese，Fadiga，Fogassi & Rizzolatti，1996）。证据显示，在人类大脑左侧额下回后部（posterior IFG）和和顶下小叶喙部（rostral IPL）以及辅助运动系统（SMA）、内侧颞叶（MTL）也构成了一个相似的镜像神经元系统（Catmur，2013）。较之猴镜像神经元，人类镜像神经元系统的功能更为复杂，大量科学证据显示该系统参与了一些高级社会认知能力。例如，模仿、语言理解、心智理论（theory of mind）以及共情（Cook，Bird，Catmur，Press & Heyes，2014）。

那么，人类镜像神经元系统从何处来？是先天、预先存在于人类大脑中的？还是由后天的经验"诱发"产生并逐步成熟的？相比成人镜像神经元系统及其功能的丰富研究，上述涉及镜像神经元系统个体发生学（ontogeny）的研究尚处于起步阶段。目前，在这方面存在两种对立的假说：适应说（adaptation hypothesis）和联想说（association hypothesis）。适应说认为镜像神经元系统是进化的产物，对于个体而言是天生的，而联想说认为镜像神经元系统是在感觉运动经验的获得过程中通过联想序列学习形成的（Heyes，2010）。我们首先分析适应说与联想说的各自观点及其证据，然后考察其争论与联想说的优势对于学前教育的启示。

第一节　镜像神经元系统的起源与发育之争

在个体发生学上，适应说认为镜像神经元系统是自然选择的结果，是进化的产物，是人类进化过程中为完成某一特定的功能而形成的一个属性。目前许多研究者都认为镜像神经元是对行为理解功能的适应结果（Van Overwalle & Baetens，2009；Gallese，Eagle & Migone，2007；Iacoboni，2009）。适应说同时认为，后天经验对镜像神经元系统发育的影响是非常微小的。感觉或运动经验可以引发或促进镜像神经元的发育，但其"镜像"属性（"mirror" properties）是遗传获得的。

与之相对的，联想说的基本观点是镜像神经元是联想序列学习（associative sequence learning，ASL）的产物而非基于特定的功能形成的。在神经水平上，就是基于经验的"赫布法则"。这一假说认为镜像神经元是个体在感觉运动经验的获得过程中形成的。个体将在执行和观察同一行为中获得的感觉运动经验联想起来，就形成了镜像属性。其中变成镜像神经元的运动神经元和调节联想学习的机制是进化的产物，但是运动神经元和联想学习并不是为了产生镜像神经元而进化的（Cook，Bird，Catmur，Press & Heyes，2014）。由此可见，适应说和联想说的争论并非单纯的先天和后天或天性和教养的争论。在镜像神经元的形成与发育上，二者都承认遗传和经验的影响，但侧重点不同。适应说认为遗传起关键性的作用，而联想说则认为起关键作用的是感觉运动经验。

一、适应说的内涵与证据

由于对镜像神经元系统的研究主要是运用脑成像与电生理等认知神经科学技术，但这些技术由于伦理限制等因素很难在婴儿身上运用，且很多实验过程不适合婴儿研究，因而迄今为止也没有直接证据表明在新生的人类或高等灵长类动物大脑中存在镜像神经元或者具有镜像属性的神经系统（Lepage & Theoret，2007；Ferrari，Bonini & Fogassi，2009）。有关镜像神经元及其系统的适应说总体上依赖进化心理学与进化神经科学的证据。

早在镜像神经元被发现之初，就有大量研究者认为它是自然选择或进化的产物。他们认为镜像神经元是与生俱来的，它的功能特性与生物强大的遗传倾向特性之间存在普遍联系（Rizzolatti & Craighero，2004）。具体而言，卡西莱（Casile）等指出："面部加工及其镜像神经元系统，或至少是涉及面部运动的部分，均依靠出生时就已经存在的大脑网络。该网络的基础很可能是由基因预先决定的"（Casile，Caggiano & Ferrari，2011）。

适应说旨在进一步回答镜像神经元这种特殊的感觉运动神经元的存在意义。里佐拉蒂和克拉伊盖罗（2004）的主张最具代表性："镜像神经元机制具有重要进化意义，灵长类动物凭此理解其同类作出的动作"（Rizzolatti & Craighero，2004）；也有学者认为"在镜像神经元的基本属性中，它们构成了相对简单的动作知觉机制，这种机制在动物的进化过程中被多次运用"（Bonini & Ferrari，2011）。针对模仿行为，奥伯曼和拉马钱德兰还极具煽动性地赋予了镜像神经元更高的进化价值。他们认为，人类镜像神经元系统的结构之所以变得复杂是为了更好地整合一系列脑结构和文化环境，以至于模仿变得在进化上对于人类极为有利。脑无须为了这个目的再进化出一个新的系统，而是通过改造已经存在的系统使其拥有必要的属性来调控这种模仿行为。研究者可以非常容易想象一个将视知觉再次映射到运动表征上将会有助于模仿（Oberman & Ramachandran，2008）。"具有一个镜像神经元系统或许就是人类进化上获取模仿能力的一个必要步骤，并间接地推动了 10 万年前人类文化进化史上的一次'巨大飞跃'"（Oberman & Ramachandran，2008）。例如，模仿使得类似火的使用等推动人类文明进程的重要发现得以迅速地被掌握并广泛传播。总之，这些观点认为镜像神经元是在高等动物进化过程中被"设计"（design）去执行一系列的社会认知功能。目前，适应说支持者所提供的证据主要集中在以下两个方面。

其一，镜像神经元系统进化的种系发生学（Phylogenetically）证据。有学者指出，人类额下回区的喙部（基本上与 BA44 区联系）与猴脑 F5 区是进化上的同源组织。以一种功能性视角来看，许多论据认为作为著名的语言运动中区布洛卡区一部分的 BA44 区，除了言语运动表征功能之外，还包括（如猴脑 F5 区）对于手部动作的运动表征功能。这也解释了从手势运动到言语运动的进化历程，以及两者之间的紧密关联。例如，演讲时通常伴随不经意的手势。进化认知神经科学的证据进一步显示，鸣禽的高级发声中枢（HVC）与视觉联合区（auditory association region，Field L)中存在一类具有镜像属性的神经元。其中 HVC 区、猴脑 F5 区以及人脑布洛卡区具有进化上的同源性（Keysers & Gazzola， 2009；Mooney，2014）。

其二，如果适应说成立，那么先天存在的镜像神经元的功能属性应该在个体发育早期的社会认知活动中就有所体现。这方面的证据主要集中于新生儿面部动作模仿的研究。梅尔佐夫（Meltzoff）和莫尔（Moore）最先在实验室情境中发现新生儿具有模仿成人面部动作能力的（Meltzoff & Moore，1977；Meltzoff & Moore，1983）。其中最有力的观察来自张嘴和吐舌两个动作。如果成人实验者张开嘴而非吐舌，婴儿会提高张嘴的频率而非吐舌的频率。新生儿的模仿行为不能被描述为反射行为。反射是被一个刺激自动引发的，而非被有目的的主体自动激活。例如，巴宾斯基（Babinski）反射，当用火柴棍等物的钝端由脚跟向前轻划新生儿足底外侧缘时，其大拇指会缓缓上翘，其余各指则呈扇形展开（董奇，陶沙，2002）。尽管新生儿的模仿也依赖成人实验者的行为，但实验者吐舌的动作并不只是触发了新生儿吐舌的动作，它同时改变了婴儿自发吐舌这种动作出现的频率和呈现的方式（图 9-1）。新生儿可能要有一个时间上的滞后才能重复这种行为，而重复的动作可能每次都是不同的（Molenberghs，Cunnington & Mattingley，2009）。模仿的上述特征在新生恒河猴个体身上也得到初步验证。

二、联想说的内涵与证据

联想说的重点在于质疑适应说的上述证据，并回答镜像神经元系统是如何在感觉运动经验获得过程中形成的，尤其是后天的经验与学习过程会对镜像神经元系统产生何种程度的影响。库克等认为在个体发展的整个进程中，镜像神经元是在联想学习的领域一般性加工中形成。虽然它们可能有心理功能，但并非一定要有一个特定的进化目的或适应功能（Cook，Bird，Catmur，Press & Heyes，2014）。

图 9-1　新生儿模仿成人的面部动作（Meltzoff & Moore，1977，p. 75）

联想序列学习解释认为镜像神经元的反应属性是通过如下步骤获取的：（A）在学习前，具有高级视觉属性的感觉神经元[例如，位于纹外皮层（extrastriate areas）的神经元]与具有感觉运动属性的运动神经元（例如，位于前运动皮层和顶叶皮层的神经元）之间不存在系统化的联结。（B）在那类可以产生镜像神经元的学习过程中，编码产生特殊运动的运动指令的运动神经元与编码那类运动感觉属性的感觉神经元之间形成了关联性的激活。这种经验可以通过（a）模仿、（b）镜像自我观察、（c）对自身运动的观察或（d）执行与他人的同步动作而获取。关联性的激活增强了那些编码感觉属性的神经元与编码运动指令的神经元。这要满足两个原则：（1）邻近性（contiguity），观察者在同一时间看到并且作出与被观察者相同的动作（婴儿看到成人的吐舌动作并作出相似动作）；（2）相倚性（contingency），通过一个事件推测另一个事件（通过成人吐舌动作可以预测婴儿会发生相应模仿）。（C）在学习之后，感觉神经元的激活会传递给那些与感觉神经元之间存在强烈联结的运动神经元。这些运动神经元也就演变成了镜像神经元（Catmur，2013），如图 9-2 所示。目前，联想说得到了一系列实验室实验的支持。

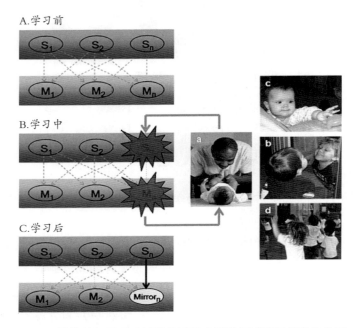

图 9-2　镜像神经元反应属性的联想序列学习理论和模仿的关系
（Catmur，2013，p. 22）

按照适应说的观点，如果镜像神经元是一种自然选择的基因适应产物，那么进化赋予的结构体现在功能就应该具有某种程度的稳定性。换言之，镜像神经元的发展对那些妨碍其适应功能的环境扰动具有抵御或"免疫"能力。然而，来自大量实验证据显示镜像神经元或镜像机制无法抵抗对不相似动作的编码。不匹配或逆镜像（counter-mirror）感觉运动训练会消除自动模仿，乃至会反转磁共振成像和运动诱发电位（MEP）的镜像反应（Shaw & Czekoová，2013）。例如，卡特默等对被试进行了大约90分钟的不匹配感觉运动训练：当观察到一个小指运动时，他们就重复进行食指运动，反之亦然。在这项训练之前，他们的手指运动表现出镜像运动诱发电位反应。如观察食指运动比观察小指运动诱导出更多的食指肌肉运动，反之观察小指运动比观察食指运动诱导出更多的小指肌肉运动。在实施这一短暂的训练之后，这一模式就被改变了。例如，观察食指运动比观察小指运动诱导出了更多的小指肌肉运动（Catmur，Walsh & Heyes，2007）。这暗示镜像神经元具有超越适应说设想的极强可塑性（plasticity）。上述结果也印证了以往研究中发现一些长期接受某类技能训练的个体在观察其他个体执行相同动作时会产生更强烈的镜像神经元放电。例如，在对钢琴表演中的手指动作的观察中，钢琴家比普通被试的镜像神经元系统激活程度更高（Haslinger，Erhard，Altenmuller，Schroeder，Boecker & Ceballos-Baumann，2005）。

　　按照适应说的观点，镜像神经元的产生是为了更好地帮助生物体适应外部环境，并与其他个体之间进行有效的社会互动。然而，近期的研究发现镜像神经元或镜像机制无法抵御对无生命刺激的编码。任意关于声音、色彩和形状的刺激都能在感觉运动训练之后诱导出镜像的运动诱发电位、磁共振成像和行为效应（Shaw & Czekoová，2013）。例如，普雷斯（Press）等对被试进行了大约50分钟的感觉运动训练：当看到机器钳子打开时，他们就张开自己的手；当看到机器钳子闭合时，他们就握拢自己的手，如此反复训练。在这项训练开展之前，钳子运动诱发的自动化模仿比人类手部运动要少，但训练后的24小时，钳子运动所诱发的自动模仿效应和手部运动诱发的效应一样强烈（Press，Gillmeister & Heyes，2007）（图9-3）。这说明镜像神经元的活动并不具有对象特异性。

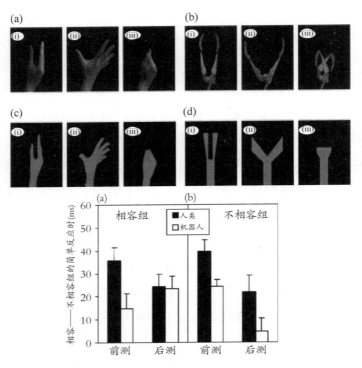

图 9-3　感觉运动训练实验及结果（转引自 Press，et al.，2007，p. 2510）

结合上述证据，联想说认为，来自种系发生学上的证据恰恰支持了联想序列学习对于镜像神经元产生的设想。研究者可以有充分的理由假设凡是具备联想学习能力的物种（如鹦鹉、狗、大象与海豚）都具有类似的镜像神经元系统。至于新生儿面部模仿能力，已有研究发现包括闪烁的光线、欢快的音乐等一系列唤起刺激都能诱发新生儿吐舌这一动作；而当婴儿在观察一个机械的"舌头"时也会诱发更频繁的吐舌动作（Cook，Bird，Catmur，Press & Heyes，2014）。此外，联想序列学习理论较之适应说也更容易实现操作化的检验。朱迪切等以抓握动作为例，考察了婴儿对手部动作的偏好。研究发现，婴儿抓握动作中的周期性循环模式

(cyclic movement patterns)以及对抓握动作的观察过程中镜像皮层的
theta 波同步化(synchronized theta EEG)，可以建立基于"赫布法则"的
联想学习模型(Giudice，Manera & Keysers，2009)。

第二节　镜像神经元系统的发育对学前教育的启示

对比适应说，联想说为镜像神经元系统提供了更灵活、更多样的发
育途径。基于联想序列学习理论的镜像神经元个体发生学刻画了幼儿社
会认知发展的生物基因与后天学习的耦合动力学图景，也为学前儿童健
康教育、艺术教育、科学教育、社会教育与语言教育等五大领域之间的
整合提供了一个统一的心理学解释框架。

第一，联想说肯定了模仿、镜像自我观察、对自身运动的观察、执
行与他人的同步动作对于镜像神经元形成与发育的重要意义。这对当前
学前儿童教育的五大领域具有丰富的启示。以学前儿童健康教育为例，
《3—6 岁儿童学习与发展指南》(以下简称《指南》)在健康教育上尤其强
调要利用多种活动发展儿童的身体平衡和协调能力，并倡议田埂行走、
玩跳房子、踢毽子、蒙眼走路、踩小高跷、投掷、拍球、滚铁环等游戏
活动；对于拍球、跳绳等技能性活动，不要过于要求数量，更不能进行
机械训练。然而，《指南》并未就具体的训练方式与有效的训练方法展开
介绍。鉴于镜像神经元系统在感觉—运动发展上扮演的枢纽角色及其发
育规律，联想序列学习理论建议教师要在体育活动中充分利用模仿、镜
像自我观察、对自身运动的观察、执行与他人的同步动作来有效地提高
儿童的身体平衡和协调能力。例如，可以筛选出身体平衡与协调性较好

的儿童作为榜样，让其他儿童在某项活动前后反复观察前者的动作姿态要领并开展模仿练习(利用邻近性原则激活镜像神经元系统)。教师需要通过示范、讲解等方式及时向儿童反馈某些动作要领与动作结果之间的关系(如投篮姿势与投篮命中率的关系)，还可以开展同步化练习，让完成某项活动较好的儿童与其他儿童同步练习(利用相倚性原则激活镜像神经元系统)。又如，《指南》强调在音乐舞蹈活动等艺术教育中引导幼儿感受空间方位和运动方向。按照联想序列学习理论，除了自我观察来判断并改善空间感与运动方向感之外，利用镜像观察也是一种极为有效的学习方式。具体的做法是在幼儿音乐舞蹈活动室的实体墙上有选择性地嵌入专用镜来即时反馈幼儿舞蹈学习，实现视觉与运动之间的有效联结。此外，虽然目前并没有证据确认镜像神经元系统直接参与了注重逻辑训练与知识记忆归纳的学习过程，但在涉及注重动手技能的科学实验操作等学前儿童的科学教育上，联想序列学习的意义仍然不可忽视。

第二，联想说更为关注镜像神经元系统与其他社会脑(social brain)区域的关系，为幼儿社会认知的发展与社会教育提供了辩证的视角。当前有国内学者借助适应说过分夸大了镜像神经元系统在幼儿教育上的价值，认为镜像神经元系统的活动越频繁、越强烈，相应产生的社会行为就越好、越具有适应价值(陈建翔，陈建森，2012)。联想说批判了镜像神经元系统针对社会认知能力的"设计"观，并深刻揭示了人类大脑活动的灵活性与整体性。《指南》在社会教育方面多处强调，要结合具体情境，指导幼儿学习交往的基本规则和技能；引导幼儿换位思考，学习理解别人。当前的实验证据显示，这些社会互动的技巧与能力并非单纯是由镜像神经元系统的活动所实现的。在社会互动过程中，动作知觉和动作执行之间的联结还受到"社会性的自上而下的反应调控"(social top-down response modulation，STORM)。例如，眼神交流往往是社交活动的开端。新近研究表明个体的前额皮层在感知眼神交流后会促进镜像神经元系统的活动，使个体对眼神交流的对象进行较多的无意识模仿和动作识别判断，反之前额皮层会切断与镜像神经元系统之间的通路，从而抑制无意识模仿（Wang & Hamilton，2012）。总之，前额皮层对镜像神经元系统的这些调控会使个体更好地对将要发生的社交活动做好准备，从而表现出合理的社会行为。然而，前额皮层的成熟在时间上远远滞后于镜像神经元系统的成熟，这就会导致幼儿在人际交往与社会互动过程中无法有效抑制不必要的模仿行为，进而导致人际冲突与换位思考能力薄弱（例如，幼儿在看到同伴间肢体或语言冲突等社会性暴力行为时往往会不自觉地参与）。因此，教师要充分尊重这一事实，通过引导幼儿了解社会互动中的社会信号与语言、情绪、行为之间的关系（如嗤鼻与厌恶），学会"察言观色""推己及人"，及时阻断消极模仿，并通过合作游戏加以练习巩固。

第十章

校园霸凌的镜像神经机制及其干预

2016年，为整治校园霸凌（school bullying）现象，国务院教育督导委员会办公室印发《关于开展校园欺凌专项治理的通知》，并定义校园欺凌为"发生在学生之间蓄意或恶意通过肢体、语言及网络等手段，实施欺负、侮辱造成伤害的校园欺凌事件，损害了学生身心健康"。

我们要对校园欺凌与校园暴力二者做一个区分。校园欺凌是发生在学生之间的一种失范行为，带有欺凌，但不是犯罪，校园欺凌可能有时候带有轻微的违法。校园暴力是犯罪，是违法行为。二者之间有时候会有一些交集。总结来讲，首先，校园霸凌的对象往往是固定的，即在群体中某一类学生长期受到校园霸凌，而校园暴力的对象不固定。其次，霸凌者和受害者之间力量悬殊，即以强凌弱，校园暴力则不确定。由于霸凌者与受害者之间的力量悬殊程度问题太抽象，这一问题在测量方法上得到了改进，即从传统的"欧维斯欺凌测量"（Olweus Bullying Questionnaire）换为形象的加剧同伴侵害法（aggravated peer victimization，APV）来衡量具体的悬殊程度。最后，校园霸凌的行为具有重复性，而暴力行为是偶然发生的。皮卡斯（Pikas）的研究显示，校园霸凌与暴力的联系在于校园霸凌是发生于校园暴力的学校环境中的，即霸凌者和霸凌的受害者易受到暴力环境的影响，模仿观察到的暴力行为，对同学实施霸凌（Pikas，1989；Sutton & Smith，1999）。

我们处在一个被影视文化包围的时代。影视文化为青少年打开了一扇认识世界的窗口，同时，它也大肆宣传了促使青少年犯罪率频发的影视暴力（media violence）。布什曼（Bushman）等（2006）的元分析研究表明，影视暴力的影响效果可分为短期作用和长期影响，青少年长期暴露在影视暴力的环境下会变得具有攻击性和暴力倾向（Bushman & Huesmann，2006）。1960—1982 年的纽约州调查项目中，通过对 856 名青少年进行纵向追踪研究，埃隆（Eron）等（1974）认为早期观看暴力视频使其 10 年后变得具有攻击性（Eron，Huesmann & Lefkowitz，et al.，1974），22 年后休斯曼（Huesmann）等人继续的追踪研究表明，早期观看的影视暴力还与三十岁时的犯罪行为有相关关系（Huesmann，Eron & Lefkowitz，et al.，1984）。休斯曼和他的团队进行了两个为期 3 年、15 年的纵向研究，均证实长期看带有暴力色彩的影视作品，会让孩子潜移默化带有攻击性倾向（Huesmann，Lagerspetz & Eron，1984）。后期研究表明，这种影响是可重复、跨文化性质的（Huesmann & Eron，2013）。影视暴力与攻击性行为的相关研究显示，二者相关系数一般为 0.15 到 0.30 之间（Rosenthal，1986）。目前普遍认为校园霸凌的本质就是一种攻击性行为（Olweus & Limber，2018；Gladden，Vivolo-Kantor & Hamburger，et al.，2014），因此，影视暴力对校园霸凌具有长期的影响，且作用不可忽视。

目前关于影视暴力影响校园霸凌的研究多数集中在受人口学变量影响的调查与追踪研究，"影视暴力影响霸凌"的心理和神经生理机制尚未得到有效的澄清。青少年的霸凌经历是否会造成其神经生理机制上不可逆转的异常，从而导致不可控的霸凌行为？了解霸凌成瘾的脑与神经基础对于开展有效的教育干预有何实践意义？本节尝试系统回顾观察学习理论对影视暴力影响校园霸凌的心理学解释，在此基础上，引入具身认知视角和神经教育学的最新证据，介绍霸凌习得的心理机制与脑基础，从而为探究预防或干预霸凌成瘾行为提供科学启示。

第一节　影视暴力影响校园霸凌的
离身视角：观察学习理论

一、霸凌的习得：观察学习理论

受到笛卡儿的身心二元论影响，传统的认知心理学认为认知是发生在头脑内的计算过程，身体只是一个物质载体，这种身心二元论下的认知观也可以称为离身认知，观察学习理论受到这一离身视角的影响，认为观察学习是通过观察别人的行为结果而习得新的反应，或改变原有的某种行为方式的过程。观察学习可以不用作出实际的外显操作，仅利用脑内的行为表象来指导自己外部行为，即行为者可以通过观察别人的示范而习得行为，并不一定实际表现出这种行为。

基于观察学习理论的假设，影视暴力对校园霸凌的作用是通过模仿这一心理过程实现的。班杜拉认为，个体、环境和行为三者相互作用从而影响个体的活动。与基于直接经验的学习相比，基于模仿的观察学习是一种更普遍、更有效的学习方式。观察学习这一认知过程中包含模仿（imitation），即同时复制他人的行为和目标（陈武英，刘连启，2013）。具体而言，观察者通过对被观察者的理解与共情，从而产生相一致的心理体验。

观察学习不是简单地模仿暴力行为，它还包括对行为及其后果的认知加工。即不仅包括简单的动作复制、还包括对相应的意图、动机、信念等的模仿（Anderson，Berkowitz & Donnerstein，et al.，2003），例如，班杜拉论述了一种特殊形态的观察学习——创造性的观察学习（creative observational learning），它是指观察者在观察过程中获得有关示范行为的抽象规则或原理的过程。因此，对于观察学习，青少年从简单地模仿霸凌行

图 10-1　行为主义心理学家班杜拉（1925—2021）

为开始，甚至会发展到在暴力行为上进行一定的创新。通过对大众媒体上的暴力镜头的观察学习，霸凌者不需要亲自接受强化，而直接在头脑内部形成暴力行为的表象，潜移默化地习得了暴力行为，这种观察学习的过程通常是长期作用的结果，对青少年来说这种观察学习会让其在日后行为中表现出明显的攻击倾向，从而导致霸凌行为的产生。观察学习理论认为，人通过观察暴力镜头对霸凌行为产生模仿，这里有两点需要注意：第一，模仿不仅是一种简单的霸凌动作复制（mimicry），还是一种建立在人类特有的认知机制上的，对于动作意图（如霸凌他人的意图）的效仿（emulation）（Simpson & Riggs，2011）。第二，这种对霸凌的观察与模仿通常是在影视暴力环境的长期影响下产生的。

班杜拉于 1961 年做了一个波比玩偶实验，该实验作为一个经典的实验，证明了影视暴力对青少年的攻击性会产生影响——孩子通过对视频的观察学习习得了攻击性行为，替代性的惩罚只是抑制了攻击性行为的表达而已（Bandura，Ross & Ross，1961）。实验将 3～6 岁的小孩（男女各 48 人）分为四组：三个实验组，一组观察真实情况下的攻击性行

为，一组观察影视情景下的人的攻击性行为，一组观察卡通猫的攻击性行为的描述；一个对照组不接触攻击性行为。研究过程分为两个阶段。(1)带孩子进入活动室一角玩拼图游戏，接着把榜样带到房间的另一头，无论是攻击性情景还是非攻击性情景中，榜样都开始玩拼图一分钟，然后攻击性情景中，榜样击打波比玩偶约 10 分钟。(2)带孩子到另一间活动室，里面有各种攻击性和非攻击性的玩具，包括波比玩偶，观察孩子的行为。实验结果表明：若孩子观察到攻击性行为，则会在另一间活动室模仿榜样，攻击波比玩偶。1965 年，班杜拉在另一个实验中对此进一步探究(Bandura，1965)，该实验的研究过程分为四个阶段。(1)带所有孩子观看 5 分钟电视，内容是成人榜样走到娃娃面前，攻击娃娃。(2)将孩子分为三组，继续观看电影，组一为奖励组，孩子看到成人被奖励了很多糖果和饮料，并被夸赞是一个强壮的冠军；组二为惩罚组，孩子看到另一人对榜样责骂；组三为控制组，榜样既没被奖励也没被惩罚。(3)将孩子带到活动房间。组一的孩子攻击性行为明显少于另外两组，其他两组没有明显差别。(4)将孩子带到另一活动房间，告诉他们模仿榜样的行为会得到贴纸和饮料的奖励。结果显示，三组孩子通过对视频的观察学习，都习得了攻击性行为，替代性的惩罚只是抑制了攻击性行为的表达而已。

班杜拉在行为主义有关模仿学习的研究基础上，把行为主义强化论和信息加工的认知模式相结合。观察学习过程包括注意、保持、产出、动机四部分，他所提出的前两个过程，即注意和保持，是受信息加工理论的影响。而后两个过程，即动机和运动因素，则汲取于行为理论(Zimmerman，1981)。对影视暴力的观察学习过程包括注意、保持、产出、动机四部分。注意过程决定了从丰富的环境中选择性地注意某些刺激，即榜样的吸引力对于注意非常重要，暴力影视以其惊险刺激、新奇有趣的内容，丰富的视觉和听觉刺激，很容易吸引青少年的注意力。观看影视作品的过程利用无意识注意、对影视内容的记忆也多为无意识记忆，这一认知过程极少需要意识层面的指导与调控。对暴力内容的注意是在无意识状态下进行的，是一种潜移默化的过程。保持过程就是将短时记忆转化为长时记忆，长期受到环境中暴力视频的影响，会加深观察者脑中暴力表象的巩固和保持，将其变为长时记忆，即将头脑中形成霸凌画面的表象记忆存为永久记忆。产出过程是一种把习得的暴力表象付诸实际的能力，产出过程表示暴力观察者具备操作实施霸凌的动作技能，进而模仿暴力镜头实施霸凌行为。动机过程表明，只有在一定的动机或诱因的刺激下，模仿行为才能实现。霸凌本质上作为一种攻击性行为，具备攻击性行为的特点，因此霸凌者（霸凌者具有霸凌和受害双重身份）的心理活动会有所改变（Cline，Croft & Courrier，1973）：（1）在认知上，低估行为的后果，具体表现为淡化伤害的严重程度。（2）在情绪情感上，对内疚等负面情绪免疫，具体表现为对暴力行径麻木或较少情感波动。（3）在意志上，加强对暴力行为的认同感，即容易产生敌意的攻击性信念，产生暴力能解决问题的错误信念。这三种心理活动上的改变，又会进一步加剧青少年霸凌行为。

二、观察学习理论的局限性

作为从行为主义转向认知主义的理论成果，观察学习理论存在一定的局限性。首先，受行为主义影响，观察学习理论把观察学习过程定量化，通过简单的示范作用来解释复杂的模仿过程。其次，受到早期认知心理学的影响，观察学习理论虽然承认社会环境的作用，但是还是把认知的焦点集中在脑内，对于模仿这一心理过程的理解也是如此，忽视了身体特征和感觉经验对于模仿的影响。最后，观察学习理论突出模仿的符号加工理论，传统认知观点认为，模仿是一种用自己的心理机制去模仿他人的心理活动，这种模仿依赖的是抽象的认知符号，即模仿一种中枢神经系统的加工过程，观察者会假装自己在执行或者操作这种活动把自己放在被模仿者的位置上，通过共情，从而进入相同的心理状态。这是一种感觉和运动系统分开的"离线"（off-line）过程。这一理论通常被用来解释心智阅读领域的读心问题。这一符号加工理论存在一定缺陷，它无法确定模仿这一认知操作的神经生理基础，也无法解决模仿的对应性问题，即我们虽然可以时时刻刻对所有事情进行模仿，但是我们不会这样做的问题。

作为认知科学内部兴起的"身体转向"思潮，具身认知（embodied cognition）预设了认知活动的产生离不开具体的身体活动，认知活动（包括分类、抽象等高级认知活动）的生理基础是在感觉—运动系统之间的联结中。具身认知观认为，个体在受到周围环境的刺激时，会不断地模仿周围的环境以适应生存，这是一种普遍的社会现象。模仿这一过程本身就是一个不断认识环境、适应环境的过程。海耶斯（2010）认为模仿是作为一种简单的联结性机制出现。模拟作为理解他人的一种方式，是模仿的实现方式之一，而具身模拟是一种对榜样的行为以及目的均进行复制的自动化、无意识的知觉活动。决定观察者模仿成败的关键就是复用被观察者在目标导向动作执行时相同的神经机制，即获得一种具身的模拟体验。具身模拟机制在个体与种系发生学上具有重要的进化意义，可以确保灵长类动物更为有效地适应外界环境，从而大大节省了大脑在沟通自我与他人上的进化资源。

观察学习理论无法确定模仿这一认知操作的生物学基础，而具身模拟则基于镜像神经元系统的功能发现，将感觉运动系统纳入模仿发生的解释中，从而为影视暴力影响霸凌寻找到了脑机制。

第二节　影视暴力影响霸凌的具身认知视角：具身模拟

关于镜像神经元的形成，联想学习假说(associative learning hypothesis)认为，镜像神经元不是天生就有的，而是在后天经验的基础上发展出来的(陈巍，汪寅，2015)。脑内的神经元不能造就镜像神经元如何匹配观察到的和所执行的操作的能力，它只是提供一种可能、一种神经解剖结构，真正镜像功能的实现还依赖于后天的经验学习。例如，哈斯林格(Haslinger)等(2005)有关职业钢琴家和卡尔沃-梅里诺(Calvo-Merino)等(2006)有关职业舞蹈家的研究表明，由于经常需要在表演和观察之间进行匹配，因而与普通人相比，其镜像神经元系统显得更为活跃(Haslinger，Erhard & Schroeder，et al.，2005；Calvo-Merino，Glaser & Grèzes，et al.，2004)。在费拉里等(2005)的实验中，豚尾猴通过训练可以形成"工具性响应的镜像神经元"(tool-responding mirror neurons)(Ferrari，Rozzi & Fogassi，2005)。这些实验证据均表明，形成特定匹配功能的镜像神经元，主要受后天联想学习和经验的影响。因此，镜像神经元的出现解决了模仿过程中的一个匹配难题。在造成镜像神经元匹配属性的联结过程中，需要强调相邻性(contiguity)和相倚性(contingency)的作用。在动作知觉和动作执行这两个事件的联结方面，时空上的相邻性是两个事件形成联结的重要原因，但更为重要的影响因素是偶然的因果联结，即从一个事件可以预测另外一个事件所形成的相倚性。因此，符合相邻性和相倚性的匹配更易联结形成相应的镜像神经元。

厘清联想学习与观察学习的区别和联系有利于我们把握联想序列学习的本质，观察学习是一种替代的习得新行为的学习方式，此处的联想学习则是解读镜像神经元产生原因的联结观的一种条件反射学习机制。观察学习理论中，通过观察学习这一替代的学习方式，青少年在影视作品中习得了霸凌行为，体现在青少年的头脑中，即通过联想学习这一机制产生了特定的霸凌镜像神经元。在观看暴力视频时，青少年视觉系统接收这一视觉刺激，运动前区编码动作抽象部分的运动神经元会发生激活。在青少年出现霸凌行为时，身体感觉和运动系统的神经元也会发生放电现象，随着模仿霸凌行为的增加，二者的联系日益紧密。由于观看霸凌行为与执行霸凌行为二者之间在时空上存在相邻性，即观看暴力视频的一个典型的短期效果就是观察者会模仿霸凌行为，观看暴力视频的长期效果为观察者会产生攻击性的认同倾向，这会导致霸凌行为的出现的频率增加。因此观看暴力视频与执行霸凌行为两个事件之间存在相倚性，满足这两个特点的联想学习会使感觉和运动系统中的神经元变成特定的霸凌镜像神经元，即该神经元无论是在观看暴力视频还是执行霸凌行为两个阶段都会产生放电现象。可以说，联想学习这一后天的学习机制塑造了特定的霸凌镜像神经元。

第三节　霸凌者的大脑：镜像神经元系统的作用

镜像神经元在观察动作和执行动作两个阶段都被激活的事实表明，模仿实际上是一种运动系统在观察动作阶段的再激活，这种具身模拟强调重现被观察者的身体和认知状态，即再使用。出于其他目的，模仿者能够再次使用与被模仿者相同的脑和认知资源，就能重新体验和理解观察者的意图和目的，从而实现模仿(Gallese & Sinigaglia，2011)。

具身模拟突出模仿的一种具身维度，激活身体感觉运动系统的神经通路就可以帮助我们达到模仿的目的。通过模仿身体状态可以完成高级的动作意图的理解。这一过程具体表现在只需感觉运动系统中镜像神经元的激活，不需要高级认知系统的参与。与具身模拟相比，班杜拉的理论认为观察学习过程中的模仿是一种发生在脑内的认知过程，是学习的基础。具身模拟则认为模仿本身就是一种源自身体体验的认知过程，且不需要其他推理等高级认知过程的参与，模仿就是学习。

　　梅尔佐夫提出的一项针对儿童的模仿研究表明，示范者完成将一个新奇的玩具分成两半的任务，但过程中双手不断打滑，目睹了这一过程的儿童并不会模仿打滑这个动作，而是抓牢玩具并把它们分为两半。在实验过程中，示范者还会咳嗽、摸鼻子、清嗓子，但儿童不会模仿这些行为（Meltzoff，1995）。为什么儿童知道模仿什么、不用模仿什么，即这种模仿对象的选择性从何而来？镜像神经元为模仿提供了一种匹配机制，将观察到的榜样的行为与自己的直接行为之间建立联结，这种联结是通过后天训练得来的。可以说，人类的模仿功能（或者说观察学习功能）是建立在镜像神经元的生理基础之上的。在霸凌这一特定镜像神经元形成的过程中，通过观察暴力视频这一知觉经验，个体会习得霸凌的行为，这种模仿机制细化表现在神经元上，使青少年在观察霸凌行为时，能产生与执行相同或相似的霸凌动作的运动神经元的激活，即单纯负责动作执行霸凌行为的神经元在观察相似动作时会放电，从而形成特定的"霸凌镜像神经元"（bullying mirror neurons）。

第四节　基于具身模拟的青少年霸凌诱因与干预

一、霸凌者诱发霸凌行为的因素探究

诱发霸凌行为的因素可分为青少年霸凌者的执行力特征及榜样示范作用的影响两类。人类镜像神经元系统可以分为两类：经典的镜像神经元系统和延展的镜像神经元系统。前者包括腹侧前运动皮层、顶下叶、额下回尾侧，一般负责动作理解（或识别）、意图理解、模仿、共情等关键社会认知功能。后者包括前扣带回、内侧前额皮层、颞上沟、躯体感觉皮层（somatosensory cortex，SC）、颞中回（middle temporal gyrus，MTG）、脑岛（insula）、基底神经节（basal ganglia，BG）等区域，一般起调控经典镜像神经元系统的作用（赵壹，陈巍，汪寅等，2017）。

青少年的延展镜像神经元系统的抑制功能发育不完善，更容易发生不自觉地模仿霸凌行为。前扣带回是执行功能的重要脑区，作为情绪、注意、抑制等认知过程的转换器，对不同的认知加工和反应起监测作用。前扣带回还有可能中介情绪评价在动机影响行为过程中发挥全面与整合性监控作用（Bush，Luu & Posner，2000）。前扣带回在目标定向行为的执行中能提供监控信号，与内侧前额皮层一起激活，进而引发抑制控制（Vuilleumier，2005）。前扣带回和内侧前额皮层本身作为延展的镜像神经元系统的组成部分，负责调控经典镜像神经元系统的活动，即有意识地抑制自动模仿（Bien，Roebroeck & Goebel，et al.，2009）。前扣带回在青少年的青春期末才能发育成熟，而内侧前额皮层到 25 岁左右才发育成熟。鉴于青少年的前扣带回和内侧前额叶皮层的发展不完全，

在对暴力内容产生无意识模仿时，抑制功能发育的不完善会导致自控能力的减弱，进而模仿霸凌行为。因此，青少年更容易受影视暴力内容的影响表现出校园霸凌行为。正如中国台湾学者在一次大规模校园霸凌的调查研究中表明，除了取乐、获得利益外，有时候霸凌是没有缘由的（Wong，Cheng & Chen，2013）。

前扣带回在霸凌者有意识进行霸凌活动时，其作用之一就是判断真实情况与自己预期之间是否匹配，即起评价功能，前扣带回的发育不完善会导致青少年的是非评价能力不足，这一功能体现在青少年霸凌者身上就是对敌意信息过度敏感，在知觉判断时带有明显的攻击性信念。

关于诱发霸凌现象的榜样示范作用的影响。首先，影视暴力镜头的示范内容易吸引眼球，比如恢宏壮阔的场景、新奇有趣的视听刺激、精彩绚烂的特效会吸引青少年的注意力。具身模拟观点认为，具体生动的肢体动作或身体形式是模仿的一个关键点，暴力影视镜头中的暴力动作经常被强调和渲染，这种刻意的突出会使青少年更关注和模仿这些暴力镜头。其次，示范内容的传递方式也会影响模仿，感知觉刺激形式丰富，影视资讯更能吸引青少年的关注与模仿。有研究对比了电视和书本两种媒体传递的示范行为是否会引起不同的模仿，结果发现两种媒体传递的示范行为都成功引发了儿童的模仿，但电视媒体引发的模仿明显更多一些（Simcock，Garrity & Barr，2011）。最后，影视镜头中通常会选取与日常生活相似性很高的场景，提高观众的代入感，这些共情技巧的选用更会增加青少年的模仿行为。

二、利用镜像神经元可塑性干预霸凌成瘾

大脑越年轻，越容易受到环境的影响（MacLean，1990）。当霸凌行为习惯化之后，会影响青少年自我控制能力的发展。赫布法则认为经验

会通过强化与弱化负责联结神经元的突触来重塑大脑。作为模仿的神经生理基础，镜像神经元的形成来自后天的经验联想学习，以形成特定的神经元之间的联结。镜像神经元的可塑性说明，霸凌成瘾可以通过不断地认知行为训练来增强自控能力，弱化已有的突触连接，达到干预霸凌成瘾的目的。

利用镜像神经元的可塑性，进行必要的动作观察和执行训练是干预霸凌成瘾的一个基本原则。关于镜像神经元系统与霸凌干预的问题，目前并没有直接的实证研究，但是，利用镜像神经元的可塑性进行中风康复和戒烟的研究已经小有成效（Small，Buccino & Solodkin，2013；Garrison，Winstein & Aziz-Zadeh，2010；Dickter，Kieffaber & Kittel，et al.，2013；Yalachkov & Naumer，2011）。研究表明，在中风患者的训练中，与普通放松的练习相比，进行动作观察和执行任务的神经反应的恢复效果更显著（Sugg，Müller & Winstein，et al.，2015），且与中风患者的康复训练达到的效果一致，即该实验证明了可以利用镜像神经元的可塑性进行中风康复训练（Brunner，Skouen & Ersland，et al.，2014）。由此推断，利用动作观察和行为训练加强霸凌成瘾者的自我控制能力，建立新的神经反应联结对于戒断霸凌成瘾来说是一个有效可行的干预方式。

除了真实环境中的动作观察和执行训练，我们还可以利用虚拟现实技术（Virtual Reality，VR），模拟真实环境下的霸凌场景，同步采集观察者的脑电或成像数据，根据观察者经典镜像神经元系统与延展镜像神经元系统的激活程度，来预测并评估具有暴力易感性（vulnerability）的潜在霸凌个体。其基本假设有二：（1）有霸凌倾向的个体比正常个体的经典镜像神经元系统在看到霸凌场景时激活的程度更高，而延展镜像神经元系统激活程度较低。(2)经典镜像神经元系统的激活程度越高，延展镜像神经元系统激活程度越低，对于霸凌的潜在渴望就越强，模仿就越有可能发生。在此基础上，在霸凌成瘾的干预项目中，我们可以利用虚拟现实技术调动霸凌成瘾者的多种感官参与操作训练，增加成瘾者对受害者的共情和感性认知，改变成瘾者的错误信念，让霸凌者意识到自己问题的严重程度，从而有意识地主动控制自己的行为，加强其自我控制能力。虚拟现实技术可以被用于预测、评估、纠正与重塑霸凌成瘾者大脑内部的神经联结，为其形成新的行为反应方式提供思路。虚拟现实技术的优势在于可以让学习者产生身临其境的真实感受，并减少此类训练与干预的实验伦理局限(张静，陈巍，2016；Rus-Calafell，Garety & Sason，et al.，2018)。目前由欧盟资助研发的"FearNot!"应用程序已经在英国、西班牙和德国运用于青少年霸凌行为的长期干预中，该软件利用虚拟现实技术，模拟霸凌场景来训练老师和孩子们的应对反应，但目前其应用主要针对霸凌过程中的受害者和旁观者群体(Zoll，Enz & Schaub，et al.，2006)。

第五节　小结与展望

校园霸凌作为一个不可忽视的热门话题，受到社会的广泛关注，关于校园霸凌导致的犯罪事件，也受到了极大的关注。影视暴力作为校园霸凌的影响因素之一，其作用不容忽视。在神经教育学背景下对此进行反思，可以发现校园霸凌的发生有着深刻的脑与神经生理学基础。霸凌成瘾问题可能由于霸凌者镜像神经元系统发育的异常状态，霸凌镜像神经元的频繁激活产生对暴力行为过多、易感的具身模拟。对霸凌犯罪者进行心理学预测与评估，不仅是实现合理刑罚的神经伦理学要求，也是对该群体今后生活的再教育和干预进行的依据与途径之一。鉴于我国对校园霸凌这一现象的关注还处于初级阶段，关于反霸凌立法问题还在继续探索。从神经伦理学角度看，尽早对实施校园霸凌的未成年人确立和追究法律责任是法治教育和保护青少年的必然要求，但也要充分考虑到霸凌行为发生的脑与神经机制等自然规律。例如，以前额叶皮层为代表的延展镜像神经元系统发育成熟一直要持续到青春期，这意味着经典镜像神经元系统活动在此之前一直处于相对"失控"的状态之下。这决定了青少年霸凌行为的发生或许多少脱离了其自由意志的监控。这也进一步提醒家庭、学校与社会，在未来应加强对影视安全的立法规范，努力携手营造一个绿色、健康的影视环境从源头上减少青少年具身模拟暴力的机会。

第十一章

镜像神经元、 具身阅读与教学设计

第一节 阅读的具身化转向

作为人类特有的一种学习行为和心智活动，阅读是人们走进知识宝库、提升智力水平、开阔人生视野、参与社会活动的重要手段（姚林群，2012）。阅读对于个体和教育而言都十分重要，良好的阅读能力为学生一生的学习打下基础，阅读能力被称为"学习的基础，教育的灵魂"。教育家苏霍姆林斯基多次重申阅读和书籍的重要性："使读书成为每个孩子最强烈的、精神上不可压抑的欲望，使人终身入迷地想同书中的思想、美、人的伟大精神、取之不尽的知识源泉打交道，这是一条最基本的教育规律。"（余小茅，2007）学生的阅读是一个追求意义的过程，阅读理解不仅仅是语言学习或教育实践，从本质上讲更是一种认知活动。这个过程非常强调个体的体验与感知。从认知语言学的角度看，阅读理解是一个复杂的心理过程，在这个过程中大脑里贮存的语言知识图式和世界知识图式相互作用，不断地对新输入的信息进行验证、分析和推断，直至完成对文本的解码（王瑞昀，王大智，2004）。然而，过去二十年中，基于信息加工心理学的符号表征主义的语言理解与阅读观正在受到一系列的批判与质疑。

　　想象一下你置身于叙利亚国际机场。你不懂阿拉伯语，但是你有一本阿拉伯语词典。你来到行李认领处，看着前方墙上的大屏幕上的符号。它们是用阿拉伯语写成的，你打开随身携带的阿拉伯语词典寻找这些符号中的第一个单词。你找到了这个单词，但是发现有关它的定义是用阿拉伯语写成的。你想，没关系，你可以再去词典中寻找定义中的第一个单词。结果你发现，这个单词的定义也是由阿拉伯语写成的。毫无疑问，不管你花费多少时间在符号和词典上，你永远也搞不清楚这个单词的意思。这揭露了基于传统符号表征的阅读理解面临的窘境。抽象且任意的符号无法单独通过它们与其他抽象、任意符号之间的联结而被理解。词汇的形式是抽象出来，并且任意相关于它所指的意义。它们只能基于某些其他本身可以被理解的表征形式来获得理解。奠基于这种符号表征主义的阅读教学注定是高认知负荷且效率低下的。在上述案例中，一张手提箱的图片同时附上一个指向走廊的箭头指向就可以为理解抽象的词汇符号提供基础。尽管我们无法理解这些词汇，但是我们可以理解图片，并使用这种知识来理解这些单词的意思。这意味着抽象、任意的语言符号通过关于我们身体的知识，以及我们的身体与世界的互动而变得有意义（Kaschak，Jones，Carranza & Fox M，2014）。

　　上述想法在"具身心智"（embodied mind）或"具身认知"（embodied cognition）引领的第二代认知科学运动中得到了最为系统的阐释。具身认知观认为身体与心智（或认知）之间存在一种紧密联系。心智有赖于身体之生理的、神经的结构和活动形式，具身性就是体验性（身体所经验到的）（李其维，2008）。用发展心理学家泰伦（Thelen）的话说，即"认知是具身的，就是说认知源于与世界的身体相互作用。从这个观点看，认知依赖于经验的种类，这些经验出自于具有特殊知觉和运动（motor）能力的身体"(李恒威，肖家燕，2006)。所谓认知是人的身体跟外在的世界互动时所产生的现象。法国现象学家梅洛-庞蒂的知觉现象学关于"客观身体"与"作为世界中介的身体"是具身认知最直接的思想来源之一。他认为，身体是最为直接地"在世界中存在"；"身体本身在世界中，就像心脏在肌体中"。因此，"不通过身体的经验，就不可能理解物体的统一性"，"物体的综合是通过身体本身的综合实现的"，对外部事物的知觉"直接就是我的身体的某种知觉"(梅洛-庞蒂，2001)。

长期以来，教育与教学作为一种促进心智发展的"高级过程"，不仅与身体欲望、感觉运动系统等"低级过程"无关，有时甚至是一种对立关系(叶浩生，2015)。然而，具身认知的拥护者相信，教育应该把身体放置到作为学习的高位，并尝试论证认知、思维、记忆、学习、情感和态度等是身体作用于环境的活动塑造出来的。教育活动基于教学主体的心智活动，而心智活动基于并源自身体(图11-1)。阅读理解作为一种认知活动，教育工作者可以在具身认知的视野下看到阅读的一个重要转向。

图 11-1　具身认知 vs. 离身认知
(改编自：S. Iwasawa，Pfeifer & Bongard，2007)

第二节 具身阅读的基本概念与机制

作为具身认知的代表人物，认知与语言心理学家格伦伯格提出了"索引假说"来解释语言理解。具身阅读被视为扎根于身体操作与想象操作的阅读策略，而镜像神经元系统的活动是其神经基础，阅读理解本质上是一种具身模拟的认知过程。

一、索引假说

基于具身认知理论，格伦伯格等人提出了语言理解的"索引假说"（The Indexical Hypothesis，IH）（Glenberg & Robertson，2000）。根据"索引假说"，理解一个句子会经历三个步骤：索引（indexing）、提取功能承受性（derivation of affordances）和整合（meshing）。首先，对句中的词汇短语与环境中的物体或感知到的象征符号作出索引（映射）。其次，从索引物体中提取功能承受性，由物体得出某种承受性。例如，一张椅子能够承受一个人坐在上面却不能承受一头大象，同样是一张椅子能够承受一个小孩躲在下面而不是一个成人。承受性依赖于身体的形态与能力，它涉及知觉系统的参与，因此对知觉系统的控制会影响承受性进而影响语言理解。最后的步骤是根据语法对功能承受性进行整合，通过相互协调而产生一个一致的模拟，提供知觉者某种行动的可能（Glenberg，Levin & Marley，2007）。因此，索引、提取功能承受性和整合的过程为语言所表达内容的抽象语言符号（词汇和语法）提供了一个基础。以"Art flicked the snake off the porch using the chair."为例，索引过程将词语

（Art、snake、porch、chair）映射为环境中的对象或者知觉符号。然后由物体得出功能承受性，会把"Art"索引为一个男性，把"the chair"索引为可能是一把门廊里的椅子。最后根据语法进行整合，完成对整个句子的理解"一个名为 Art 的男人用椅子把蛇从门廊上打出去"。

将文字"索引"或"映照"到文字所代表的物件上这个过程完成得越好，就越容易完成语言理解。格伦伯格发现在理解文本的上下文时，那些与文本相关联的活动会增强索引的过程，从而产生正面的认知结果。例如，在文本呈现中实际操作与文本有关的玩具物体来模拟文本里所描述的动作时，就能正确地操作物体并且更好地实现上下文索引，使得获取意义变得容易。因此，通过与文本内容相关联的活动来模拟文本有利于增强索引，这是具身阅读中重要概念"身体操作"的起源。

二、身体操作与想象操作

根据索引假说对语言理解的具身解释可知，理解在索引的过程中就开始产生。具身基于文字本身的同时也基于动作，其索引过程包括身体操作（Physical Manipulation，PM）和想象操作（Imagined Manipulation，IM）两个部分。所谓身体操作，如学生阅读一篇发生在农场里的故事，他的面前有各种玩具（例如玩具谷仓、动物、拖拉机、农民），读一个关键句子后，学生被暗示去操作玩具来对应相应的句子。这个操作确保了词汇索引到对象，功能承受性被派生（学生必须操纵玩具），概念被整合来模拟这个句子。所谓想象操作，就是在身体操作之后去想象操作玩具的过程。想象操作产生效果的大小与身体操作产生的相差无几（Glenberg，2008）。格伦伯格等人在实证研究中发现，在阅读活动中不论是提供身体操作与想象操作的结果，都显著地对文本内容有较好的记忆和理解（Glenberg，Gutierrez，Levin，Japuntich & Kaschak，2004）。最初的身体操作利用学生的身体经验来建构关于文本的心理模型，想象操作则促使学生利用这些已有经验，鼓励他们将听到或看到的词语对应先前的经验从而形成更好的理解(Glenberg，Goldberg & Zhu，2011)(图 11-2)。

图 11-2 身体操作或想象操作农场玩具的过程
(转引自 Glenberg，et al.，2011，p. 31)

　　身体操作确保了符号的基础，其关键在于玩具的存在以及学生必须亲自操作玩具。语义的建构过程是通过对语言输入内容进行感知运动系统的模拟，如句子"小明把球递给了小高"，通过身体操作传递球的动作至少可以理解"递球"这件事情。在句子理解中，我们在词汇的基础上形成对句子所隐含动作的思考，如果我们能够建构顺畅的、连贯的情境，那么我们就完成了对句子的理解(张静，2010)。学习环境中的具身认知首先必须经由物理方式生成相关感知经验，然后在此基础上通过想象操作维持先前经验并且进一步学习。例如，上文提到的农场故事，用塑料做的农夫、动物等玩具将其表演出来，可提高读者对所读故事的理解和记忆(杨南昌，刘晓艳，2014)。如果学生用身体操作的方式积累了大量经验，将有利于他们在阅读过程中进行想象操作，从而促进其阅读能力。

三、镜像神经元与具身模拟

20世纪90年代初意大利帕尔马大学的神经科学家里佐拉蒂所领导的团队发现一种新的运动神经元——"镜像神经元"。后续的PET、EEG、TMS和fMRI及脑损伤研究证实在人类大脑皮层中存在着具有类似功能的镜像机制，观察和操作两种过程都激活同样的神经生理机制（Cook，Bird，Catmur，Press & Heyes，2014）。基于脑成像研究的发现，加莱塞提出了一个将镜像神经元系统与现象学相结合的理论框架——"具身模拟"（Gallese，2005）。具身模拟理论强调"复用"是心理模拟的核心观念。我们将他们的行为作为一种意图体验，在他们所做所感和我们的所做所感之间形成一种等价关系。我们不仅"看到"一个动作、一种情绪或一种感觉，同时也会产生与上述动作、情绪和感觉有关的身体状态的内部表征，就好像亲自做了相似的动作或体验到相似的情绪和感觉（陈巍，李恒威，2016）。

镜像神经元是具身阅读的神经基础，身体操作与想象操作是读者对读物所描述情境的一种具身模拟。镜像神经元与具身模拟机制的存在使得读者能够有效地模拟读物情境。当读者看到文字或图画，通过身体操作或想象操作，能够产生有关的身体状态的内部表征，进而能够更好地形成对读物的理解。

第三节　构成具身阅读的基本学习要素

阅读通过"身心一体"的认知机制去理解、领悟、吸收和鉴赏，学生在对文本材料进行阅读的过程中模拟动作、感知情境，或者只是透过阅读材料对动作或情境进行想象，就可以像亲自执行动作一样，激活镜像神经元系统(Gallese & Cuccio，2014)。如果在当代学习科学视域中对具身阅读进行系统的审视，可以发现其基本要素包括自由的学生、适宜的读物、多样化的学教具以及情境式的阅读环境。以虚拟现实技术为例，具身认知观确立了身体和体验在认知与学习过程中的有效地位，奠定了虚拟现实教育应用的认知基础(张志祯，2016)。虚拟现实技术以计算机技术为核心，结合相关科学技术，生成与真实环境在视、听、触感等方面高度近似的数字化环境，用户借助必要的装备与数字化环境中的对象进行交互作用、相互影响，可以产生亲临对应真实环境的感受和体验(赵沁平，2009)。虚拟现实技术所采用的设备是一种典型且未来具有很大开发价值的具身阅读学教具，它所创造的高度真实的情境也是具身阅读环境非常重视的内容。

一、自由的学生

作为阅读主体的学生是一个身体的客观存在。具身知识和概念通过我们的身体活动而生成(Lindgren & Johnson-Glenberg，2014)。心理学研究表明，个体的身体自由度影响其感知判断(Effron，Niedenthal & Drot-Volet，2006)。无论是在课堂教学中还是在课外自主学习中，学生都不应该被要求死板地坐着读书，而应该鼓励他们自由地运用身体或手势等运动辅助学习。正如教育家陶行知所言，教育要解放儿童的眼睛、嘴、双手、头脑、时间和空间(贾丽娜，田良臣，王靖，马志强，周倩，2016)。学生在具身阅读过程中可以通过直接操作与文本有关的学教具，或者想象操作的过程，这样对文本的理解更加深刻和准确。

二、适宜的读物

阅读的最终目的是实现对读物的意义建构，即完成"理解"的任务。

读物的适宜性包括年龄适宜性和个体适宜性。年龄适宜性是指不同年龄阶段的学生需要相对适宜的阅读材料，年龄越小的儿童对读物具身性的要求越高。例如，学龄前儿童的主要读物是画多字少并且以故事体为主的图画书，很多读物还配套附上操作玩具。个体适宜性是指读者个人如果具有与阅读文本相关的具身经验，那么一定程度上来说该读物对这个读者而言是比较适宜的。具身阅读中读物本身的具身性为阅读理解提供了可能性，学生在阅读的过程中肯定能够进行或多或少相关的身体操作或想象操作。

三、多样化的学教具

多样化的学教具是指各种各样的操作材料，在阅读中包括学具和教具，学具是指学生自主阅读学习时所用的工具，教具是指教师阅读教学过程中需要与学生共同使用的工具。吕布曼（Rubman）和沃特（Water）在三至六年级学生的一个文本学习过程中，证实了活动操作的正面效果。被试读一篇短文并被提问文章里是否含有任何矛盾之处，一半的被试读了两次，另一半的被试读了短文并用了一个故事板去描绘与文本相关的图像，结果后者更能成功地找出矛盾之处（Rubman & Waters，2000）。仅仅是增加了一个故事板的运用，学生却能够更有效地完成文本的学习。具体的学教具能够在阅读理解中产生大量优势。第一，在具身阅读的过程中，学教具与书面信息是相结合的，因此儿童可以将一手和二手的知识相融合（Schwartz，Martin & Nasir，2005）。第二，具体的学教具虽然不被当作符号，而是符号（如词汇）所指向的身体的一种处境。因此，当阅读到农场上的动物时，学生就利用身体操作他们面前的某些玩具。当利用想象操作阅读时，他们将词汇语言映射到在与农场玩具交互中学到的知觉符号上。具体的学教具虽然不是象征符号但却是它们的基础。第三，身体操作和想象操作是巩固阅读理解的程序，阅读情境中学教具的运用在符号使用和理解中都不存在任何困难。

多样化的学教具既可以是真实的，也可以是虚拟的。在上述农场故事中，操作玩具就是真实物件的使用，如果代之以在虚拟现实中操作，那就是虚拟物件的使用。虚拟现实对于学生学习的"沉浸"程度要求很高，通过切断学生与周围世界的感官联系使得学生"沉浸"在与学习内容的交互过程中。隔离了外界干扰，学生很难走神，这是高效率学习的前提（张志祯，2016）。虚拟现实的设备也可以看作一种有效的学教具。已有研究使用虚拟现实来修复诵读困难者的阅读障碍，有效途径就是通过虚拟现实的设备来加强学生的注意力。传统的康复训练都使用一个纸和铅笔的训练模式，但这些练习对儿童来说会很无聊，并且某些儿童难以按照要求完成治疗过程。虚拟现实修复工具采用动作录像游戏，以一种更有趣并且强调参与的方式来提高诵读困难者的阅读能力（Elisa，Patrizia，Andrea，Maria，Giuseppe & Giovanni，2017）。

四、情境式的阅读环境

根据具身认知理论可知，读者在阅读过程中获得的认知，是身体（大脑嵌入身体中）物理状态与周围环境的交互作用所产生的知觉、行动和自我内省的体验（孙瑞英，王旭，2017）。阅读是身心、文本与情境的深度耦合，具身的阅读环境是身体与想象共同参与的环境，认知与经验的融合使得阅读更加简单也更有意义。无论是从教学环境还是从学习环境的角度而言，具身阅读环境下儿童身体的自由度和参与度比较高，儿童在这样的环境下会感觉到自由和舒适。罗斯（Roth）和劳利斯（Lawless）认为，"不支持学生利用身体和姿势的学习环境会限制学生的学习"（Roth & Lawless，2001）。例如，要求学生端正地坐着听教师讲解"推"

字的含义，倒不如学生利用身体操作来做"推"的动作。如果现实环境不能够支持学生身体或姿势的转换，那么虚拟现实所创造的环境正好能够弥补这种缺陷。创设高度真实的情境正是虚拟现实最基本的功能。可以想象在虚拟现实资源极大丰富的情况下，教师具备了将学生"瞬间转移"到任意场景的能力，学生可以随时体验到任何现实或者虚拟的情境（张志祯，2016）。

第四节　具身阅读的基本框架

学生身体处于与文本内容相关的学教具环境中，具身阅读是学生主体、读物、学教具与环境的多维互动，而不是其中任意两方的简单互动。在阅读情境中，阅读者借助学教具和虚拟现实技术启动身体操作与想象操作实现对文本的理解。其中，镜像神经元的活动引发的具身模拟在身体操作与想象操作的过程中扮演重要的作用。阅读者既可以直接通过身体操作来理解文本，也可以调用基于身体操作获得的想象操作来理解文本，详见图 11-3。

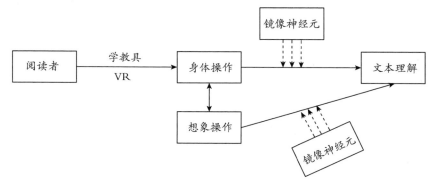

图 11-3　具身阅读的基本框架

一、通过身体操作获得具身经验

吉布斯(Gibbs)(2006)认为，身体在动作时，主观感受到的种种经验都成为语言与思想最根本的扎根基础。研究表明，身体操作可以加强对抽象内容的处理和对已有概念的理解。而这种操作所使用的材料与情境越具体真实，阅读者的理解就越容易。例如，直接用手指点击屏幕，比用鼠标控制屏幕，会使得学习更直接和具体，并且与学习内容能够更好地融合(Black，Segal，Vitale & Fadjo，2012)。没有经过身体操作，直接的抽象阅读方法对于学生来说不具有实际意义，它会增强阅读困难、削弱阅读动机。身体操作的过程中必须最大化地实现操作材料、身体动作与阅读内容之间的多重匹配，即操作材料、身体操作的动作都应该尽可能地与阅读的文本内容相匹配，匹配程度的高低决定了训练效果的好坏。例如，教师运用教具进行教学也是常有的事情，但是在具身阅读训练中特别强调学教具与具身经验的匹配，学生通过身体操作能够获得相对应的具身经验，这样的具身经验需要在后期想象操作的时候能够想象出来。因此，学生阅读时的学教具、姿势动作应该与通过身体操作会获得的具身经验相匹配。

这种阅读方式的优势在学前教育阶段得到了最佳的体现。学前儿童通常需要通过活动来获得经验，在活动中充分运用学教具。利用一个具体的动作或手势来表现一个概念，使得儿童能够建构一个该概念的更好的心理模型。例如，数数过程中触摸到事实存在的积木可以成为后期数数的一种具身经验。动作与概念两者之间是兼容的、能共处的，这种兼容性支持阅读者的最终想象。因此，从教育者的角度出发，应该帮助儿童获得适宜的经验，从学教具和阅读环境两个方面着手。

二、学会想象具身经验

具身认知理论认为抽象概念通过情境模拟或隐喻与感知经验发生联系。想象操作是在身体操作之后要求儿童去想象身体操作的过程。想象操作不同于简单的想象指令，而是在之前实际操作的基础上进行，它就像是在视觉想象基础上产生了一个显著的动作元素（Glenberg，Witt ＆ Metcalfe，2013）。因此，想象的内容同时包括视觉上的操作物体以及操作这个动作本身。研究者曾经提出训练年幼儿童想象操作的方法，他们要求儿童描述出想象的对象从而研究者可以纠正其误解。儿童在以下三种情况下会被纠正：（1）只是简单地复述句子的信息；（2）描述出了想象的视觉信息但是没有动作信息；（3）没有提供动作是如何产生的细节。研究者认为，这种训练比单纯让儿童想象一个静态情形（如形成某一情形的视觉形象）更加有效，年幼儿童在运用身体操作至少一周之后想象操作可以被有效地运用（Glenberg，Gutierrez，Levin，Japuntich ＆ Kaschak，2004）。

三、文本阅读时想象经验

文本显然是一种符号性的材料，学生具备身体操作的经验与想象操作的能力，在阅读的过程中想象这个经验，这样就能加强理解的效果。身体操作与想象操作两个过程通过加强以下三个方面从而巩固了模拟和理解。第一，通过将词汇意义根植于图像与物体的神经代表，加强了词汇的发展；第二，把语法根植于儿童的自身行为中，从而使语法功能得以升值；第三，融合词语在句子中，融合句子在文章（作为视觉描绘场景）中，学生能够更新这种融合（Glenberg，Witt ＆ Metcalfe，2013）。随着学生的年龄不断增加，其对于身体操作的依赖会越来越少，渐渐替代的是在文本阅读时能够想象经验从而实现更有效率的理解。

第五节　具身阅读实践前瞻及其对
具身化学习理论的启示

具身认知理论能够丰富我们对于阅读的理解，在具身认知的视野下提出具身阅读对于教育工作者而言具有深刻的启发意义。身体与教育之间存在一种紧密的联系，教育并不是与身体相互隔离的。这种观点实际上与很多人的观点不谋而合，许多人都强调动作对儿童学习的重要性，儿童思想的发展来源于动作。具身阅读在某种程度上借鉴口语表达的方式，借助于身体或身体的某一部分，学生通过对学教具的身体操作来丰富经验，进一步发展为想象操作，在适宜的阅读环境中更轻松地理解文本。

然而，具身阅读项目是具身认知运动在阅读教学和学习中的一种实践形态，势必会受到具身认知理论本身局限性的影响。具身认知理论强调认知过程会受到身体的影响，认知基于情境，在行动中产生，并且可能脱离内部表征而产生。近期，上述观点也受到某些学者的质疑，他们认为离开内部表征来谈语言理解是荒唐的。大部分的语言并不能被模拟或直接与动作相对应，这一点非常重要。例如，"我们在电影中能够轻易地认出那些熟悉的演员"，这种句子并不能明显地指向某种模拟。即使是明显描述动作的语句中也会存在这个问题，例如"小明把订书机递给小红"，"递"的动作可以通过运动系统模拟，但是剩下的两个人和一个订书机如何在还不理解句子的前提下进行模拟？具身认知理论把模拟作为一种核心原则，其实它只局限于极其有限的语言理解范围（Goldinger，Papesh，Barnhart，Hansen & Hout，2016）。就具身模拟的神经基础——镜像神经元系统来看，其功能也存在被夸大的嫌疑（陈巍，汪寅，2015）。从鸟类抓住虫子，到科学家抓住头脑中的灵感，究竟要扎根于怎样的运动系统才能实现身体操作与想象操作呢？我们无法在上述抓握类型中找出共同点，因为单纯复用运动系统无法对"抓握"概念进行分类，我们需要更抽象的内在表征系统。

也许具身阅读并不能完全地取代传统阅读，很有可能它适合某些特定的阅读者和阅读材料。第一，年龄越小的读者越需要运用具身阅读的策略，如学前儿童的思维发展遵循直观行动思维向具体形象思维再向抽象逻辑思维发展的规律，年龄越小的儿童越需要借助于自己的身体与客观世界的相互作用或行动来进行思维。并且，年龄越小的读者对身体操作的依赖性越大，其想象操作还处于不断地接受训练或发展中。第二，阅读材料的具身性越强就越适合采用具身阅读策略。换言之，读物本身更多地描述可以被感觉—运动系统模拟的情境，运用具身阅读策略就能更容易地实现理解。

来自具身阅读研究的证据也为具身化的学习理论提供了新的收敛性证据。综上对阅读理解的本质、机制与基本要素的讨论旨在表明，学习不单单是一种符号知识的内化过程，也是促使学生的相关经验、情感、思维和动作行为发生结构重组与功能嬗变，从而实现其本体认知系统建构升级的过程。学习的内化、转化与个性化生成都涉及人的经验匹配、概念扩充、情感评价和动作表情的虚拟预演等深层变化。因此，格伦伯格的索引假说与兹瓦安（Zwaan）的浸入式体验者框架（The Immersed Experiencer Frame）、巴萨卢的知觉符号理论（Perceptual Symbol Theory）、卢韦尔斯（Louwerse）与热尼奥（Jeuniaux）的符号交互理论（Symbol Interdependency Theory）等一起奠基了具身化的学习理论。这些理论共享了对于学习的基本信念：（1）知识是包罗万象的、有生命的，与情境高度相关且对于学习主体而言是独一无二的，知识的历史性和情境性并不是隐藏在抽象符号背后的噪声；（2）学习的本质是以"所感即所知"式的感知经验存储，这种存储的方式需要身体的参与，并有着深刻的脑与神经基础；（3）学习是学习者、学习情境与学习材料等因素动态耦合的产物，而不是单纯由外部刺激决定的。

第十二章

先天还是后天：镜像神经元的起源

  人类的生活具有高度社会性。在社会认知中，我们如何依靠他人外显的行为理解他人的意图、感受和其他心理活动却成为长期困扰哲学家和心理学家的一个未解之谜，也被称为"他心问题"。在历史上还存在诸如：理论论、理性论、模拟论等多种理论试图解释我们如何实现理解他心，这些理论对于"他心问题"的进一步研究铺垫了大量的论证与思辨（Goldman，2013）。20世纪末，镜像神经元的发现为这场争论带来了重要的实证证据（Gallese，Fadiga，Fogassi & Rizzolatti，1996；Rizzolatti et al.，1996），并引发了学界持久、广泛、激烈的讨论。拉马钱德兰更是断言这些神经元对心理学的重要意义就如当年生物学中发现了DNA一样。这些特殊的神经元不仅当个体执行某一动作时激活，也能够在观察同一动作或相似动作时激活。这一激活方式暗示了我们在知觉和执行某种动作时在脑功能上存在着重合，挑战了传统的认知科学，即我们的大脑在感、知觉（输入）和反应、行动（输出）之间依靠抽象表征进行计算。运动皮层在观察他人动作时激活支持了"具身"（embodied）的认知观，我们的认知活动与我们在世界中所占据的空间以及与周围环境互动的方式紧密相连，我们在使用自己的运动表征理解其他个体的动作。

  目前大量的对镜像神经元系统的研究显示其激活模式和程度具有可塑性（Aglioti，Cesari，Romani & Urgesi，2008；Ferrari，Rozzi & Fogassi，2005）。观察者是否在过去执行过被观察到的动作，以及这种执行经验是否丰富均能影响镜像神经元系统在观察中的激活程度与模式。镜像神经元系统具有可塑性这一特征引发了该领域内最激烈的一场争辩。一方面是基因假设（genetic hypothesis），这些研究者认为镜像神经元之所以在观察某一动作时产生激活，是因为我们的大脑在使用运动系统去理解我们观察到的动作，镜像神经元是一类被进化选择而保留下来的用以识别/理解动作的神经元（Ferrari，Tramacere，Simpson & Iriki，2013；Rizzolatti & Craighero，2004），并且镜像神经元正是我们得以识别、理解和模仿他人动作的神经机制（Iacoboni，2009）。另一方面是联想假设，这些研究者认为镜像神经元并不属于一个特异性的系统，而是个体通过感觉运动学习（sensorimotor learning）形成的一种神经激活模式，即镜像神经元并不是被进化所选择出来的一类用以识别/理解动作的神经元（Cook，Bird，Catmur，Press & Heyes，2014；Heyes，2010）。二者的交锋不禁将我们的思绪拉回到 20 世纪早期教育心理学中"遗传决定论"与"环境决定论"之争。

第一节　联想序列学习

在联想学习的支持者中，海耶斯（2001）等人的主张联想序列学习（associative sequence learning，ASL）模型被视为目前镜像神经元领域最完整、细致的联想假设理论（图 12-1）。

海耶斯的团队及其支持者提供的大量的实证证据显示来自行为层面的自动化模仿和来自神经层面的镜像神经元的激活模式均可以被短期的感觉运动训练增强（Press，Gillmeister & Heyes，2007）、消除（Cook，

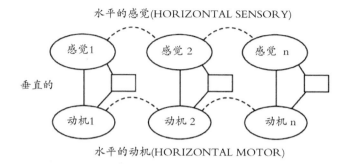

水平的感觉(HORIZONTAL SENSORY)

垂直的

水平的动机(HORIZONTAL MOTOR)

图 12-1　模仿的联想序列学习模型图示(Heyes & Bird，2007，p. 464)

Dickinson & Heyes，2012)、逆 转 (Catmur，Mars，Rushworth & Heyes，2011)、制造(Press et al.，2012)。这些研究主要基于一种刺激—反应程序(S-R procedure)进行，即被试学习在一个刺激物出现的同时执行某个动作，之后在单独呈现这一刺激物的时候就能引起执行该动作时的外显行为或神经活动。例如，普雷斯等人(2007)在一个实验中首先对被试进行了大约 50 分钟的感觉运动训练：当看到机器钳子打开时，他们就张开自己的手；当看到机器钳子闭合时，他们就握拢自己的手，如此反复训练。在这项训练开展之前，钳子运动所诱发的自动化模仿少，但训练后的 24 小时，钳子运动所诱发的自动模仿效应和手部诱发的效应一样强烈(Press et al.，2007)。在另一个实验中，研究人员首先证实了被试在观看食指的动作时，运动输出通路中控制食指的部分产生了激活。接下来让被试接受一段训练，让被试习得对食指的动作产生运动小拇指的反应。在后一阶段实验中被试依然观察食指动作的情况下，本应对食指的动作出现较大的激活的运动输出通路的激活消失了，反而是控制小拇指运动输出通路在观察食指的动作时激活了(Catmur，Walsh & Heyes，2007)(图 12-2)。因为镜像神经元的激活非常容易受到经验的改变，并且引起镜像神经元激活的刺激物甚至不需要是动作

(Landmann，Landi，Grafton & Della-Maggiore，2011；Press et al.，2012)，所以镜像神经元系统并不是由于识别/理解动作这一功能被进化选择保留的。联想序列学习理论试图将镜像神经元与识别/理解动作的关系从发生学(ontogeny)的角度彻底地割裂开，并证明任意的感觉运动匹配均能够形成镜像机制。

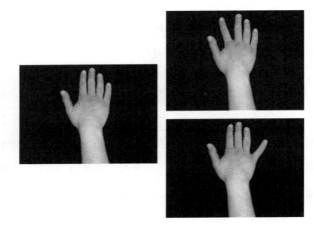

图 12-2　手指运动刺激(转引自 Catmur，Walsh & Heyes，2007，p. 1528)

注：静态手(左)之后是两个手指运动刺激之一(食指运动或小指运动)。

一、联想序列学习的理论主张

在感觉运动学习过程当中，联想序列学习认为个体通过垂直连接(vertical associations)解决了"对应难题"(correspondence problem)，即在模仿中如何将所观察到的动作的各部分与自己执行动作的对应部分进行匹配。例如，当婴儿张开嘴时，他更有可能看到其他人也张开嘴。这一经验的反复出现，婴儿就在张嘴的运动表征和知觉表征之间形成了垂直连接，之后再次观察到张嘴的动作时，婴儿张嘴的运动表征也会被激活，从而产生了在执行某一动作和观察某一动作时均产生激活的神经元。在垂直连接的形成中，运动经验与知觉经验的相倚性非常重要，即其中之一的发生在多大程度上能被另一个预测。在一个运动表征被执行后，从时间上看，在环境中会有多个事件与这一动作一同发生，即与运动表征在相邻性上较为密切的知觉刺激有很多，仅仅依靠两者之间的相邻性不足以解释感觉运动学习。垂直连接的形成既需要相邻性也需要相倚性（Heyes，2016）。

而除去自己张开嘴，在接下来也观察到他人张开嘴这一类型的经验（被他人模仿）之外，个体在感觉运动学习中知觉经验还来自可以被自己直接知觉的动作（perceptually transparent movement），如个体在执行伸出手臂这一动作时在视野中也出现了伸出手臂这一动作。还有一些动作是不可直接知觉的动作（perceptually opaque movement），如耸肩或面部表情，这类动作的知觉表征来自镜像观察，以及在协同活动（体育、舞蹈）中得到反馈或受到强化（Catmur，2013）。

由于强调视觉经验与运动经验之间的连接，联想序列学习预测单独的运动经验的增加不足以解释对相应动作理解程度的增加。例如，当婴儿行走时不能观察到自己的行走动作，之后在观察他人走路时，其感觉运动区域的激活程度比能观察到自己动作的婴儿要低（Klerk，Johnson，Heyes & Southgate，2015）。因此，在感觉运动学习中，视觉或其他感觉通道的反馈是不可或缺的。

同时，因为在垂直连接中需要有一个可执行的运动表征，因此完全新异的动作是无法模仿的。在这里所说的完全新异是指这样的动作本身不包含在被试之前执行过的动作之中。例如，如果我过去使用过自己的右大拇指去分别触摸我的右手掌的另外四个指头，但是我现在学习了一个新的顺序去完成这一个动作（无名指—食指—中指—小指），这个新顺序的动作不是完全新异的动作。如果我过去从未用我的右食指触摸过我的右小指，我现在执行了这个动作，这才是完全新异的动作（Heyes，2016）。

根据联想学习的主张，镜像神经元的出现基于一种类似于经典（Pavlovian）条件反射或操作性（instrumental）条件反射的机制。这种机制较为低级，因此我们应该能够在多种物种脑中观察到镜像机制，并不局限于人类或非人灵长类（Cooper，Cook，Dickinson & Heyes，2013）。

二、对基因假设证据的重新解读

在明确了联想序列学习的具体主张之后，我们接下来从行为层面、神经科学层面和理论建构层面分别通过联想序列学习的理论视角重新解读过去的镜像神经元领域中的代表性研究。

镜像神经元的支持者认为，通过镜像神经元系统理解他人的动作，需要观察者自身掌握这种运动能力（具有相应的运动表征）。该主张在行为领域的一个体现是镜像神经元的激活会导致预测性注视的出现（Elsner et al.，2013）。研究人员使用4~10个月的婴儿作为被试，在研究中首先测试了被试抓握物体的能力，发现几乎所有4个月大的婴儿都无法进行有目标的抓握动作，但是大多数6、8、10个月的婴儿能完成这一动作，并且抓握能力随着年龄提高显著增强。紧接着让被试观察有目标的抓握动作，用手背触摸目标物体和机械杠触碰物体（这两种均是无目标动作）。研究发现婴儿通过预测性注视预测目标的能力受到自身掌握抓握动作数量程度的影响，并且一旦自己掌握了有目标的动作，对于有目标的动作的预测能力强于无目标的动作（Kanakogi & Itakura，2011）。镜像神经元通过对动作表征的熟悉程度对此类证据进行解释。但联想序列学习同样能对此结果作出解释，因为婴儿一旦习得了动作，自己经常能通过自我观察或镜子反射观察到相应的动作，但在现实生活中很少观察到无目标的动作，因此当抓握动作出现时，婴儿能对有目标动作作出更好的预测。

镜像神经元系统的支持者还主张镜像神经元对于动作的意图更为敏感，而不是动作的运动学（kinematics）信息。例如，研究人员训练猕猴使用两种钳子夹取物体：一种钳子需要被试握住钳子用力才能夹住物体，另一种钳子则在握住后适当的松开才能夹住物体。操作两种钳子夹取物体的动作过程明显是不同的，但是这两个动作的意图都是夹取物体。实验表明，两种动作所引发的镜像神经元系统的活动是非常相似的（Umiltà et al.，2008）。联想序列学习理论认为这些激活的神经元反映了对动作最终阶段知觉信息的编码，无论如何操作钳子，使用钳子的运动表征与夹取食物的知觉表征有着高度的相倚性和相邻性。在以上实验的准备阶段，被试正是通过感觉运动学习建立了两者之间的垂直连接，从而在正式的实验阶段执行两种动作过程中激活了同一区域的神经元。

在卡吉亚诺（Caggiano）等人的（2011）研究中，研究人员让被试在三种角度下观察抓香蕉的动作（图12-3）。研究发现了一些独立于视角（view-independent）的镜像神经元，这些神经元对同一意图的动作无论从哪个角度观察均产生同样的反应。但是在实验中同样发现了被记录的镜像神经元中大约四分之三的镜像神经元能够对不同角度的动作产生不同的反应（Caggiano et al.，2008）。研究人员结合此类证据发展出一个符合镜像神经元理论的动作识别模型，并解释了这一研究结果。在动作识别的第一阶段大脑利用对特定角度的物体或者手部产生反应的特征检测器（shape detector）对动作的部分进行识别，之后随着处理层级的提高，特征的复杂程度增加，依赖于视角的程度降低。在这一阶段中，大脑完成了对物体的形状的加工并将手部的动作知觉为一系列在时间上连续的"快照"。在第二阶段中，大脑利用物体和手部的相对位置信息对动作的

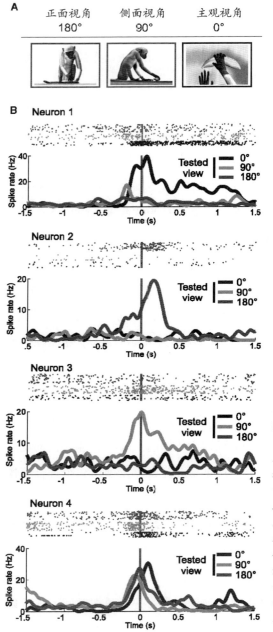

图 12-3　镜像神经元对不同角度的动作产生不同的反应（转引自 Caggiano，et al.，2011，p.147）

注：神经元 1、2、3、4 都是镜像神经元，其中神经元 1、2、3 是单视角有调节反应，神经元 4 是三个视角均有调节反应。神经元 1：在接近阶段，神经元 1 对以主观视角（0°）呈现的动作表现出选择性，而对其他视角（90°和 180°）的刺激则表现出非常微弱的活动调节。神经元 2：神经元 2 对从正面视角（180°）呈现的动作有调节作用，在抓取阶段达到峰值，而对其他视角（0°和 90°）的刺激则没有调节作用。神经元 3：在抓握阶段，神经元 3 对侧面视角（90°）上的动作显示出调节，在手与目标物体接触时达到峰值，而对其他视点（0°和 180°）上的刺激则没有调节。神经元 4：神经元 4 的活动受到从所有测试视角看到的动作的调节，该神经元的反应与视角无关。

轨迹进行了加工，并且利用物体的形状获得了与物体互动的可供性（affordance）。第三阶段，大脑随着动作的进行整合了物体的可供性和手部与物体的相对位置，对于动作是否是目标导向进行了判断。然而，值得注意的是至此大脑所使用的知觉信息均停留在视觉所提供的二维信息层面，因此在这一阶段被成功识别为目标导向动作的知觉信息依旧是特定视角的动作。而只有在之后更高层级的加工中才成为独立于视角的动作表征。因此，这一模型调和了我们能够独立于视角表征动作，同时多数镜像神经元依然对观察动作的角度敏感这一矛盾（Fleischer，Caggiano，Thier & Giese，2013）。不过，联想学习认为，对不同视角的动作产生不同的反应仅仅是因为不同的知觉经验被编码进了垂直连接当中。因此，根据"奥卡姆剃刀"的原则，依赖视角的镜像神经元使用联想序列学习来解释更为简单、直观。

第二节 来自基因假设的回应

联想序列学习这一理论模型能够解释大部分的镜像神经元系统的实验结果，但是该理论仅仅突出了经验能够塑造镜像神经元系统的激活，并没有直接排除基因在其发生学层面发挥着基础的作用。如果动作理解在大脑中是一个特异性的系统，研究者可以大胆假设这个系统将如同语言、情绪、记忆等系统一样，具有高度的可塑性。据此，主张镜像神经元是一种被进化选择留下来的特殊神经元并不需要同时否认它们具有可塑性，一个具有高度可塑性的特异性系统有利于该系统更好地执行原本的功能。并且在进化论中，被选择下来的系统也不一定仅限服务于曾经被选择的功能（Gould，1991）。据此，镜像神经元可以被经验塑造并对多种在进化过程中不曾出现的刺激物产生反应，例如工具、撕纸片的声音等。

综上所述，我们认为作为一个体系完整的理论，基因假设和联想序列学习均能够对大部分证据作出足够"好"的解释。但是之前提到的几类研究并不适合用以区分联想假设和基因假设。在未来研究中，以下几方面的证据对于判决两者的争论有重要意义，并且目前证据显示出基因在镜像神经元的产生中扮演着一定作用。

一、镜像神经元系统的演化

联想序列学习认为镜像神经元的形成基于一种低级连接机制，因此能够在多种物种中被观察到。根据基因假设的理论主张，镜像神经元可能存在于所有具有社会性的物种中，即在生存中需要与其他个体合作、协调或竞争。目前有大量证据显示，除了人类、黑猩猩、猕猴、狨猴等多种灵长类脑中存在镜像神经元系统之外（Tramacere，Pievani & Ferrari，2016），使用鸣叫进行交流的鸣禽脑中也存在镜像神经元系统（Mooney，2014）。赫克特（Hecht）和帕尔（Parr）（2015）比较了猕猴、黑猩猩和人类的镜像神经元系统后发现，猕猴和黑猩猩的镜像神经元系统在观察动作中额叶区域的激活均强于顶叶部分，人类的镜像神经元系统在观察动作中则在额叶和顶叶均有较强的激活。其中猕猴的镜像神经元系统对于非及物（intransitive）动作几乎不反应，黑猩猩和人类的镜像神经元系统对于非及物动作均能产生反应。镜像神经元的激活模式与行为层面的证据出现了高度的相关性：猕猴几乎不能模仿动作；黑猩猩具有一定的模仿能力，但更多时候只模仿动作的结果；人类则可以无论在对方的动作是否具有目标的情况下均能够顺畅地模仿整个动作。个体镜像神经元系统的激活模式与物种所属的社会生态位（socioecological niche）体现出高度的一致性（Hecht & Parr，2015）。三个物种在镜像神经元系统构造和功能上的区别成为他们之间具有不同复杂程度社会生活的潜在基因基础。

二、对社会性信息的偏好

鸣禽辨别并回应自己种类的鸣叫对于个体是否能存活并繁殖后代是至关重要的。最近的一个研究显示，研究人员在两种鸣禽的鸟巢之间替换了正在孵化的鸟蛋，让每种幼鸟都由另一种鸣禽完成孵化。在幼鸟出生后，它们在听到自己种类的鸣叫时依然出现更多的乞求食物的叫声（Wheatcroft & Qvarnström，2017）。该研究很好地控制了幼鸟在孵化时期和出生后的早期经验，并显示基因在鸣禽发展过程中具有基础的作用。

在其他灵长类中，咂嘴（lipsmacking）是一种具有社会意义的动作，而吐舌（tongue protrusion）是一种不具有社会意义的动作。研究人员让幼猴分别在具有社会性交互的环境（母亲养育）和非社会性交互（护士养育）的环境中成长，发现幼猴与母亲的早期互动经验能够影响个体模仿咂嘴的频率并在观察咂嘴时产生强烈的镜像神经元系统活动，而幼猴在观察吐舌动作时的反应以及模仿的频率则几乎不受成长环境经验的影响（Vanderwert et al.，2015）。该研究显示社会性信号（咂嘴）对于幼猴是一种更有意义的刺激物。为了进一步探究基因在其中扮演的作用，研究人员进一步比较了在社会性信息的传递中，是否具有个体的差异性。在解读社会性信息时，对方眼部区域的活动是非常重要的（Jones & Klin，2013）。研究人员先测量了出生1周之内幼猴模仿咂嘴和吐舌的频率，并在间隔1到3周后使用眼动技术记录幼猴的注视行为。研究发现那些在出生前1周较多模仿了咂嘴这一动作的幼猴，它们在之后观察面孔时更多注视眼部区域。而被试早期模仿吐舌的频率则与它之后是否会注视对方的眼睛并没有相关（Paukner，Simpson，Ferrari，Mrozek & Suomi，2014）。因此，幼猴对于社会性刺激和非社会性刺激的反应是不同的，并且早期在这些方面所体现出的差异可能影响之后个体在多种社会性活动中的表现。对社会性信息的偏好暗示基因在其中有一个预先的作用，即一些连接比另一些连接更容易形成，并且存在个体间的差异。联想学习的主张无法解释为何与社会性刺激关联的镜像神经元活动更为激烈，也忽略了个体在社会性情境中学习速度的差异。

三、幼体的主动探索

除去对自己种类鸣叫与面部所传递出社会性信息的偏好，个体在多种知觉对象中更偏好模仿自己的对象（Paukner，Anderson，Borelli，Visalberghi & Ferrari，2005；Paukner，Ferrari & Suomi，2011），并且会对着模仿自己的对象进行测试验证（Meltzoff，1990）。仅仅从联想序列学习所强调的时间的相倚性（temporal contingency）上不足以解释为何婴儿偏爱关注与自己动作一致的那一方（Meltzoff，2007），在婴儿的选择中，明显受到动作一致性（structural congruence）影响。而辨别他人的动作是否与自己一致需要预先知道自己在执行什么种类的动作。在另一个研究中，实验人员让婴儿观察一个成年人按压一个按键，但是在观察他人的动作之前先自己做一个动作，这个动作可能是按压按键或抓取一个小玩具。研究发现当婴儿执行的动作与观察的动作一致时，代表镜像神经元活动的脑中部（central site）mu 波变化要强于不一致（自己抓了玩具，但观察到的却是按键）时（Saby，Marshall & Meltzoff，2012）。这种类似相互模仿（mutual imitation）的情境引发较强的神经活动暗示婴儿并不仅仅在知觉对象和执行表征之间产生了垂直连接。因为在对方动作与自己一致和不一致两种情况下，被试观察到的知觉对象是同样的，并没有知觉线索用以区分两者，但观察中产生的脑部活动却是不同的。

这些研究显示婴儿对世界的反应并不能够通过简单的垂直连接得以解释，婴儿在知觉周围世界时，也不是仅仅在被动地观察着周围发生了什么，在几种刺激物之间选择，而是对周围发生的行为进行探索，将环境中发生的事件与自己联系起来。而联想学习所使用的实验范式限制了个体在较为自然状态下的反应，并有可能改变了原有的镜像神经元活动。

在海耶斯等人的实验中，被试执行动作总是在特定的视觉刺激之后。也就是说，动作仅仅是视觉刺激的反应。但在日常的生活中，我们通过自己的动作与周围的人和物互动，在这个过程中我们能够从动作所产生的后果中获得经验，动作发生在结果所对应的知觉对象之前。例如，当我们将篮球投出去，我们才得到视觉反馈自己的投篮是否入筐，而不是有一个信号指示我们该何时、怎样投篮。在今后研究中更为合适的范式是让视觉刺激成为动作的后果，而不是一种指示动作的标记（Shaw & Czekoová，2013）。例如，在经过联想序列学习理论所使用的刺激—反应程序训练后，被试与镜像反应相容的（compatible）和不相容的（incompatible）动作的反应时都缩短了（Heyes，Bird，Johnson & Haggard，2005）。联想学习的主张不能解释为何相容的反应在过去经验中已经被经验塑造过无数次，而在实验中仅仅数百次的感觉运动学习之后依然能够发生明显的变化（Shaw & Czekoová，2013）。

第三节　先天 vs. 后天：一个开放的问题

综上所述，联想序列学习虽然能够解释大量的镜像神经元的研究，但是这种解释依然存在诸多问题。首先，并没有证据直接否定基因在镜像神经元系统产生当中的作用。目前除了联想序列学习，其他几种理论均同时接受基因的基础作用和感觉运动学习对镜像神经元系统的塑造与影响(Ferrari et al.，2013；Giudice，Manera & Keysers，2009；Keysers & Gazzola，2014)，如何将这些理论所提供的证据融合在一个更为一致的理论框架下是未来的一个重要工作。为了实现这一整合，除了在基因层面进行更为微观的研究之外，使用诸如表观遗传学(epigenetics)等全新的理论框架消解先天与后天在概念上的二分对立也是必要的。同时，另一个需要解决的问题是将动作按照对经验的依赖程度进行区分，一些动作相对来说更依赖经验与文化背景，如使用筷子或刀叉；另一些动作则在物种内基本是共通的，如挠痒和表情。不同种类动作对镜像神经元系统可塑性造成的影响是否存在差异将是未来研究的一个重要主题。

其次，个体对多种知觉刺激的偏好并不一致，这种偏好无法仅仅依靠相邻性和相倚性得到解释。考虑到具有镜像神经元系统物种所处的社会生态位，在镜像神经元系统的发展中，极可能有着一种促进社会聚合(social cohesion)的演化压力塑造着基因的预先倾向(Wang，2012)。而一旦考虑了基因在其中可能发挥的作用，个体差异将成为镜像神经元发展的一个重要主题。例如，婴儿早期模仿行为的差异是否受个体不同气质(temperament)的影响；婴儿早期的模仿能力能否预测今后个体在社会认知中多个领域的表现(Simpson，Paukner，Suomi & Ferrari，

2015)。在个体差异的问题上，孤独症谱系障碍导致个体在社交能力上体现出的缺陷与镜像神经元的关系得到了广泛的关注。但是存在"社交"基因或脑区这一假设在物种之间具有更为深远的影响，镜像神经元系统的存在为澄清人类为何能够进行社会的复杂分工、合作并传承文化提供了一种可能的生物机制，并为人类大脑如何在进化轨迹上区别于其他猿类提供了一个具体的切入点。

最后，联想学习所提供的证据中，被试均是被动、程序化地执行实验者所安排的行为。在这一过程中，被试很有可能从理解他人的状态中抽离了出来，所记录的镜像神经元区域的激活也是由其他机制调控的结果。我们在社会活动中并不是仅仅坐在那里分析他人的行为（Reddy & Uithol，2016）。在理解他人的过程中，我们与他人处于一种"对话"（dialogue）的互动关系中，不仅我们的行为会影响他人的行为，他人的行为也会对我们接下来的反应产生影响，在这一系列的互动中在各个参与者之间形成了闭环（closing the loops）。大量的证据显示被试是否参与到情境中能够影响大脑激活的区域（Schilbach et al.，2013）。为了更贴近理解他心在日常经验中发生的情境，未来的研究需要使用第二人称的交互式实验设计，让被试"卷入"（engagement）社会互动情境中。这意味着研究者在设计实验时，不再是隔着"玻璃"观察对方的反应，而应该参与并成为实验刺激的一部分。为了更具"生态"地重现日常互动，单次实验的时长不得不增加，记录到的反应也可能更为多样。这将对脑成像技术提出新的要求，对行为指标的量化也将更为复杂。

正如DNA的发现并没有成为生物学的终点，反而催生出探索基因和环境如何产生复杂交互关系的表观遗传学。如果诚如拉马钱德兰所言，将镜像神经元视为心理学的"DNA"，那么对其基因基础如何影响其产生、发展与演化的探讨仍将是一个极具意义和生命力的主题。

第四节　或然渐成：来自郭任远的遗产

历史总是惊人的相似，联想说与适应说之争及其出路似乎可以在 20 世纪 20—60 年代的世界反本能运动中得到启示，而说到这场运动，又不得不提及一个中国人——郭任远。郭任远（Kuo Zing-yang），字陶夫，广东汕头人。1918 年，郭任远从复旦大学肄业，到美国加州大学伯克利分校（University of California, Berkeley）深造。同年，著名心理学家、新行为主义的旗手——爱德华·托尔曼（Edward Tol-man）受聘为伯克利分校讲授比较心理学（comparative psychology）的教授，并成为郭任远的导师。郭任远感慨心理学久为哲学附庸，心理、教育的著作又都难以跳出哲学家空想空谈的圈子，在行为主义风行之际，郭任远深信其为改造心理学的不二法门，因此发愿附和，俨然以行为主义者自居。作为一位具有世界声誉的中国心理学思想家，郭任远以特立独行的姿态，引领了世界反本能运动的潮流，开创了动物行为学中的胚胎发育动力学进路。英国心理学家麦独孤（Mcdougall）称他为"超华生的华生"（out-Watson[ed] Mr. Watson）。

**图 12-4　发展心理生物学家
郭任远(1898—1970)**

郭任远毕生致力于倡导一种科学的心理学。无论是他倡导的行为学，对本能、目的论、活力论等的持续围剿与攻击，抑或对动物搏斗与鸡胚胎发育的系统研究，他的根本目的都是"在排斥反科学的心理学，不使非科学的谣言重污心理学之名，是在努力做一种清道的功夫，把心理学抬进自然科学——生物科学——之门，完全用科学的方法来研究它"。郭任远这种锲而不舍的坚定立场对于当时新生的心理学具有不可忽视的意义："科学研究也需要意识形态的吸引。这种意识形态由环境论(environmentalism)提供——主要归功于郭任远和华生——随后紧密地与行为主义联系在一起"(Boakes，1984，p. 239)。作为对这种意识形态的回报，郭任远的工作显示了极强的生命力与前瞻性，为当代发展科学(developmental science)的诸多领域提供了新的视角。下面，我们将系统介绍他的行为发育的或然渐成论思想及其在解释镜像神经元发生学上超越"天性—教养二分法"(nature-nurture dichotomy)的认识论意义。

在行为科学史上，有两个基本问题与行为发展有关：一是行为发展的次序问题，即生活中行为如何发生；二是与行为的起源有关，即在个体发展阶段某些行为模式出现的原因是什么。行为是否是遗传的产物还是学习的结果？这是有关遗传与环境、天性与教养等关系的问题。基于反本能论战的理论思考与鸡胚胎行为发育的实验证据，郭任远尝试为终结心理学中上述二元对立提供一个带有科学认识论意味的元理论——行为的或然渐成论(probabilistic epigenesis)①。在 20 世纪早期，虽然渐成论已经取代预成论成为生物学解释胚胎发育的主流理论，但在渐成论内部仍然存在两种相当不同的行为胚胎学概念：一种叫"预成渐成论"(predetermined epigenesis)，另一种则叫或然渐成论。预成渐成论的追随者达成共识——行为序列是由神经生长和分化(成熟)的因素预先确定的，其具有基本不变的外观时间表。按照这一观点，非感觉的环境因素仅仅支持发展或允许行为发展发生，而感觉刺激不会以任何重要的方式

---

① 渐成论对应于预成论或先天说(preformationism)。后者主张遗传的行为都有一定的生理的或神经的基础，这些基础都为生殖细胞的基因染色体的决定性所决定。在行为发育的过程中，这些决定性就转变为种种实在的成熟的神经构造，这些神经构造就是特殊的遗传行为的生理基础。

影响或决定行为发展的进程。行为只是神经成熟的一个副现象，并且本身并没有促进发展。胚胎行为模式是"通过神经系统生长中确定阶段的规则顺序来组织的"（Coghill，1929，p. 16）。所谓的或然渐成对预成渐成的替代性进路主要指，对于给定的物种内个体行为的发展并不遵循一个不变的或必然的进程，是或然的（相对于规范而言）而非确定的，这主要反映在行为梯度和行为潜势两个方面。

一、行为梯度（behavioral gradients）及其特性

20 世纪早期心理学的主要立场之一预设了复杂行为是将简单反射联结在一起的结果。这些反射的观点是高度局部的，并且被认为是以特定的神经通路的形式直接遗传的。即使华生的行为主义承认简单反射的继承，结果也不能完全摆脱本能的概念。然而，到了 20 世纪 30 年代，反射的观念遭到诸多批评，总体模式发展的概念越来越受欢迎。但是，正如郭任远（1939b）所指出的那样，许多反对反射概念的论据都是意识形态而不是经验性的。作为推崇实验室研究的郭任远来说，解决这种矛盾必须依靠实验证据而不是逻辑思辨。在他看来"反射理论和总体模式理论都不能让我们充分了解行为的起源和发展，这两种理论面临的主要困难在于它们过分简化了发展过程"（Kuo，1939，p. 119）。

早在 20 世纪 30 年代中后期在耶鲁大学工作期间，郭任远就注意到了解剖学家乔治·考格希（George Coghill）基于蝾螈（salamander）胚胎研究提出的观点。按照传统反射学说的观点，反射是在个体发生时间上最早出现，后来组织或统一成较复杂的反应——成为习惯。对此，考格希提出了一个有关行为发展顺序的相反观点。他认为较大的动作或整体模式出现在反射或部分模式之前，局部反射或局部模式是从早期的整体模式中分化或个别化出来的。例如，腿只有当躯干动时才会动，并不是较

后发展阶段，腿动作得到独立。这一发现也被称为"考格希顺序"（Coghillian sequence）。然而，后续研究发现，这个规律无法从蝾螈推广至脊椎动物，仅适用于解释脊椎动物的某些物种。例如，威廉·温德（William Windle）通过对各类少量哺乳动物胚胎的观察，确认存在局部反射先于整体反射出现的情况。

郭任远同时反对考格希和温德的争论，原因在于两者虽然存在整体反射先于局部反射还是局部反射先于整体反射的争论，但其理论上的亲缘性远大于其差异性。他认为两者仍然将反射作为遗传概念来接受，但反射只是一种抽象的构想，整体模式与局部模式的二分法用于科学地描述行为并不合适，而且上述区分并非来自严格的实验室行为发育观察。经过仔细观察数千个正在发育的鸡胚胎后，郭任远认为，反射概念和总体模式发展的概念都不符合经验观察。作为替代，他提出了"行为梯度"的概念，提出一个有机体对其环境的所有反应都涉及整个有机体。换句话说，有机体总是表现为一个整体复杂的整体。行为梯度概念的最基本特征是，在任何给定的动物对其环境的内部或外部响应，以及在任何特定的发展阶段，整个有机体都参与其中。它是整个机体的行为，不仅仅是大脑、神经肌肉系统、内分泌系统，有机体是一个综合性的功能性整体，无论如何都不能作为一组独立单位作出反应。"行为不仅仅是运动或腺体分泌物，它包括整个动物的每个部分和每个器官以及它们的反馈和相互作用。这是最综合和最复杂的生物现象。"（Kuo，1967，p. 93）

然而，虽然郭任远强调整个有机体都参与了所有的行为，但这些部分的参与并不必然是平等的。这就是他所使用的术语"梯度"的含义。在任何给定的行为中，整个有机体都表现出来，但有些特征比其他特征更为复杂。具体而言，"从组织中的代谢变化到明显的身体运动，每一个层面无时无刻不处于定性和定量的变化之中，这些变化就是我们所说的行为梯度"(Kuo，1967，p. 93)。那么，说整个有机体都参与了任何特定行为的产生，但有些部分比其他部分更多地参与其中？就像说一个人在没有整体的情况下不能拥有一部分究竟有何意义呢？这是不是乞题(beg the question)论证？然而，郭任远恰恰用行为梯度的概念对上述误解作出了重要区分。事实上，整个有机体都参与到每一个行为中，并且生物体生理学的每个层面，所有层次都参与了这种行为的产生。梯度的概念并不认为有机体生物学的某些方面对于给定行为比其他方面更重要。相反，总体模式的参与是必要的，并且生物系统的变化使得参与的某些方面变得更明显，而不是更重要。郭任远将行为梯度的概念看作将生理学各个领域整合到行为研究中的框架。因此，这是一个综合概念，它为实现郭任远的坚定信念——关于有机体的生理学和生物学的精确知识要充分考虑一种"行为化学"(chemistry of behavior)——提供了一个框架。

行为研究尚未超出可由肉眼观察到的、显而易见的身体运动。学者们从未充分了解，除了有机体神经肌肉活动外，还有心跳呼吸频率变化、消化道的化学与运动活动变化、血液化学变化、血压变化、内分泌器官的分泌物变化、泌尿系统变化、脑部生物物理、生物化学变化，以及身体组织新陈代谢活动的变化，甚至细胞内酶的变化等都是动物整体反应的基本要素与主要部分，这些要素中的任何一个都是行为的构成部分。

——Kuo，1967，p. 93

进一步来说，郭任远(1967)认为行为梯度具有如下几个方面的特征。第一，在任何发展阶段，动物对环境内外作出的任何反应，都是整个有机体参与的结果。动物在任何时候对环境不可能存在真正独立的反射。蝾螈开始行走时躯干不动只是表面现象，因为躯干的运动比较难用肉眼观察到。在鸡胚胎腹部运动中，局部运动也比整体运动常见，但这并不意味着身体其他部分或器官不参与整体反应。鸡胚胎发育中心脏、头和腿等早期运动需要借助显微镜才能观察到，不存在脱离身体其他部分或全身器官的局部反射。第二，有机体身体各层次在交互之中参与行为，身体各层次参与的广度和强度均有差异，因而生成了行为梯度模型。其中，一类是外显梯度（explicit gradient）行为，这类行为肉眼可见且反应较大；另一类是内隐梯度（implicit gradient）行为，这类行为肉眼不可见、反应较小。当然，这种区分只是术语学意义上的，梯度的可见与不可见性因时不同，且辩证存在。正是由于有些行为的内隐不可见使得另一些行为变得局部化可见（例如，心跳和呼吸）。第三，行为梯度的不稳定性。行为梯度模型是一个动态的过程，也没有平衡。因此，就有机体而言，并不存在固定的行为，没有一个动物对同一种刺激会作出两次相同的反应。第四，行为梯度模型的连续性。这种连续性包括时空次序内的梯度系统组织。一方面，有机体完成一个行为梯度模型时，需要身体各部分器官的协调配合，这体现了空间顺序；另一方面，有机体的某一个行为梯度模型可能在时间发展上有不同程序的复杂程度。

二、行为潜势（Behavioral Potentials）理论

行为潜势理论是郭任远对于早期自身观点的一种修正与革新。其主要包括如下两方面。其一，早在反本能论战中，郭任远否认了本能的存在，而坚持一切行为都是学习的产物。但在后期，郭任远发现这种立场重蹈了达尔文（Charles Darwin）祖父的覆辙。其二，接受反射是天生的（即反应单位）而反对复杂的天生行为模式，他认为反应单位构成了后续复杂行为。然而，通过对鸡胚胎与动物搏斗研究等，郭任远认为没有任何实验研究证明任何一种行为模式真正完全是天生的或者学习的。天生与学习的分别，不能用实验来证明。因此，对行为的科学描述继续保留

这两个概念是无意义的（Kuo，1967）。

　　渐成论在心理学中的意义在于将动物行为的发展视为其在发展史中遭遇到的经验的结果，并且这种历史只是可能、或然的，不能保证动物的发展走向任何预定的方向。因此，即使是在同一个巢穴中的两只鸟也会发展出个体的行为系统，虽然它们具有相似却又不同的环境。"每一个动物都有它的生活史……"（Kuo，1967，p. 29），动物生来就有的一整套"行为潜势"是指"每个新生的个体在其物种正常形态范围或极限中所有行为模式的巨大可能性与潜势"（Kuo，1967，p. 125）。"行为潜势"一词并不蕴含新生个体有任何天生的行为倾向或其他神经能量或组织是预先决定的，也不蕴含任何与信息论（information theory）的关系。相反，它承认在有机体某一特定发展阶段中的形态结构是给定的，并且随着实验工作的推进发现其行为模式的潜在范围。一个新生个体拥有巨大的行为潜势就如同我们从一棵树上砍下的枝干有诸多可能的用途一样。例如，这些木块可以当柴烧，可做家具，磨成纸浆造纸，埋在地里几百万年后成为煤炭，也可以做成根雕等。同样，一只新生小猫，它并无遗传基因使它成为捕食老鼠的动物，但天生具有猫这种生物具有的行为"可能性"或潜势，比如捕食老鼠或喜欢捉老鼠的潜势。但是，实现这些潜力取决于动物的生活史。正是在这种情况下，郭任远认为，询问"猫是老鼠的杀手还是情人？"答案是"这取决于……"（Greenberg & Partridge，2000）。

　　有关物种特异行为的想法对于讨论这个话题非常重要。如果我们接受行为是基因决定的，那么物种的行为的确是特异的。但是没有两个动物的行为完全相同。它们的肌肉和骨骼系统差异将会规避这种行为上的完全相同。郭任远认为，一个物种内的个体之间的所有行为都存在很大的差异，即使个体的行为也是可变的。没有动物会对同一刺激作出同样的反应。随后，行为更常被标记为一种典型物种所具有的，或者说有时为了方便起见，我们只谈论物种行为的一般表现或"特征"（Kuo，1967）。然而，每个物种在生物学上都与其他物种不同。这些系统发生或以郭任远的术语来说——"形态学"（morphologic）差异，限制了行为的可能性。虽然猫有可能成为老鼠杀手或老鼠的情人，但它永远不会被诱导飞行。郭任远提出的行为潜势的观念是解决天性—教养问题的一个方案，这个问题一直困扰着心理学家，并且它似乎不可能消除（Lerner，1993）。

然而，说有机体出生后行为的模式有着其产前的、历史的前因并非就是指，动物在出生前已经习得了出生后的行为模式，也不意味着在动物出生前某些先天的行为模式已经显露，尽管这些行为模式并不具备任何适应的目的（如啄食和消化）。行为前势理论只是强调了出生前行为和出生后行为模式是对两种极不相同环境需要而作出的不同反应模式。例如，对于早熟的鸟类而言，它们的许多出生后的新行为模式（进食、啄、迁徙）等都是以啄、头部运动、吞咽和消化动作等出生前的模式为基础组成的。但是，这些出生前的行为模式并不是啄或进食行为本身，腿、脚和翅膀的运动也不是为了以后行走、游泳、飞翔而预先练习。[1] 飞翔、用啄梳理羽毛、发出求偶的叫声、恐惧和痛苦的呼叫等各种社会行

---

[1]　郭任远认为虽然他再三强调这个问题，但事实上仍有不少学者对此产生过误解，甚至包括诺贝尔生理学或医学奖获得者、比较心理学与动物行为学家康拉德·洛伦茨（Konrad Lorenz）。后者曾质疑过郭任远有关雏鸡啄食与心跳关系的解读是"心跳教小鸡啄食"（heart-beat teaches a Chick peck）（Lorenz，1956）。对此，郭任远认为，鸡胚胎的头部运动与心跳之间的关系并不意味着啄食反应是先天的或学习的，但是由于心跳诱发的头部运动却是构成啄食反应的某种行为潜势。需要指出的是，国内以往对郭任远相关工作的介绍也存在类似的曲解。有研究者指出："在观察中他发现，蛋内雏鸡由于呈蜷卧姿势，雏鸡每次心脏跳动都会迫使靠在心脏上的鸟头随之而动，进而认为这种强迫性的头部动作促成了小鸡的点头的习惯。小鸡孵化出来后，初期这一点头习惯还保持着，当它点头嘴碰到了地面，偶然啄到米粒，即是受到强化，由此形成小鸡啄米的条件反射"（王思睿，2008，p.166）。事实上，郭任远的工作并未对孵化后雏鸡的啄食反应进行过任何推论。相关的工作是由薛纳拉受到郭任远研究启示而提出的接近—撤退假说（approach-withdrawal hypothesis，AW）中涉及的（Schneirla，1939）。

为都包含头部的摆动和喙的开合运动。腿的动作、身体平衡能力、视觉反应等同时又是进食行为模式的组成部分。消化道的分泌和收缩变化也参与了上述行为。遗憾的是，以往的行为学研究者过分偏重这些行为梯度中比较明显的部分，并为其冠以"啄食""威胁""求偶""筑巢""育雏"等带有明显目的的描述。随后，他们认为这些部分决定了行为的梯度，要么是先天的，要么是学习的。然而，称出生前某些结构（如喙或腿）萌发的早期活动是为了满足出生后某些功能或目的而做准备，这显然忽视了这样的事实——同一出生前活动在动物生命中是任何一种行为梯度的组成部分（Kuo，1967）。

行为潜势的实现需要如下五个方面的因素的共同作用，用公式表述即：Beh＝（A＋B＋C＋D＋E）。其中，Beh 代表行为；A 代表生物物理及生物化学（biophysics and biochemistry）；B 代表形态—生理限度（morphological-physiological limitations）；C 代表发展历史（development history）；D 代表刺激物（stimulus or stimulating object）；E 代表环境背景（environment context）。具体而言：（A）生物物理和生物化学因素。按照行为梯度的概念，行为不只是可见的身体运动，也包括整个有机体可见与不可见的，体内和体外的各器官、部分。主要是指有机体内那些不可见的但参与行为形成的因素。例如，整个神经系统活动，内分泌器官和其他内脏器官，任何大脑皮层内的变化皆属于生物物理和生物化学层次，都是行为系统的一部分。（B）形态—生理限度。对于某一物种的动物而言说起行为潜势数量巨大时，要特别注意受其物种的形态组织及其典型的功能潜势的局限。例如，马可被训练跳舞、慢行、跑，但不能使其念诵祷文。或然渐成论否认有遗传因子决定物种有特定行为模式的存在，但认为不同物种的结构功能差异为不同的物种设立了行为潜势的数量并不存在逻辑上的矛盾。（C）发展历史。行为发生过程本身也限制了行为模式的实现范围。在发展开始时，个体拥有不确定的、广泛的行为发展潜势，其中只有小部分在发展过程中实现，其他全部潜势慢慢由于可塑性消减，一个跟着一个消失，可塑性最后达到临界点。（D）刺激和刺激物。任何事物（物理的或社会的），只要具备有改变已有行为梯度模式的趋势，都可称为刺激或刺激物。刺激可以是有机体内的（器官内、器官间的或器官外的）或是有机体外的（外在的物理事件、物体或社会事件、社会对象）。有机体刺激属于自身刺激范围，有机体外的刺激则是外界刺激。羊膜收缩、蛋黄活动、心跳，引起鸡胚胎腿的运动等都是有机体自身刺激的来源。（E）环境背景。环境背景是指动物周围物理的和社会的复杂情况，而刺激或刺激物是其成素或主要部分（Kuo，1967）。

或然渐成论的终极目标是对环境背景变化及其对行为影响做详细分析，在其引领下的行为研究是一门综合科学（Synthetic Science）。它包括比较解剖学、比较胚胎学、比较生理学（生物物理和生物化学的意义）、实验形态学及有机体与外界物理的和社会的环境间动态关系的质与量的分析。上述视角的引入对镜像神经元系统发生问题的考察可以产生丰富的启示。

第一，在造成镜像神经元匹配属性的联结过程中，对基于相邻性和相倚性原则的行为考察不应局限于比较容易观察到的身体行为（如动作、手势和表情的），还应该关注眼神接触、联合注意，甚至交互主体间的社交信息素（social pheromone）、脑内的神经递质［如催产素（oxytocin）］。例如，瞳孔模仿（Pupil mimicry）可能已经进化成为一种促进族群建立情感联结的社会机制。前人文献提出两种核心的促进瞳孔模仿的机制。一种观点认为瞳孔模仿被一种普通低水平的皮层下机制控制，是一种直接的杏仁核—脑干生理反应，它能够帮助人类迅速地识别社会唤醒或者威胁情景。瞳孔大小的无意识加工及伴随瞳孔扩大时的杏仁核活动增强支持了这一假设。另外一种观点认为社会认知与瞳孔加工之间交织的神经系统意味着瞳孔模仿可能起到超出简单的生理反应的功能，如唤醒（Prochazkova et al.，2018）。在行为梯度理论的指导下，未来的研究可以进一步探索瞳孔模仿与镜像神经元系统之间的关系。

第二，镜像神经元功能实现的行为潜势需要从五因素及其整合的角度予以深入的分析。动作的识别与意图理解、同感、阅读理解等认知过程与镜像神经元的关系，都可以引入 $Beh=(A+B+C+D+E)$ 的视角。从生物物理及生物化学、形态—生理限度、发展历史、刺激物以及环境背景等构成的复杂系统中重新审视镜像神经元的种系与个体发生学规律。

第十三章

婴儿如何认识他心："似我"
假说及其社会教育意义

对于成人社会而言，我们更喜欢那些在宗教信仰、国籍和社会阶层等方面与我们相似的人，我们会对其产生情感共鸣，对"我们"和"他们"的感觉予以区分。同样，对待那些行为表现得与之相似的人，婴儿也会通过亲社会行为给予更加积极的态度，比如对着模仿他们的人微笑，或给予更多的注视。这一现象即为社会认知中的"似我"现象（like me）。

虽然"似我"的现象在人类社会文化中较为常见，但儿童通过社交互动开启从"他人"到"另一个自我"转变的过程中，我们往往倾向于关注"我—他"之间的差异，进而将"我"和"他"割裂开来，再寻求二者之间的整合。由此产生了认识论的困境。然而，对于内在世界的感知，处于人生启蒙阶段的婴幼儿仅仅关注"我—他"之间的差异是远远不够的。婴儿从出生起如何认识这个包罗万象的世界？我们对婴儿关于外部世界的认知经历了漫长而曲折的探索过程。根据传统观点，自我与他人的联系被认为是后天习得的，并可能依赖于语言的作用，因此对于婴儿期的发展，我—他联系并无作用。就如皮亚杰的经典理论所强调的，婴儿一出生就是"唯我论者"（solipsists），自我与他人之间没有关联，婴儿也自然无法领会自我与他人之间的对等性。然而，梅尔佐夫等人（Meltzoff & Moore，1997；Meltzoff，2007）一系列富含开创性的研究，以及后续开辟的研究领域，向我们展现了人类的起始状态在语言、复杂认知和与世界长期互动之前已然发生。这对传统观点提出了颠覆性的挑战，并彻底改变了我们将新生儿及婴儿视作认知主体的方式（Gallese，2005）。相对于皮亚杰的"唯我论"，梅尔佐夫（2013）认为，由于低估了婴儿的初始状态，关于从婴儿初期到 5 岁阶段产生丰富的社会认知，皮亚杰并没有就这一转变提出一个令人满意的解释机制。"似我"假说基于"我他对等"（self-other equivalences）的观点解释了婴儿对他人心理的把握。婴儿通过本体感来监测自己的身体动作，并且在自身动作与他人动作之间察觉到超模块对等（supramodal equivalence），由此将我—他行为视作"等量齐观"。婴儿在社交关系的起点就具备了如下认识——"这与我相似"。

多年来，研究者通过在实验条件下采取有效手段对"似我"假说的诸多要素进行了控制，以提出更具实证性的结论。较为经典的实验有"蒙眼实验""表情显露实验"等。通过上述研究，研究者系统地探讨了"似我"假说的框架、构成要素、发展路径及其在教育实践中的应用问题。

第一节 "似我"假说的基本框架与实验证据

"似我"的基本论点是：婴儿可以借助"我他对等"的认识将他人的心理视为与己类似的心理，以此解读他人的行为、目标和心理状态，并通过他人间的互动信息推断和调整自身行为。具体表现在，婴儿能够识别出他人的模仿，能够理解他人的感知，并且对他人之间的互动信息加以提取、为己所用。这些在基本行为层面的表现，构成了"似我"假说的基本框架。

一、行为"似我"：婴儿能够识别出他人举止与己相像

婴儿能够识别出他人在行为上"似我"，能够通过亲社会行为对"似我"之人表现出更加积极的态度。如果婴儿能够识别出一个人在什么时间表现得与己相似，这有助于婴儿将人类同胞和世界上的其他实体加以区分（Meltzoff，2005）。对"似我"的行为偏好是构建群体内积极性（in-group positivity）的基础，这种积极性随后会根据性别和其他特征的发展而发展（Cvencek，Greenwald & Meltzoff，2011；Dunham，Baron & Carey，2011）。

第一，婴儿能够识别出自己被他人模仿。梅尔佐夫（1990）设计了一项实验，以探讨婴儿能否识别"似我"的他人行为。他们安排 14 个月大的婴儿与两名成人相对而坐，一名成人模仿当前婴儿的动作，另一名成人则模仿前一组婴儿的动作。尽管两人都在模仿，但婴儿面对执行与自己一样动作的人给予了更多的注视和微笑。

第二，婴儿能够识别出自我动作和他人动作之间的结构一致性（structural congruence）。以对他人的视觉偏爱和高度的积极情感为衡量依据，婴儿更喜欢行为动作"似我"的社交伙伴（结构相似），而不是在时间上与之同步的伙伴（时机相同）（Meltzoff，2001）。为了探讨婴儿对他人模仿行为的偏好，梅尔佐夫（2001）将模仿行为的结构和时间变量纳入实验控制，每当婴儿执行一个动作，两名研究者均立刻作出反应。其中一名研究者模仿婴儿的动作；另一名研究者则执行了与婴儿不匹配的动作。例如，每当婴儿摇晃玩具时，一名研究者模仿他摇晃玩具，另一名研究者则在桌子上滑动玩具。然后观察婴儿对两名研究者的反应。结果发现：虽然两名研究者都对婴儿立即作出了动作，但婴儿给予模仿者的微笑和注视更多。

第三，年龄较大的婴儿能够在被模仿时作出"试探行为"。婴儿会在被模仿过程中有意试探自身行为和他人行为之间的因果关系。研究显示，9个月大的婴儿在面对他人模仿自己时，会故意作出意想不到的动作，比如突然停止并切换到下一个动作，在这期间婴儿在审视模仿者是否仍在执行模仿行为（Meltzoff，2001）。这一有关"谁在模仿谁"的问题在6周大的婴儿身上却无显现（Asendorpf，2002；Nadel，2002）。

婴儿对"似我"之人更加感兴趣。婴儿能够识别出他人正在模仿自己，此为由自我到他人的映射。关于此类模仿的社会神经科学研究表明，当成人意识到自己被模仿时，其右下顶叶被唤醒，并可能参与了负责辨别自己产生的动作和观察到的他人动作的工作（Chaminade & Decety，2002）。在此基础上，与婴儿有关的社会神经科学研究正在兴起（Saby，Marshall & Meltzoff，2012）。

二、感知"似我"：婴儿能够了解他人的外部感受

感知"似我"是指婴儿会从感知觉的角度来解释他人的行为。"似我"之人的感知也与"我"相似，婴儿能够根据自己的动作经验来解读他人的动作。例如，当成人看到另一名成人盯着一个方向看时，也会跟随他的目光看向远处，因为对于成人而言，这个动作不仅意味着"转头"，还意味着将注意指向目标物体。对于婴儿来说，这个动作也同样充满意义。

第一，婴儿能够跟随成人的目光寻找物体。布鲁克斯（Brooks）和梅尔佐夫（2002）通过一项视觉实验探讨了婴儿能否理解成人注意力的指向性。研究者在婴儿面前摆放了两个相同的玩具，实验组成人睁着眼睛转头看向其中的一个玩具，对照组的成人闭着眼睛将头转向同一个玩具（图13-1）。然后观察两组婴儿对成人的反应。结果发现，9个月大的婴儿无论成人睁着眼睛还是闭着眼睛，都会跟随成人的"目光"看向远处

图 13-1 一岁大婴儿在跟随成人的目光看向远处物体(转引自 Meltzoff，2005)

(Brooks & Meltzoff，2005)。

一岁以上的婴儿能将他人的凝视行为理解为盯着某物体看。同样的视觉实验，布鲁克斯和梅尔佐夫（2005）将婴儿的年龄范围扩大到 12～18 个月，得出了不同的研究结果，他们发现相较于 9 个月的婴儿，12、14、18 个月大的婴儿会选择性地转头。面对睁眼的成人，婴儿会更加频繁且饶有兴趣地注视目标物体。而当成人闭着眼睛"看"向物体时，婴儿并不会看向远处物体。这一实验证明了相对于头部转动，一岁以上的婴儿更看重他人感觉器官的状态（Meltzoff，2005），婴儿将他人"睁着眼睛看向远处"的行为赋予了某种意义，而不是一种毫无意义的身体动作。

传统观点认为，婴儿尚不具备锁定目标的物体指向（object-directed）行为（Butterworth & Jarrett，1991），他们转向成人注视的方向，或许只是出于对他人身体运动的兴趣，并不足以说明婴儿理解他人注视的指向性。然而，根据"似我"框架，婴儿在面对他人不同的视觉状态下会选择性地转头，这一行为充分表明婴儿已经能够意识到睁开眼睛和闭着眼睛时的感受是不同的，闭上眼睛意味着"看不到"世界，睁开眼睛意味着"看得到"世界。

三、适用于"我"："似我"之人的互动信息可与"我"共享

"似我"之人的互动信息对"我"同样适用，指的是婴儿可以利用他人的互动信息把握他人的动作、目标和心理状态，反过来也可以借此了解自己的能力以及可能的后果。此种双向互动并不直接涉及"我"，而是通过观察他人之间的互动而学习，梅尔佐夫（2007）将其称为"情感偷听"（emotional eavesdropping）。这为婴儿实现双向学习奠定了基础。

第一，婴儿可以从他人的双向互动中提取信息。婴儿将观察到的他人行为视作一面镜子，以获得更多有关自己的信息。梅尔佐夫（2007）使用了表情实验对婴儿从他人互动中提取信息的能力进行了研究。婴儿看到示范者在演示操纵一个新奇的物体。当一名示范者执行动作时，一名"表情者"向示范者或呈现愤怒的表情（组 a），或呈现中性的表情（组 b），或离开房间（组 c）。随后婴儿获得一个可以操纵的物体，以观察他们的模仿行为是否会随着成人的情绪反应而发生改变。结果显示，与（a）组相比，（b）组和（c）组的婴儿更多地表现出了模仿行为。

第二，婴儿会根据"似我"之人的互动信息来调整自己的行为。同样的表情实验，实验者这一次安排"表情者"始终在同一房间。当情绪显露之后，"表情者"或转身不看婴儿（a 组），或以一种中性的表情面对婴儿（b 组）。然后给婴儿一个可以操作的物体。结果发现，（a）组婴儿比（b）组婴儿表现出更多的模仿行为。由此梅尔佐夫（2007）认为，18 个月大的婴儿不仅可以从他人的双向互动中收集信息，还能通过"偷听"他人而学习。在两次实验中，虽然婴儿拿起物体并握在手中，却在避免执行模仿行为。在观察到"表情者"对示范者呈现出愤怒情绪之后，婴儿从中意识到愤怒情绪可能与操作行为有关，而与示范者本身无关。受情绪记忆的影响，婴儿的行为会随着"表情者"是否在看他们而变化。婴儿也会担

心自己执行相同行为时，他人也会愤怒。但如果"表情者"不在现场或转过身去则另当别论。

总之，前语言期的婴儿对外部世界的反应让我们看到此种"似我"的认识是人类发展的初始能力。在"似我"框架下，婴儿关于"我他对等"的认识成为社会认知得以发展的基础，也是建立常识心理（commonsense psychology）的基本前提。将他人的行为和感知比作自己的行为和感知，借助他人的互动信息调整自己的行动，这种感知和动作执行之间的相互作用，对于婴儿实现与外部世界的互动来说至关重要。

第二节　"似我"认识的影响要素及发展路径

"似我"的认识是社会认知发展的基础，动作表征、第一人称体验（first-person experience）、理解他人意图构成了"似我"假说的三个影响要素，也构成了"似我"假说的发展路径。婴儿在其引导下逐步向成人世界过渡。对于婴儿来说，虽然初级加工水平限制了婴儿的发展与学习能力，然而婴儿能够借助观察和模仿来检测自己的身体动作，实现他人与自己的双向映射；通过表征系统区分外感受（exteroception）和本体感受（proprioception）的信息（Meltzoff，2007）；以动作和经验来解读他人的意图和行为等。三者之间的基本关系见图 13-2。三个要素描述了婴儿发展的初始状态，并为婴儿发展提供了驱动力。

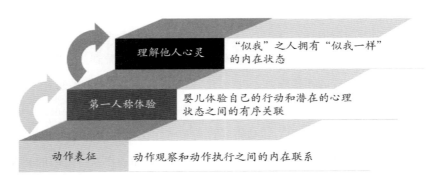

图 13-2　"似我"假说的发展路径（改编自 Meltzoff，2007，p. 18）

一、动作表征

婴儿的"似我"认识以动作表征为基础。两到三周大的婴儿对面部表情的模仿，表明早期的动作表征在前语言阶段的新生儿期就已具备，它能够将婴儿观察到的动作和执行的动作加以整合。

一方面，表征系统帮助婴儿建立对自我的认识。在"似我"框架中，婴儿阶段尚未形成较为成熟的自我概念，与成人对"我"的认识不同，有关婴儿对"我"的认识首要来源于两方面：一是本体感，如执行某个动作时获得的反馈信息；二是对自身行为的表征，如识别自己被他人模仿，从而了解自己的行为。与此同时，婴儿通过外感受性检测他人的行为，如婴儿仅仅凭借观察就可以记住并延迟模仿他人动作，其中感知觉发挥了重要的作用。另一方面，根据梅尔佐夫等人（Meltzoff & Moore，1977）提出的积极的模块间映射理论（active intermodal mapping theory，AIM），存在一种"超模块"（supra-modal）的动作表征系统，能够对所见的动作和执行的动作进行编码，婴儿正是依赖此过程，将知觉信息与动作系统的信息进行匹配，通过在超模块表征系统中比较他人行为和自身行为以此校正模仿。婴儿能够将此种表征系统带入与他人的互动中，从而为他们看到的行为提供解释框架（Meltzoff，2007）。

二、第一人称体验

第一人称体验即第一人称视角的体验，指通过自己的视角体验自我和当下的经历。婴儿使用自身的第一人称体验来进行第三人称归因，赋予了他们破解他人内心世界的工具，为婴儿的身心发展提供了驱动力。

第一，作为把握他人目标和意图的跳板，第一人称体验有助于婴儿在内部状态和外部行为之间建立复杂的双向映射。例如，当婴儿想要获得养育者的拥抱时，他们会张开双手或作出渴望的表情，这个经历帮助婴儿体验到了自己的内心需求与外部姿态之间的密切联系。梅尔佐夫和布鲁克斯（2008）以蒙眼实验探讨了 18 个月大的婴儿[①]对视觉阻碍的感知。实验在两种条件下进行，当一名 18 个月大的婴儿观察物体时，实验者用一块不透明的布料作为眼罩遮挡婴儿的视线，由此婴儿以第一人称体验了不透明眼罩的效果；另一组婴儿以第一人称体验了"魔术"眼罩，"魔术"眼罩由特殊材料制成，外观和普通的不透明眼罩没有区别，只有近距离看时才能看透。这是一种全新的自我体验，是为了让婴儿通过第一人称体验这种看似不透明的眼罩却无法阻挡视觉。随后对体验后的婴儿实施追视测试，让他们看到了一个蒙眼成人将头转向远处的物体。结果发现，接受过第一人称体验不透明眼罩的婴儿并没有跟随成人的视线发生头部转动，而第一人称体验"魔术"眼罩的婴儿转动头部的次数明显增多。研究结果表明，"魔术眼罩"推翻了婴儿先前对"人类视觉

---

① 梅尔佐夫实施了一系列有关蒙眼的研究，其中一项已证明 18 个月大的婴儿在看到蒙眼人转身"看"向物体时，他们并不会追视成人的"目光"。说明这个年龄阶段的婴儿已理解了"眼罩"对视觉的阻碍效果。

无法透视"的常规认识，说明第一人称体验改变了婴儿对视觉世界的开闭理解（Meltzoff，2013），在信息更新的过程中，对他人心理的理解也随之改变。

第二，从第一人称视角观察他人动作，有助于婴儿更好地模仿他人行为。关于模仿的脑成像研究表明，从第一人称和第三人称的角度观察动作会导致不同的神经加工和模仿速度，以第一人称视角观察动作，会激活更多大脑内的感觉—运动区域，帮助观察者充分做好行动准备（Jackson，Meltzoff & Decety，2006）。有关婴儿如何使用更加复杂的工具来获取远端物体，纳格尔（Nagell）、奥尔金（Olguin）和托马塞洛（Tomasello）（1993）的实验报告表明，18个月大的婴儿无法通过观察来学习使用工具。然而，梅尔佐夫创新性地调整了婴儿观察的角度（安排婴儿与实验人员并排坐），发现16～18个月大的婴儿能够以自己的角度观察他人从而学习使用工具（Meltzoff，2007）。此研究表明以第一人称视角进行观察，婴儿可以更加轻松地将他人的动作视作自己行动的"模板"，从而更有效地实施模仿。

三、理解他人心灵

要素三涉及归因。婴儿对动作的表征及第一人称体验会影响对他人动作的感知和理解。例如，亲身经历的视觉体验有助于婴儿把握他人的视觉感受。这是理解他人心理的关键。

第一，18个月大的婴儿可以从他人的无效行为中推测潜在目的。为了考察婴儿对表面行为与潜在意图的理解，梅尔佐夫和莫尔（1995）采用了一种更加新颖的行为重现技术（behavioral reenactment technique），以18个月大的婴儿为被试，向婴儿展示了一个试图拆卸哑铃状玩具的动作（图13-3上）。实验对比了在三种情境下婴儿模仿目标行为的倾向，第一种情境是婴儿看到了成人成功地将玩具拆开;第二种情境是婴儿看到示范者由于手滑而导致操作失败,这一情境下的意图对于成年人来说是较易读懂的,恰好可以考察婴儿对潜在意图的理解;第三种情境既无成功也无失败的操作。随后,观察婴儿在拿到玩具后能否作出示范者的意图行为。结果发现,前两组情境下的婴儿模仿目标行为的比率都显著高于第三种情境。可见,18个月大的婴儿可以推断出无效行为之下所隐含的目标。他们并没有单纯地重复成人的动作,反而用更加多样的方式拉拽物体(Meltzoff & Moore,1995)。显然,他们没有将他人的行为理解为"握住哑铃,然后另一只手迅速移开",而是将其理解为"用力拆卸哑铃"。

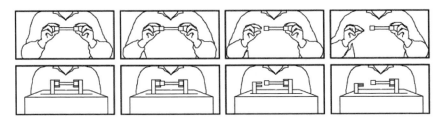

图 13-3 用来测试婴儿理解意图的图像(转引自 Meltzoff,2005,p. 63)

注:上排显示的是成人试图拆卸哑铃的无效尝试。下排显示的是一个模仿相同动作的机械装置。

第二,婴儿将"似我"之人视作具有心灵属性的承载者。婴儿能够对"似我"之人进行归因,对机械装置则不能。在相同的实验环境中,梅尔佐夫加入了一个执行相同手部动作的机械装置(图 13-3 下)。当婴儿看到机械装置的无效动作后,婴儿并没有更多地表现出拉拽物体的倾向,说明婴儿无法理解机械设备执行无效动作后的潜在意图(Meltzoff,2005)。婴儿对人类的行为解读与对无生命装置的解读不同,对于"似我"的成人,五官、肢体等都与婴儿密切相关,因此婴儿更易将他人的动作赋予特殊意义。

综上，当成人的行为被展示给婴儿时，婴儿第一时间可能会产生一个明显的认知体验，那就是"所见的彼事件就像感觉到的此事件"。将他人加工为"似我"一样，并以此为视角进行推理，这是由人类动作表征的方式和第一人称体验所支持的。婴儿有目的地采取行动，对自己未达成的目的产生了体验。有研究表明，6～12 个月大的婴儿开始对计划的成功与失败产生兴趣，他们会积极地体验自己无效的尝试（Moore & Meltzoff，2004）。当婴儿看到一个相同的动作时，他们的经验暗示着这个表面动作背后的目标、计划和意图。因此，婴儿会把成人的无效尝试和行为方式解读为一种"努力尝试"的模式。

第三节　"似我"认识的社会学习机制

"似我"的原则使婴儿将自己和他人视为相似的主体，这种自我与他人之间的对等性支持了双向学习，也支持了人类社会学习的独特性（Meltzoff，2013）。追视和模仿，此两种建立在"似我"认识基础之上的社会学习机制，让我们看到了感知和输出的双向影响——从自我到他人，从他人到自我——在社会认知发展层面上的价值。

一、追视

与他人保持感知的一致为实现人际沟通奠定了基础，追视作为一种从远距离获取信息的行为，实现了与他人的心理接触。婴儿通过追视，可以在特定的空间区域寻找有关自身与外部世界的新信息。

梅尔佐夫等人针对婴儿的追视开展了一系列研究。其中，他们

（Meltzoff & Gopnik，2013）安排 18 个月大的婴儿看到一个独特的行为，以考察追视能力。第一组婴儿看到一个蒙眼人伸出手，一个接一个地抓取面前的玩具。对于婴儿来说，这种行为足以让他们相信蒙眼人拥有超人般的透视能力。另一组实验者要么睁开眼睛抓取到玩具，要么蒙住眼睛抓取不到玩具。结果显示，第一组婴儿会更愿意追随蒙眼人的视线。在上文提及有关发展路径的实验中，亲身体验的视觉经验有助于婴儿理解他人的视觉。然而此项实验证明，除了自我体验有助于婴儿了解他人心理，婴儿还可以将"似我"框架原则与新的证据相结合，根据线索、偶发事件和他人表现出的行为模式，推断出新的因果关系（Meltzoff，2013）。婴儿看到蒙眼人有条不紊地抓取远处的玩具，由此婴儿判断出蒙眼人是能够看得见的，因而会表现出追视的行为。婴儿实现了双向的学习：根据自己的经验推断他人的行为，也可以根据他人的行为判断自己的行为。

二、模仿

模仿是理解他人心理的基础（Meltzoff，2007）。虽然婴儿不能从视觉上监控自己的动作执行，但是他们可以模仿动作，进而赋予他人动作以新的意义。梅尔佐夫（2013）假设婴儿的模仿是借助"超模块"（supramodal）的动作表征实现的，自我体验在模仿过程中发挥了重要作用，并通过大量的实验证据表明，模仿、"似我"的认知以及理解他人心理之间存在密切关联（Meltzoff，2002），可以说，模仿学习作为社会学习的主要途径，对于前语言阶段的婴儿而言意义非凡。

早期模仿被视作情感表达的重要方式，加深了婴儿对人际关系的意识。对于咿呀学语的婴儿，成人与婴儿之间开展模仿游戏是一种情感交流的体现。模仿游戏中，婴儿看不到自己的动作，但成人的反馈起到了身体镜像的作用，婴儿通过这种社交映射（social mirroring）（Meltzoff，2013），不仅对自己的行为有了更加清晰的感觉，还可以借助与他人的互动来确定个体身份。发展心理学研究表明，基于身份而预测他人行为的能力是人类发展早期的能力（Gallese，2005）。当婴儿对某个人感到模棱两可时，便会通过模仿此人过去的行为加以确认，像在验证"你是做某事的那个人吗?"根据梅尔佐夫（2013）的观点，特定人群的身体动作、行为举止、互动方式和日常活动，这些非语言记忆都可以用来作为身份的标记。

新生儿的面部模仿使我们看到了社会认知的初始状态，平均年龄为32 小时的新生儿已能够模仿他人的面部表情（Meltzoff，2013）。此类有关早期模仿的研究已经在十几个国家的二十多项研究中得到了跨文化的重复和扩展。相关研究表明，当自己体验到被模仿时，脑的右下顶叶被唤醒参与了区分"我"和"他"的活动（Decety，Chaminade & Meltzoff，2002）。根据发展和神经科学的观点，婴儿对新颖行为的模仿属于由他人到自我的映射，而识别自己被他人模仿则是由自我到他人的映射（Meltzoff，2005），两种映射帮助婴儿更好地实现了对他人行为的归因。

一直以来，心理学家把由外至内的社会学习放在首位，他们认为自我存在于与他人的互动关系之中，一个未成形的自我是由于他人的反应——"镜中自我"（looking-glass self）——而获得了连续性的发展（Mead，1934）。然而，婴儿模仿行为和带有观察性的因果学习的能力，使人类拥有了更加多元化的学习渠道，婴儿实现了从他人到自己的映射，以及从自己到他人的映射，帮助婴儿在了解自己的同时，也丰富了自己对他人的观察、记忆和解读。

第四节　"似我"假说对儿童社会教育的启示

　　"似我"的框架支持了儿童在"我—他"关系中寻求共性以实现双向学习的可能性，为人类社会认知提供了一幅发展的画卷。产生与他人相似感的核心意识不是社会性发展的顶峰，而是社会性发展的前提。如果没有这种与他人的最初的感觉关联，人类社会认知和现实之间则会相去甚远，这对儿童的社会性发展具有深远的影响。

　　第一，"似我"框架肯定了模仿和把握他人心理状态的关系。《3—6岁儿童学习与发展指南》强调，儿童的社会性是通过观察和模仿学习发展起来的。教师应该鼓励儿童学会以第一人称视角实施观察，从而有助于儿童获得更快的认知加工和模仿速度。例如，在体验不同民族的民俗风情与文化时，儿童可以通过角色扮演的方式将自己扮作其他民族儿童，以第一视角观察"本民族"的语言、服饰、歌舞等。值得注意的是，以往我们强调在观察学习中应加入成功案例以发挥"榜样"的价值，但"似我"框架提示我们，儿童具有从无效行为中提取目标和意图的能力。根据万特（Want）与哈里斯（Harris）（2002）的研究结果，3岁儿童可以从观察成人将无效尝试转变为成功行为中获得更多的收益。由此可见，引导儿童观察他人从失败直至成功的全过程，有助于儿童从中提取有价值的信息，特别是当儿童认为他人的无效行为是无意而为之时，会减少对此种无效行为的过度模仿（Kenward，Karlsson & Persson，2011）。这也在一定程度上提升了儿童的问题解决能力。

　　第二，"似我"框架使我们认识到与他人保持"心理视角"的一致对儿童共情能力的意义。人际交往是儿童社会教育的基本途径，儿童要在互动交往中学习如何看待自己与对待他人，学会换位思考，理解他人。共情是一方对另一方内心世界的理解和体验，是对他人的感同身受（张荣臻，曹晓君，冉光明，夏云川，2019）。需要情感共鸣、移情以及心智解读等多种心理过程的共同作用（利伯曼，2018）。研究表明，母婴之间会通过一种"行为同步"（behavioural synchrony）的方式来体现她们之间的共情纽带（Leong & Goswami，2015）。这种同步体验的经历会引发双方产生相似感（likeness），从而实现非言语层面的意图传递，甚至对亲社会行为大有帮助（Rabinowitch & Meltzoff，2017；Demetriou，2018）。基于此，积极组织同伴之间、亲子之间、师幼之间开展一些与"步调一致"相类似的趣味活动，帮助儿童产生与他人在时间和结构上相一致的动作反应，有助于内化他人的情绪情感，建立与他人一致的"心理视角"。例如模仿游戏，通过引导儿童寻找他人和自身在表情、动作、声音等方面的相似性，让自己成为他人的"镜像"，能够激活儿童的镜像神经元系统，从而对来自外部的情感线索保持敏感性。

第三，"似我"框架凸显了心智化课堂对学习效果的推动作用。人类大脑中存在一个专门负责心智解读的神经网络，允许我们使用社会脑（social brain）进行社会思考（social thinking）。心智化系统的核心节点（大脑背内侧前额叶皮层区域）与社会编码（social encoding）过程中的学习密切相关，意味着心智化系统可以作为一个记忆系统发挥作用，甚至可能比传统的记忆系统更加出色（利伯曼，2018）。可见，社会交往作为人类与生俱来的能力，不仅不应该被排除在学习活动之外，恰恰相反，我们应该允许社会脑参与到学习过程中来，为学习活动服务。以故事讲述活动为例，作为幼儿喜闻乐见的活动，讲故事是幼儿园各领域教育教学中最常采用的教育手段之一。常规模式是教师一边讲故事，一边引发儿童思考：故事中都有谁、发生了什么事、结果怎样等。然而，当我们在心智化的课堂上以社会的角度来编码故事信息时，儿童习得故事的方式便可以由"教师讲述我倾听"的传统视角转变为"我要讲述给他听"的社会视角，即"为教而学"（learning-for-teaching）的学习方式（Bargh & Schul，1980）。凭借增强儿童的社会动机，引发幼儿产生将故事传播给同伴的需要，从而积极调动儿童的心智化过程，推动学习的效果。其中较为关键的环节是，儿童能够借助"似我"的认识考虑同伴的目标意图和情感信念，使得儿童在"教者"与"学者"的双重视角下的学习成为可能。

第十四章

建构"心智化课堂"：认知工具的视角

> 人本质上是一种社会性动物……凡是不能生活在社会群体中间，或者能够自给自足而不需要生活在社会中间的人，他不是一头野兽，就是一位神祇。

> ——亚里士多德

亚里士多德（Aristotle）在《政治学》中的洞见向我们揭示：作为一种精致的社会物种，人类特有的文化学习为支持亚里士多德的论点提供了一种文化层面的"遗传"体系，即文化的进化。文化学习理论（cultural learning）的提出者托马塞洛（2016）认为，文化学习是一个独特的社会学习形式。英国文化进化心理学家海耶斯（2018）在其著作中进一步阐述了上述观点，她认为社会学习是受到他人影响的个体学习行为。作为社会学习的一个复杂的子类型，文化学习不但涉及专门用于文化传承的认知过程，而且凸显人与群体的社会关系。举例来说，一对夫妻带着孩子首次搭乘飞机，他们需掌握的重要技能之一是如何系好安全带。当客舱乘务员向乘客展示正确的操作步骤时，他们的孩子由于贪玩既没有观察任何演示，也没有倾听任何语言提示，而是在多种错误的尝试（无他人辅助）之后才系好了安全带，这类学习属于个体学习；一旁的父亲在察觉到周围人的举动后，便下意识地留意安全带的搭扣处，最终也系好了安全带，这时的学习是一种社会学习（仅与他人发生联系）；他们三人中只有母亲才领会到了乘务员的演示用意，通过认真观察乘务员的身体动作，并细心倾听她的口头指导，规范地系好了安全带，此种学习即为文化学习（实现了个体间的文化传承）。文化学习中的个体会对他人的偏好、目标、信念和策略作出推断，也可以通过模仿他人的行为而获取信息，相较于社会学习（如一般性的注意过程），文化学习表现出了更为明显的社交互动和文化传承，正是由于这种带有交互特征的学习形式帮助我们获得了独特的认知机制。

第一节　心智化与社会脑

心智化是一系列对自身和他人心理的解释、推断、记忆等的复杂的认知操作过程。目前对心智化的探讨侧重强调将家庭、同伴和更广泛的社会文化因素等作为心智化发展的机制，使文化得以在群体间共享和传播（Luyten et al.，2020）。根据"社会脑假说"（social brain hypothesis），我们之所以具有作为高度社会化动物的能力，是因为社会脑（大脑中的高级认知和情感系统）承担了了解和观察他人目的、意图、信念等信息的功能，从而使我们与他人进行有效沟通（Brothers，1990）。作为社会脑（social brain）中的一个专门系统，心智化系统涵盖了对心理状态作出推断的一系列认知能力（Frith & Frith，2021）。一旦失去了这种基础能力，人们将会迷失在复杂的社会生活之中。社会认知神经科学（social cognitive neuroscience）的开创者利伯曼（2013）及其同事利用功能性核磁共振成像技术而获得的研究证据，综合表明我们的大脑天生就与他人相互连接。例如，他们通过"网络球"①实验范式发现身体疼痛与社会痛苦共享同一个神经基础。人们具备在社交过程中对社会信息进行加工处理的能力，诸如区分自我和他人、推断他人情绪和认知状态、根据情境形成社会印象并调整相应的行为和交流方式（Decety & Chaminade，2003；Frith & Frith，2003；Vogeley & Roepstorff，2009）。这些社会信息加工过程的神经基础——心智化系统（mentalizing system）②在社会神经认知科学领域已经得到了证实（Vogeley，2017）。相反，那些没有表现出心智化的过程，在精神分析领域被称为非心智化体验（unmentalized experiences），它们无法转化为有组织或整合性的心理表征或信号影响，而是被感知为心理中的具体对象或以肉体方式作出反应的身体状态，这种经验只是"刺激的叠加物"，既不能作为思维的"养料"，也不能以记忆的形式储存起来（Mitrani，1995）。仿佛心灵的"真空地带"，隔绝了正常的心理机能或心理结构。

心智化发展是重要的社会能力之一。个体从最初建立亲子依恋关系，发展至青少年期在学校与教师建立依恋关系，心智化始终与之紧密相关。临床证据显示，一些不当的依恋关系（如忽视、轻视、分离、错误的情感交流、虐待等教养方式）会严重损害儿童心智化能力的发展。2021年，我国教育部颁布《未成年人学校保护规定》，要求不得对学生的

---

① "网络球"实验范式：当一位被试在参与玩网络球游戏时，他（她）相信自己正在与另外两个通过网络连接起来的来自现实世界的人在扔一个数字"球"，但是实际上，他（她）只是在跟两个预先编好程序的"替身"玩。在玩了一会儿后，这两个"替身"就不会再把球扔给他（她）了。

② 本节在两种语境下使用"心智化系统"一词，一是当前认知神经科学中特指的心智化能力的神经基础，即作为社会脑的一个专门子网络发挥作用；二是作为一系列海耶斯意义上认知工具的整合体，在人类文化学习中发挥作用。读者可以结合上下文语境明晰两者的区别与联系。

言行设置不必要的制约。在心智化能力受到压抑或扭曲的情况下，个体可能会遭遇严重的应激性情感冲突或创伤的困扰，在面对日益复杂的人际关系和情感问题时，他们无法基于心理状态进行推断，只能依靠具体、可见的行动结果来驱动他们对事件进行解释（Fonagy et al.，2018）。

虽然越来越多的研究关注心智化与亲子依恋的关系，但少有视角聚焦心智化与学校的关系。社交天性的抑制导致心智化系统的功能没有得到有效的发挥空间，随之而来的可能是身体和情感上的痛苦。在一项社会痛苦的实验中，当被试完成一份人格问卷后，主试向被试给予了错误的信息反馈，使被试相信自己在未来可能会孤独终老（遭遇了社会排斥）。经过思维测试后，这一组被试回答问题的正确率约为其他被试的一半。实验结果说明社会排斥削弱了个体从记忆中检索信息并用于思考和解决复杂问题的能力（Baumeister et al.，2002）。社会排斥是指被他人忽视或排斥，其归属需求和关系需求受到阻碍的现象和过程，会导致与亲社会行为（唐蕾等，2022）等有关的心智化过程的抑制。需要明确的是，社会脑是人类的一项优势，既然它决定了我们天生倾向于与他人建立社会连接，那么我们通过在教学中抑制这种优势以试图优化学习行为，从根本上说便是有悖于身心发展规律的。抑制心智化能力并不会带来学习效果的提升，反而会降低学习的效果。

当前，我国把培养学生的核心素养作为统领教育改革的目标导向。相对于一些碎片化的"知识片段"和封闭式的学习方式（如背诵等），基于核心素养的知识观认为，知识是一种人与人、人与群体对话的社会媒介，意味着知识的学习是"内蕴反思性思维的探究实践和交往互动的社会性实践过程"（张良，2019），知识的社会交互性需要学生融入与之相关的课堂生活中。不过，当下存在的问题却是课堂教学中以心智化为基础的学习系统被强行封闭，如同多数人将认知资源竞争（cognitive re-source competition）①视为实际学习和社交行为之间的一个零和博弈，导致了社交和学习的"对抗"。在课堂教学中，如何释放人类的这种社交天性？虽然利伯曼在其著作《社交天性》中首次对"心智化课堂"（mentalized classroom）提出了一系列洞见，但是我们认为有必要将概念模型上升为系统的教育范式，即在课堂的关键要素里加载心智化系统，鼓励学生启用社会脑的功能参与文化学习，从而更新当下课堂教学的方式。鉴于此，本节首先以认知工具理论为切入点，将文化学习中的认知过程作为心智化系统的集成加以讨论；随后结合来自认知神经科学的实验证据，分析社会动机、读心、模仿和叙事等认知工具在文化学习中的作用；在此基础上，从有归属感的社会性学习者、交互式的学习过程、为教而学的学习模式和社会叙事的学习内容四个方面入手，探讨学校课堂教学情境中应该如何利用心智化课堂的关键要素助力学生的学习，使得课堂不脱离人类的文化学习而充满意义。最后，前瞻心智化课堂的未来走向。

第二节　作为认知工具集成的心智化系统

一、认知工具理论

传统的发展心理学观点认为，人类认知的独特性来源于先天和后天，即遗传变异的自然选择以及在个体发展中神经认知系统与环境之间的相互作用。然而，海耶斯基于生物进化学、进化心理学和文化进化理

---

① 认知资源竞争是指个体在同时执行两项需要付出一定努力的任务时所发生的认知资源相互干扰的现象。这种现象会导致错误率增加和反应时间的延长。

论等框架提出了一种理论，认为人类的认知机制并非本能，它是文化群体选择的产物，也就是认知工具（cognitive gadgets）。这一理论代表了进化心理学和文化进化理论的进一步发展，即"文化进化心理学"（cultural evolutionary psychology）（Heyes，2018）。

人类独特的认知机制本身是一种工具。从物理意义上的"工具"开始，人类十分擅长创造各种类型的工具，如石磨、弓箭、船只等。工具的多样化和精良化反映了人类生产力的进步。与此同时，我们心理层面的"工具"也在逐步塑造着我们的学习能力。我们的阅读能力、模仿能力、读心能力、社会动机以及叙事实践等正在作为一类认知工具发挥作用，它们就像"石磨"一样不断地制造文化学习的"谷物"，如行为、知识和技能。无论是"认知之谷"（cognitive grist）还是"认知之磨"（cognitive mills），都是通过与世界的长期互动而获得锻造和传递的。如同 DNA 的复制使得遗传进化的过程得以实现，社会和文化认知使"认知之谷"得以进化（Heyes，2012）。那么，"认知之磨"的进化机制是什么呢？社会认知机制和非社会认知机制分别以不同的方式为人类提供了优渥的生存条件，非社会认知机制加速了策略和技术的发现，社会认知机制使这些策略和技术被他人学习，从而促使"认知之谷"进化。可以说，"磨"的进化机制与"谷"的进化机制重叠，且"磨"的进化更需要群体层面或社会层面的过程，如谈话、讲故事、轮流发言、集体回忆、教学、演示和同步练习，这些过程发生在人与人之间，而不是禁锢在个人头脑中（Heyes，2018）。以阅读为例，学习阅读重塑了我们的认知神经系统，从而创造了不同的识字和朗读路径。阅读训练使我们将文本中的思想和价值观（谷），以及识字和朗读的路径（磨）代代相传。

二、心智化系统是认知工具的集成

在人类的大脑中存在着多种支持我们理解他人心理状态与感受的网

络，心智化系统便是其中之一。心智化系统如同一个精良的机械装置，需要各个零件的协同运作。众所周知，大脑的许多区域都参与了心智化过程，其关键组成部分——前额叶皮层（prefrontal cortex，PFC）、额下回、颞顶联合区（temporo-parietal junction，TPJ）与后颞上沟、前楔叶（precuneus）与后扣带回皮层（posterior cingulate cortex，PCC）——会在人们思考他人的心理状态时发挥作用。其中，作为核心节点的前额叶皮层主要用来表征自我和他人；额下回会在检测社交互动的信号方面发挥关键作用，其主要区域之一的岛盖部存在具有镜像属性的神经元，另一区域三角部在观察和模仿面部表情时会被激活（Monticelli et al，2021）；颞顶联合区/后颞上沟在破译社会性线索中发挥作用，诸如观察有意行为及自动模仿等；剪楔叶/后扣带回皮层则更像一个"社交导航"（Frith & Frith，2021），可以追踪互动中的"社交距离"（隶属关系、权利支配等），发挥统整作用。因此，也有人将这些脑部区域统称为"社会脑"。最近的一项研究通过模拟"思想实验"（thought experiment）的方法，探究大脑体积与社会性在个体神经发展中的潜在作用，发现与孤立情境下具有较大体积的大脑相比，个体在交互情境下即便拥有较小体积的大脑，依然具有与前者相当的神经复杂性（Reséndiz-Benhumea et al.，2021）。简单地说，社会参与越频繁，神经活动越复杂，意味着我们拥有更强的大脑。

心智化系统是认知工具的集成。在人类文化的进化中，理解他人心理状态的心智化系统集成了作为文化认知产物的认知工具，好似通过协调各零部件以带动机器的高速运转一样，心智化系统将阅读、模仿、叙事实践、读心、社会动机等从属于文化学习的认知过程加以整合，使得我们每天都会无数次地起动心智化系统，并在日常生活中轻而易举地运用这种能力。如果把这种能力比作一条光谱带，那么其一端指向情绪感染（emotion contagion）等自动化的社会感知（例如，看到别人的手被门夹了，会不自觉地缩回自己的手），另一端则指向反思性的社会认知过程（比如，一名作家正在构思一部悬疑小说，为了增加故事的悬念，他可能会反复地揣摩读者的想法；反过来，一名读者在阅读这个情节的时候，也会努力推测作者的言外之意）。

心智化是社会互动中普遍存在的现象。在个体与他人打交道方面，心智化使人们有能力去洞察他人的内心世界，去考虑他们的希望、恐惧、目标和意图。它还让人们有能力去猜测他人的心理特征，预测出他们对未知情况的反应。利用这些能力，人们成功地与他人合作，完成单凭个人力量无法完成的事情。心智化系统还能够对接触到的所有信息进行筛选，将最好的信息与他人分享，并且使人们知道如何与他人进行交流。当我们去推测他人的心理状态时，我们其实是在利用不同的认知过程完成了一个只有人类才能完成的心智化活动。

第三节　心智化系统在文化学习中的作用

作为认知工具的集成，心智化系统将社会动机、模仿、读心和叙事等从属文化学习的认知过程进行了整合。推动文化学习在人群中高度传承，从而使个体和群体能通过他人过去和当下所积累的经验获得持续的知识和技能。

一、社会动机

社会动机（social motivation）刻画了人类动机的社会层面，是与他人互动并被他人接受的需要。在心智化的大脑网络中，前额叶皮层、前扣带皮层(anterior cingulate cortex，ACC)等整合了来自多个网络的社会信息(Wu et al，2020)，其中就包括社会归属需求等。

我们在出生之前就表现出了某种社会互动的期望和倾向。卡斯蒂耶洛(Castiello)等人(2010)开展的一个有趣的研究显示，即便是在胎儿发育的妊娠中期，运动系统也可以根据互动类型来调节运动学参数(即目标物的"属性")。研究者选择 5 对孪生胎儿(孕期 14 周)，使用四维腹部超声来产生运动学轮廓(如运动的持续时间和减速时间)。这些动作包括：自我指向运动(self-directed movements)(如把手伸进嘴中)、非目标物指向动作(non-targeted movements)(如手朝向子宫壁运动)，以及他人指向运动(other-directed movement)(如手伸向孪生子的背部或颈部)。研究发现，相较于他人指向运动，胎儿在作出前两种指向运动时的持续和减速时间更短。这些数据意味着胎儿具有识别孪生子中另一个体指向(即"社会性")的运动。即便某些学者假设这种能力可以被早期的镜像机制所调节，但迄今为止这种解释仍然停留在猜想层面(Bonini & Ferrari，2011)。出生后的婴儿与母亲所建立的社会互动带有一定的互惠性，使得婴儿对这些社会互动(尤其是情感互动)保持着某种期望，以至于一旦打破他们的期望，婴儿就会作出消极的反应(Field et al，2009)。

共享现实理论(shared reality theory)强调了社会动机的重要性。该理论提出，人类的两个基本动机，一是关系动机(和别人建立联系)，二是认知动机(获得他人的观点并了解周围的世界)，无论二者谁受到了阻碍都将会产生消极影响(Echterhoff et al.，2009)。一项有关社交的 fMRI 研究发现，严重的社交隔离导致社交渴望，就像禁食导致饥饿一样。研究人员招募了 40 名实验被试，要求他们在 10 小时里，既不能使用手机也不可与他人交流，这将使他们处在孤立、寂寞的状态。研究人员发现，社交隔离结束后，当被试看到人们享受社交活动的照片时，他们大脑的中脑(midbrain)脑区活动格外活跃，与他们在禁食后看到食物图片时产生的信号相似。研究揭示，积极的社会互动好比食物一样是人类的基本需求，而社交隔离如同饥饿一样对身体和心理不利(Tomova et al.，2020)。换句话说，社会性是人类的生存策略(Atzil et al.，2018)。心智化系统已经默默地为我们理解世界并与之互动做好了(以社会方式)生存下去的准备。

需要进一步指出的是，在众多的社会动机中，归属需求是人类最基本的社会动机之一。被他人接受并与他人建立联系是源自人类内心深处的渴望。归属的满足是对建立和维持稳定的人际关系的基本需要，无论是婴儿还是成人，这种获得他人感知、认可和接纳的社会动机对于一个群体的延续和发展来说是有益的。如果我们被他人用冷漠、严厉的目光注视着，就会感到紧张；倘若这个目光充满了关切和善意，我们就会感到舒适。这在神经科学领域已经得到证实：社会痛苦与身体疼痛、社会愉悦与身体愉悦的神经机制是相同的(Lieberman，2013)。不利的社交环境会干扰大脑成熟，大脑发育轨迹会被当前的社会压力延迟甚至中断(Raufelder et al.，2021)。归属感的获得是一种积极的社交体验，它作为一种强大的社会奖赏使我们感觉良好。此时，我们的大脑会释放出多巴胺，随着前额叶皮层区域的多巴胺浓度上升，与之相关的许多认知活动变得更加活跃，例如工作记忆(Lieberman，2013)。

作为一种认知小工具，社会动机增进了主体之间的交互。生命早期的联合意向性(joint intentionality)的产生是为了加强个体之间的协调，其动机是通过与他人分享或调整心理状态(情绪、目标、注意力、知识)来与他人建立社会联系和纽带。个体发育后期的集体意向性(collective intentionality)的产生则是为了实现文化群体成员之间的协调，其动机是通过遵守群体规范与社会群体建立联系(Tomasello，2019)。

二、读心

读心是心理状态的一种归因与预测方式。人类在灵长类动物中拥有最高的脑化指数（encephalization quotient），并且生活在最大的群体中，这使人类很容易把自己的心理状态描述给其他人，同时也在不断地根据潜在的心理状态和情绪来弄清楚他人的思想和感受，以及他们接下来要做什么。这种能力根源于人们的读心（mind reading）能力，又称心智理论（theory of mind）（Premack & Woodruff，1978）。一项使用直接电刺激（direct electrical stimulation）的研究提供了与神经影像学研究相似的结果，即在颞顶联合区中发现了一个关键的心智化结构，证明其功能与"读心"有关（Heyes，2018）。

读心让人们拥有了通达他人心理的能力。近年来，一种交互式的读心理论兴起，又称为"互动理论"（interaction theory），该理论提出我们理解他人的主要途径是通过互动实现的，并提出了"强交互"的概念（Gallagher，2011）。强交互的核心思想是互动本身在构成社会认知中起着至关重要的作用（Varela et al.，2016）。这一概念的提出意味着我们并不是被动地接受来自环境的信息，然后在头脑中创建世界的内部表征；相反，我们积极参与意义的生成，这是自主体和环境之间进行语用和动态交流的结果。根据交互主体性（intersubjectivity）的发展证据，交互主体性的感觉运动和知觉过程提供了对他人的初级理解。具体而言，初级交互主体性（primary intersubjectivity）由先天的或早期发展的感觉—运动能力组成，使人们与他人建立关系并与之互动。这些能力体现在感知体验的层面上：人们看到或感知到他人在身体动作、手势、面部表情、眼神中的意图和感受，人们用相应的方式作出回应。在非常基本的身体水平上，自主体无意识地协调他们的动作、手势以及面部和声音的表达，与他人进入同步共振，或者是同相的或相位延迟的节奏协变（Fuchs & De Jaegher，2009）。事实上，就像跳探戈一样，互动需要至少两个具体的个体以正确的方式动态耦合。

通达他人的心理需要理解某个具体行为的意义。在一项探讨小鼠意图理解的行为实验中，受过训练（用前肢获取食物）的小鼠对其他小鼠用前肢获取食物的活动更感兴趣，对此种行为的观察时间更长。小鼠可借助某个运动理解其他小鼠的意图，说明探索其他个体的学习动机可能会受到某个有意动作的激发（Ukezono & Takano，2021）。加莱塞（2009）提出，我们的社会脑包含一个镜像神经元系统，镜像神经元在婴儿期的交互主体性和非语言交流（如手势、面部表情等）中发挥着重要作用（Gallagher & Hutto，2008）。一般来说，当我们观察到别人哭泣时，大脑中的相关区域就会被激活。这种现象可以发生在非常小的婴儿身上。因此，镜像神经元所做的不仅仅是自动复制表面动作，也可以编码它们背后的意义。原因在于当两人在社交过程中相互作用时，镜像网络的激活创建了共享表征（shared representation），即在两个人的大脑中同时激活的表征，从而理解他们的意图。

读心在认知工具理论中被视为一种小工具。我们可以将读心视为一种心智对话，它是面对面交互过程的基础。这与主流观点认为读心是一种认知本能，或理论论所强调的读心是通过一种准科学过程习得的观点不同。海耶斯（2018）认为，儿童从社会群体中的成员那里获得关于心灵的知识，以此类教学的方式传承下来的信息形成了一种概念结构，使得人们对自己和他人的心理状态进行归因。也就是说，读心是通过学习和指导而习得的，是一种文化层面上的"继承"。通常，母亲对 15 个月大的婴儿开展有关心理状态（如需要、愿望）的谈话，可以预测婴儿在 24 个月时的社会理解能力，包括心理状态、语言和情绪任务的表现（Taumoepeau & Ruffman，2008)。心智对话不仅教给儿童心理状态的标签，它还教给他们心理状态的概念，如什么是"思考""期望"或"怀疑"。专业的读心者向新手传达心理状态的概念和表征方式，随着新手逐渐成为专家，他们会将读心的知识和技巧继续传给下一代。心智化是实现读心的手段之一，心智化系统越活跃的人，在理解他人心理方面也做得更好。恰如海耶斯所言，读心很可能是人类教学中的特殊成分，也是教学中至关重要的部分。

三、模仿

模仿是一种观察并仿效他人行为的文化学习形式。模仿学习他人的行为，对文化学习十分有利。当人们在模仿时，大脑中的动作观察网络是活跃的，这个网络有时也被称为镜像神经元系统，主要由腹侧前运动皮层、顶下小叶和颞上沟组成，它们共同参与了模仿(Frith & Frith，2021)。

模仿能力随着参与者在现实世界中获得"匹配垂直联想"①(matching vertical association)的多少而变化。模仿涉及一个动作匹配的话题，即"对应问题"(correspondence problem)的解决。我们是如何将"感知到却看不到的自我动作"与"看得到却感知不到的他人动作"进行匹配关联的呢？认知心理学家透过镜像神经元的发现获得了线索，认为我们的大脑利用镜像加工把动作知觉和动作执行进行匹配。海耶斯则认为是大量的匹配垂直联想解决了这一问题。每个人的头脑中都有一个模仿机制，如果有了观看他人动作和自己执行动作的相关经验，我们将获得一个有关这个动作的匹配垂直联想。通过匹配垂直联想，感知序列学习转向运动

---

① 匹配垂直联想是一个动作的感觉表征与同一个动作的运动表征相关联。

序列学习（motor sequence learning），从而实现了观察性学习。比方说，当一个人观察另一个人的背手动作时，通常会呈现如下动作序列：双手向下、双手分开、向后伸展、双手连接，感知序列学习会对这些动作的顺序进行编码，当观察到的动作中存在匹配垂直联想时，感知序列学习会驱动运动序列学习执行背手的动作。在大量匹配垂直联想的作用下，感知序列学习与运动序列学习就好似齿轮相互啮合，从而产生了具有模仿学习能力的认知工具（Heyes，2018）。

认知工具视角下的模仿在文化学习和文化传承方面具有优势。联想序列学习表明模仿作为一种认知工具，可以使学习内容或文化载体获得高相似度的传承，特别是在学习一项动作技能的情况下，最有效的方法是通过模仿对各个动作序列进行编码和再现。这种借助共性来推断共同的意愿并以此创造社会亲密感的方式可能是人类特有的社会认知过程（Wolf & Tomasello，2020）。然而，这种对动作或外在形态的模仿也只是一个方面，更为重要的是，它可以实现沟通和手势技能的高相似度的传承，这在延续群体或带动合作方面的作用不言而喻。例如，群体成员可以在不用语言的环境下利用手势进行沟通，从而协调成员间的活动。再如，婴儿和养育者之间往往会建立某种身体节奏上的同步，包括听觉节奏（如说话和唱歌）、运动节奏、触觉节奏，甚至心跳和呼吸节奏等，它们是早期依恋形成的基础（Hoehl & Markova，2018）。经常开展同步活动（如仪式或演习）的群体可能会发展更多的匹配垂直联想，由此具有更好的模仿能力，相比于其他群体会更有竞争力。

四、叙事

叙事是对一系列相关事件或经历的描述。作为分享知识的一种手段，叙事提供了人类进化中的"历史年鉴"，对文化传承的影响尤为明显

(Senzaki et al.，2014)。特别是当成员对集体行动及其目标进行反思时，叙事便是一种天然的交流工具。在叙事对社会认知的影响方面，心智化受到了最为广泛的关注(Mar，2018)。

叙事是一种重要的文化学习形式。加拉格尔(Gallagher)与赫托(Hutto)(2008)认为在解释个体对他人的理解方面，叙事是一种比理论论和模拟论更简单的方法。因为故事不仅仅是描述某个行动，故事中的情境也同时在暗示着他人在饥饿、悲伤、兴奋等情况下会做什么、为什么这样做等。通过对话、讲故事和集体回忆，叙事展现了各种心理状态，并累积了大量与心理状态有关的资料。

独特的叙事经历能够发展人们的常识心理学的能力。赫托(2008)将此概括为"叙事实践假说"(narrative practice hypothesis)。该假说认为，儿童在他人的支持下，通过讲故事的练习获得关于常识心理学的理解。常识心理叙事提供了理解原因所需要的练习。对儿童的纵向研究表明，语言技能可以预测儿童心智理论的发展。特别是借助社会话语对心智理论的改善表现出了明显的跨文化差异(Weimer et al.，2021)。例如，在忽视心理状态对话的文化环境中，儿童的心智理论发展则会表现出明显的滞后(Chan et al.，2020；Kuntoro et al.，2013)。

叙事可以作为提升社会认知能力(心智化和共情能力)的训练模式(Hartung & Willems，2020)。相较于说明性文本，叙事性文本似乎更加容易激发读者的社会加工，并为他们理解社会关系建立准备。神经科学领域的研究证实，经常阅读叙事的人的大脑区域在心智网络、语言网络与其他网络的联系上更为紧密，因为叙事加工过程中会牵涉复杂的因果推理、道德判断和心理意象等。马尔(Mar)(2011)采用激活似然性估计(activation-likelihood estimation)的方法，对与心智理论相关的神经影像学研究进行了元分析(meta-analysis)，发现心智化过程激活的脑区和叙事理解之间存在着重叠，一种可能的解释是叙事理解过程中激活了心智化过程，因为读者以推断现实生活中某个人的心理状态的方式去推断故事中的人物（Mar & Oatley，2008）。这与一项关于虚构人物的研究一致，该研究表明虚构他人的存在可以缓解孤独寂寞感等（Derrick et al.，2009）。

　　总之，与心智化有关的一系列认知工具以不同的方式塑造了人类的社会认知。在个体发展的过程中，从出生后的婴儿会与他人一起进行联合注意，并使用共同的语言规则进行交流，到幼儿阶段进行模仿学习，并逐步理解教学行为，再到学龄期的儿童使用多种文化学习的技能与他人进行主体间的互动，这种协调性的社会适应与社会思考成为不断涌现的文化成就的来源（Tomasello，2019），也进一步支持了文化知识在文化群体之间的传递。曾经的一个教育问题是大脑偏向于激活心智化系统，而心智化系统的激活似乎与工作记忆网络存在竞争（McKiernan et al.，2003）。然而，越来越多的证据表明，社会与非社会学习是由同一套关联性过程调节的，每个大脑区域都可能具备处理社会和非社会线索的能力（Heyes，2018）。毫无疑问这将是一个积极的结论，因为它至少说明我们的大脑既可以利用工作记忆网络来记住历史知识或课程内容，也可以同时使用心智化系统来探索我们的社会世界。这对于我们思考应如何利用社会脑的天然倾向来引导课堂教学来说十分重要。

第四节　心智化课堂：作为认知工具在文化学习中的应用

　　伴随学校教育的兴起，人类的社会天性在各种规则和纪律面前受到了约束。在课堂教学活动中，人们已经习惯性地把社会因素排除在外。

然而，我们的心智化系统一直凭借强大的社会凝聚力发挥作用。要借助这种力量，有必要将心智化系统与课堂要素加以融合，以丰富当下课堂教学，我们将其称为"心智化课堂"（mentalizing classroom）。鉴于认知工具正在以各自的方式促进文化学习在人群中的传承，将作为认知工具系统集成的心智化系统延伸出心智化课堂的四个元素就显得水到渠成。这四个元素包括"有归属感的社会性学习者""交互式的学习过程""为教而学的学习模式"和"社会叙事的学习内容"，它们分别搭载了前文中的四个认知工具（见图 14-1），共同呈现了认知工具集成的心智化系统如何与现代课堂教学活动相辅相成。

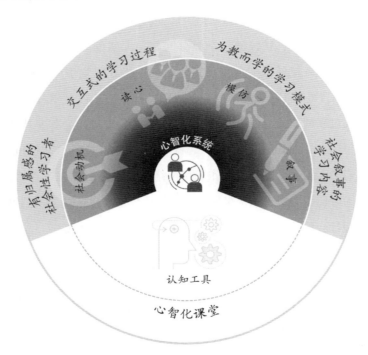

图 14-1　基于认知工具支持的心智化课堂框架

一、有归属感的社会性学习者

人类认知从个体意向性到集体意向性的重大飞跃证明我们大脑是社交性的，既然我们天生就是社会性的学习者，与其说要在心智化的课堂中"塑造"某种学习角色，不如说我们正在为挖掘社会性学习者的潜力创造一种心智化场域。

教师最容易忽视学习者的社会性角色。在现实中，教师经常要花费大量的时间设计教学内容、布置学习材料，并在教学的过程中反复强调学习内容的重要性，似乎教师只要专注于学生正在做什么就可以了，而不需要关注他们是什么，或者他们正在想什么。虽然人类具有极强的学习能力，但是在课堂上完成学习活动并非那么简单。其实，出于获得社会性奖励回馈的目的，作为人类基本需求的一些社会动机会引导我们为了满足需求而开展活动。在心智化课堂中，学习便是这种带有社交参与（social engagment）或社交响应（social responding）的社会认知活动。有归属感的社会性学习者倾向于建构对话。不断强化的社会动机可以使学习者拥有更多的学习契机和思维能力。

归属满足对学业成绩有显著的影响。较有说服力的一项研究来自美国斯坦福大学的两位心理学家，他们通过强化学生的归属感，使学生的成绩在三年多的时间里得到了持久性的改善（Walton & Cohen，2011）。基于"国际学生评估项目"（PISA）的数据表明，在充分考虑学生和学校的社会经济状况后，学生对学校的归属感指数每增加 1 个单位，其阅读成绩甚至可以提高 21 分（杨文杰，范国睿，2020）。相反，学生学业成绩下滑的一个鲜为人知的原因是归属缺失。透过全球关注的校园欺凌问题，已有大量研究表明，校园欺凌对青少年的认知、情感和学业表现有十分不利的影响。因为人际互动的氛围为归属满足提供了重要的人际支持，当学生受到欺凌时，他们的归属感也会随之减少，导致抑郁、焦虑、行为问题和学习兴趣下降等，从而面临学业风险。另外，研究发现归属感可能有助于缓解校园欺凌的负面影响，例如，具有归属感的青少年会表现出较少的欺凌行为（Arslan，2021）。因此，归属感可以被作为一种促进学业投入、学业成就和心理健康的重要手段。自古以来类似"物以类聚""同声相应"的说法或许并非经验之谈，源自神经解剖学领域的一项研究表明，社交大脑的相似性因友谊距离而异：彼此心仪（互为朋友）的个体拥有相似的社会脑网络，社会脑区域则关系到成功的沟通、同理心和社会合作等（D'Onofrio et al.，2022）。

获得归属满足是心智化课堂生活中的一部分。学生在课堂上并非是一个被动观察者，理解他人心理与积极参与情感投入对归属感的获得来说十分重要。对于如何提高学生的归属感，艾伦（Allen）等（2021）通过对归属感的系统评述建立了综合性框架，从能力、机会、动机和认知中增强归属感。例如，他们认为个体在社会交往中所获得的社会、情感和文化能力都可以通过归属感而得到强化，面对那些容易被拒绝、容易陷入社会隔离和孤独的学生，更加要尊重每一个人的主观感受和认知。从神经层面上来说，若想将新的碎片化经验与前期已有的经验网络进行联系，需要情感和身体反应的共同作用。也就是说，当一个人获得了另一个人的"心灵回应"时，这种关于他人社会交往的积极体验对于社会发展来说是十分必要的。比如，教师向学生展示一个赞扬的表情，应该能激发学生的喜悦和自信；同样，学生向老师表露一个困惑的眼神，应该能唤起教师的理解和关注。所以，我们应该把一部分教育精力投入学生的情感体验中，关注他们的主观感受，让他们觉得自己正在与某个群体保持着积极的社会联系。

总之，与非人灵长类动物相比，我们表现出了更积极的社会接触的先天倾向，并获得满足感。基于笛卡儿的名言"我思故我在"，德国社会神经科学家博利（Bolis）和席尔巴赫（Schilbach）（2020）认为"自我"的概念需要借助社会关系加以表现，即"我互动故我在"的观点。与孤立的认知活动相比，通过积极参与集体问题的解决，互动过程将会创造更卓越的教育成就。

二、交互式的学习过程

有别于自上而下的讲授式教学，心智化教学则来自以对话为基础的社会互动。社会互动的关键在于将肢体语言线索、言语信息和背景信息结合起来，从而洞察他人的心理（Molapour et al.，2021）。

读心可以作为激发并维持交互作用的一种手段。当学生行为表现源于内在心理状态时，这些内在状态一旦得到教师的捕获和表征，将更能突出教学效果。这会让教师了解学生目前的知识水平，帮助他们建立更加完善的知识体系。同时，学生也可以借助读心知晓教师想要他们学习什么内容，做到有的放矢。参与哈佛大学零点计划的科学家帕金斯等人（2000）从倾向（inclination）、敏感性和能力三个方面分析了个体的思维品质。其中，倾向通常与学习者的意图、兴趣和目标有关。20世纪末，位于美国纽约的中央公园中学曾被视为全美最成功的教育范例之一。学校的创始人迈耶（Meier）（2002）十分强调学生的"思维习惯"，其中一项非常重要的思维习惯便是思考"谁会在意"的问题。迈耶认为学习者首先要思考所学的东西与他人有什么关联，这样才能凸显学习的意义。

一项新近的多人同步脑成像研究发现，人类在社交互动时会产生大脑间的信号同步现象（Bevilacqua et al.，2019），而交互式同步可以表现为大脑活动的人际耦合（brain-to-brain coupling）（Hasson et al.，2012）。在基于实验室的模拟课堂情境中，教师采用支架式教学（询问引导性问题等)比解释性教学(澄清概念等)所引发的师生脑同步更强，更能预测学生的学业表现(Pan et al，2020)。进一步的研究发现，话轮交替(turn-taking)的互动方式比其他互动方式(讲座、教学视频等)更有效地诱发了大脑同步现象(Zheng et al.，2020)。

一段稳定的社会关系通常会增加个体之间的信任和情感反应，从而有利于建立一种有效的互动。计算机学家科拉迪尼(Corradini)等(2009)研发出了一个交互式的软件系统，可以让学习者与一名具有情感和个性的"虚拟教师"产生交流，并在对话和讲述的过程中获得知识信息。虽然这个交互系统赋予了虚拟形象最基本的情感能力，并能使用语言和手势与学生交谈，但它离实现真实交互还有一段距离。从人物的形象考虑，这位"教师"当然是似人的，从语言的角度分析，这个虚拟形象显然具有回答问题的能力，不过，固定语境作为人类真实会话语境的简化版，在某些情况下会限制真实的互动。一些使用者表示虽然这名"教师"能够回答他们提出的问题，但是当他们向"教师"提问或发起互动后，"教师"并没有按照使用者的期望作出恰当的回应，从而导致他们产生了消极的情绪，认为这名"教师"不称职。研究者忽略了人际交互中至关重要的一点，那就是双方的互动过程是动态的，会随着"对话"的进行而持续更新。正如研发者所言，构建一个具有良好生态环境的对话界面对研究团队来说是一个巨大的挑战。其中要正视一些关键问题，比如怎样保持可持续性(突破口语和情境的限制)的对话，以及如何识别并评估学习者在学习过程中的情绪因素等(Corradini et al.，2009)。

试想一下，将自己作为课堂的观察者与将自己作为教师的对话者，二者有怎样的区别？尽管社会互动占据了我们生活中的很大一部分，但对于真正意义上的社会互动的理解可以说是见仁见智的。迄今为止，已经有研究证明支持社会互动的神经机制与参与社会观察的神经机制是不

同的，因此以"第二人称神经科学"（second-person neuroscience）的方法①
来研究社会互动受到广泛关注。我们的大脑对于第二人称代词"你"的加
工速度更快（Herbert et al.，2016）。这种优势会表现在当"你"引起"我"
的注意（微笑、直视或直呼名字等）时，"你"的感官意识也会得到加强。
因此，社会互动的主要特征是"互惠参与"，这种关系中的我视他人为
"你"，他人也同样视我为"你"（Redcay & Schilbach，2019）。具体而言，
参与的双方明确地扮演了互补和交替的角色（如发起者和回应者），双方
也知道他们的行为会对对方产生影响。这种相互参与的感觉很难在缺乏
互动或使用刺激物的传统认知神经科学实验中得到发现。在面对联合注
意（joint attention）现象时，相较于传统"第三人称"（即观察者）方法，
"第二人称"方法发现了与此相关的更复杂的大脑区域网络，其中就包括
心智化和奖励加工等，这对于发展中的个体来说十分重要，因为他们需
要在参与的过程中获得他人的认同，也需要通过他人的回应来把握自身
行为的关联。这就要求教育者对学生的反应作出合适的反馈，而不是将
学生置于被动位置。

　　互动理论与第二人称神经科学的证据指出，与其他自主体的动态互
动是了解他人心理的关键（Schilbach et al.，2013）。情感投入和社会互
动作为构成第二人称方法的组成部分，也应是实现交互式学习过程必不
可少的两个要素。在心智化课堂中，动态的互动过程是可以转变的，学
生既可以是交互中的发起者，也可以是响应者。教育中培养学生独立思
考能力固然重要，但是作为"对话者"与他人交往的技能同样不可忽视。

---

　　①　第二人称神经科学被定义为个体参与社会互动（或感觉到参与互动中）的研究。第
二人称交互是在真实情境下发生的一方对另一方的影响。

三、为教而学的学习模式

早在 1980 年，耶鲁大学心理学家巴奇（Bargh）和舒尔（Schul）（1980）做过一系列"为教而学"（learning-for-teaching）的研究，两组被试被要求记忆相同的知识点，第一组被试的记忆目的是应付一项测试；第二组被试的记忆目的则是为了传授给别人（他们不知道还要参加记忆测试）。结果表明，那些为教别人而记忆的被试在测试中的表现更好。因为第二组的记忆目的激活了心智化系统的记忆能力。因此，无论是在教师指导下的学习，还是个体的工具性学习（独自试错），不管学习内容是与历史、文学这类与社会性有密切关系的科目，或者诸如 STEM 领域等的内容，都可以通过增加"为教而学"的社会动机而增强学习效果。

人类独特的文化学习途径可以分为两个阶段，第一阶段的模仿学习和第二阶段的指导性学习（教学）。当个体与他人进行社会交往时，意味着他要从一个双方的视角展开学习。就如同两人合作扮演两个不同的角色，然后进行角色互换那样，我们在理解他人的过程中也发展了对自己的理解。对于模仿学习而言，学习者能够敏锐地捕捉到他人的教学意图和行为线索。一般而言，在生命初期的婴儿能够采用一种观点采择式的文化学习方式［即角色互换模仿（role-reversal imitation）］以他人视角和自身视角进行双面学习。对于指导性学习（教学）而言，它可以帮助学习者了解传授行为的目的，并将其视作一种有意义的交流方式。

如何将上述结论应用到教学中呢？基于前文提到的共享现实理论，当我们站在另一个人的角度看问题时，我们在社会协调和相互理解的能力上也会得到提升。既然传统讲授法的最大问题是学生只能从第三人称视角被动地理解学习内容，缺乏互惠参与，那么同伴辅导（peer tutoring）或许是一个好的方法。以往研究表明，同伴辅导中的"师"和"生"都能从中受益(Rohrbeck et al. , 2003；Semb et al. , 1993)这一模式并非要求成绩好的学生当"导师"，成绩差的学生当"学生"，而是提倡让所有学生既当"导师"又当"学生"，它侧重教师的学习，且能够带来最佳的教育效果。举个例子，让高年级的学生当"导师"来教低年级的学生，若是他们知道自己的努力可以帮助别人，这种"为教而学"的动力会特别强，同时他们也会为了避免"出丑"而更加努力学习。对于低年级的学生而言，出于高年级学生的崇拜会使他们在学习的过程中渴望给"导师"留下一个良好的印象，因此会更加用心学习。

由此，我们衍生出了两种凸显课堂心智化的教学模式：一是为教而学的学习模式，二是为学而教的教学模式。当我们将学生视作学习主体时，学生需要转变角色身份，既要考虑自己学习者的身份，也要照顾传播者的身份。若学习者兼容了两个身份角色，便实现了为教而学的学习模式；当我们将教师视作学习的主导(主动指导)时亦然。换言之，心智化的课堂需要将模仿学习和指导性学习加以融合，并在教者与学者之间不断平衡与转换。

四、作为社会叙事的学习内容

社会叙事体现了一个群体文化的结构和内涵。在学习中加入社会叙事的内容可以帮助学习者理解他们从未参与过的情境。叙事作为人类思维的基本单位，它将人类的思想和知识形式加以统整，是诸多文化艺术形式的核心因素(Hakkarainen et al. , 2013)。

故事是学习内容的"天然盟友"。现实世界中，当有重大的科学发现问世时，科学家为了向公众传播他们的发现，会采用一种"科学叙事"(narrative science storytelling)的方法，使用各种叙事技巧(声音、人物、悬念和描述等)，创造出一系列具有可读性的科学故事，从而俘获了数量庞大的读者群，甚至包括那些对科学不感兴趣的人。最近神经科学研究证实了一个有意义的发现，当人们听故事时，大脑中的一部分非语言区域会活跃起来（Martinez-Conde et al.，2019）。例如，当故事内容是对奔跑、跳跃等动作的描述时，与实际动作感知有关的大脑皮层区域也被激活（Wallentin et al.，2011）。这种基于叙事的神经科学发现让我们看到了除其文学价值以外的神经科学意义。在虚构的心理世界，我们可以看到被描述的生活世界，体验角色的感受和境遇。一直以来，人们视故事为一种休闲活动，我们喜欢阅读小说或听评书，我们从叙述中获得的乐趣在于它们能够唤起我们的心理意向，即通过心理模拟以一种生动的方式体验故事中的情节。有研究对叙事理解过程中有关"文字性"的心理模拟和"社会性"的心理模拟进行了区分，前者是关于具体的行动或感官描述，如描述人物的动作、欣赏路边的风景；后者是对心理状态的描写，如感受人物的思想和意图等。两种类型的模拟对于构建心理故事来说都很重要（Mak & Willems，2019），它们共同说明了一个问题：在虚构世界中的互动可以让我们透过他人的眼睛看世界。

既然"科学叙事"可以帮助科学家缩小科学与社会之间的距离，那么在学习的过程中，我们如何对学习内容进行叙事加工呢？如果学生所学的知识与其当下的处境存在某种割裂，势必会影响学习的效果；相反，若是学生能够以一种社会性的视角来定义学习内容，将会获得更多理解。通过社会叙事呈现事件情景，着重关注人物的思想、情感和动机，能积极地调动学生基于心智化过程的记忆系统，将识记内容保存在长时记忆中。年幼儿童社会叙事内容的加工可以在假装游戏的情境中得到激发（Gallagher，2020），就像参与最基本的社交生活一样。青少年的社会叙事内容比较适用于学校中的语言类课程，因为它们涉及大量有关他人在想什么、如何思考的内容（Spunt & Lieberman，2012）。正如写好一篇文章的关键是如何把头脑中的想法表达出来，好让别人理解、接受、信服，甚至产生共鸣；把握一段历史事件的关键是置身于历史长河之中，思考当下人物的处境以及他的初衷和动机。举例来说，《鸿门宴》中涉及了众多复杂的人物关系，也呈现了宏大的历史叙事，倘若学生只读懂字面含义是不能领会个中深意的。我们可以假想自己为主人公，与故事人物展开对话，并以现实生活世界为参照分析当下的世界形势。只有充分调动心智化系统的积极参与，才能理解我们所观察到的事件。也可以说，语言类课程就是一系列"互动交往课程"。

　　然而，面对考试的竞争和压力，教师在教学时还是会不自觉地忽略学习内容的社会意义，这种知识世界和经验世界的分离往往给学习者带来了困惑。强调互动的学习环境，展现不同文化和群体间的互动。如果历史课转而关注历史人物为什么会这么做，而不是仅仅着眼于历史意义是什么；如果语文课专注于为什么那种表述能够增进人们的理解，而不是仅仅着眼于语法规则是什么，将会更充分地激发学习动机。毫无疑问这些都是心智化过程的体现。社会叙事的内容可以使当下发生的各种事件变得与我们相关，我们每个人都可以成为故事中的人物，转换不同身份的对话会使学习内容变得更加引人入胜。我们应该通过心智化课堂让学生明白：渴望建立社会连接不是我们的缺点，反而是优势。

结语

具身教育心理学的困境与前景

虽然，"具身认知正在席卷这个星球"（Adams，2010），但针对具身认知的未来走向与最终命运，不同的学者持有迥异的态度，并分流成三个阵营。正方认为具身认知捣毁了认知科学传统的知觉—认知—行为分而合成的"三明治模式"，将这三者视为直接耦合（Willems & Francken，2012），进而有望为心理学提供一个"统一的视角"（Glenberg，Witt & Metcalfe，2013）。反方则认为具身认知的基本原则是含糊不清的，由此衍生的论证均存在诸多无法弥补的硬伤，因此其在解释认知生命上是贫乏无力的（Goldinger，Papesh，Barnhart，Hansen & Hout，2016）。中立方认为具身认知能否走向成功的关键在于：研究者能否将具身认知的各种版本汇聚到一个"统一且综合"的取向上，并进一步更精确地收集支持或反对具身认知的证据（Goldman，2012；陈巍，郭本禹，2014）。

虽然查特吉（Chatterjee）（2010）曾警告："时至今日再来争辩认知究竟是'具身的'还是'离身的'已是一个'老而无用'的话题。"然而，我们不得不承认，在经历二十余年的蓬勃发展后，具身认知内部积蓄了诸多隐忧，需要一种怀疑论立场与态度对此给予严肃的反思，并尽可能地彻底清理。此番清理，也将揭示具身教育心理学的困境并预测其前景。

第一节　神经还原主义的魔咒

伴随脑成像技术的快速发展，目前第二代认知科学的代表性理论主张在寻求认知神经科学支持时，往往需要遵循如下三步：（1）先在各自层次内对现象进行探索，形成各自层次的理论；（2）找到微观现象与宏观现象之间的对应关系；（3）结合后的理论使用微观层面证据能解释宏观层面的现象。

遵循上述思路，第一代认知科学中占据主流地位的认知心理学研究显然接受了笛卡儿的区分。大多数认知心理学研究者都是属性二元论的忠实信徒，他们普遍认为心理过程是不可以直接被测量的。一种心理过程与另一种心理过程之间的关系也是不可以被直接测量的，这意味着心理层次的理论并不可以被直接观察到，需要借助其他的一些方式来测量。认知神经科学的出现即试图打通行为、心理（认知）和神经三个层面的证据，并主要依赖两类证据：第一类证据是当被试执行某一任务时，此时的大脑相对于不执行该任务所产生的变化被解释为与处理该任务的相关。第二类证据是如果某一个区域的神经元不工作，同时被试在行为层面的某类任务上也出现缺陷，那这种缺陷就是由于该区域所造成的。这两类证据中各自都包含两个层面的现象，并且其中都包含不可被观察并测量的心理。

第一类证据在实际操作中，实验人员测量外显的行为，仅仅假设心理存在就急着作出推论，使得在解读实验数据时存在诸多混淆。例如，一种常见的读心研究范式中让被试自己实现一个意图，或观察另一个个体实现目标的动作，并同时记录被试的脑部激活状况。其背后的逻辑是第一人称的意图可以被解码为神经元的活动，那在第三人称下的同样神经元的激活可以被解释为被试理解了所观察到的意图。然而，在这种试图从神经层面为"理解"这一心理过程提供解释的方式存在重大问题，共同激活存在多种可能。这类研究范式并没有提供任何的行为实验证据来表明"理解"真的发生了，并且理解的发生与镜像神经元相关（Krakauer et al.，2017）。同时，理解作为一个认知过程，第一代认知科学也主张某些脑部区域既分析输入信息，又计划输出信息。即使理解真的发生了，这类研究也无法独自确证依靠镜像神经元实现的"理解"是具身的。因此，这类"通过研究羽毛来理解鸟类的飞行"的研究，仅仅在描述神经元的激活模式，而不是在解释心理活动或认知过程是如何发生的（Marr，1982/2010）。

第二类证据往往作为神经科学中探寻脑部活动与认知功能因果关系的重要证据，一些研究试图通过 TMS 等技术来人工干扰部分脑区的活动，或者直接寻找部分脑区不能正常工作的病患（Bickle，2015）。但是，这种逆向推理同样是十分困难的。研究人员设计了具有明确运行机制和程序的视频游戏，并让神经科学家试图通过观察游戏的过程来还原其背后的运行机制。研究中可以让一些电路或程序组块暂时瘫痪，这些情况模仿了神经科学家研究脑损伤病例或使用 TMS 操纵大脑激活程度时建立神经和行为因果关系的逻辑。但是最新的研究发现这些技术并不能够还原游戏背后的机制或程序（Jonas & Kording，2017）。这是因为多种微观结构可以实现同一宏观的功能，即多重实现（multiple realization）。

第二节　经验证据的不可重复性

近期各种具身效应（embodiment effect）正在经历一场严峻的可重复

性危机（replication crisis）。"声称双手叉腰站立或双脚撑在桌子上坐着可以增加你的信心"（权力姿势假说），"接触与老年人有关的词语使被试走得更慢"，"洗手可以消除内疚感"（"麦克白效应"）；"手捧热咖啡会让他人看起来更友善"等一系列支持具身认知的实验室证据都遭遇到不同程度的不可重复性（Chivers，2019）。

运动系统参与认知加工的科学证据正在接受系统的重估。以面部反馈假说（facial feedback hypothesis）为例，人们的情感反应可以受到他们自己的面部表情（如微笑、噘嘴）的影响，即使他们的表情不是由他们的情感体验所导致的。例如，斯特拉克（Strack）等人（1988）让被试在他们嘴里叼着笔的情况下对动画片的有趣程度进行评价。根据面部反馈假说，当被试用牙齿咬着笔时（诱发"微笑"），他们对动画片的评价要比用嘴叼住笔时（诱发"噘嘴"）更有趣（即使被试没有意识到他们正在做这种表情）。虽然这项研究作为具身效应的经典证据在科学文献以及心理与认知科学教科书中经常被引用，然而，一项在 17 个实验室进行的协同复制工作发现，没有证据表明偷偷诱发人们微笑或皱眉会影响他们的情绪状态①。

运动系统参与复杂认知活动的另一大重要领域是新生儿模仿（neo-natal imitation）。早先的大量积极证据指出，人类生来就有一个功能齐全的主动交互通道匹配（active intermodal matching，AIM）系统，该系统会自动将自己的身体运动映射到社交他人的身体运动（Meltzoff & Moore，1997）。这一理论随着镜像神经元的发现而蓬勃发展。最初发现于豚尾猴大脑前运动皮层的镜像神经元，在个体作出特定动作的视觉输

---

①　最初的斯特拉克等人（1988）的研究报告说，在 10 分的 Likert 量表上，评级差异为 0.82 个单位。瓦根梅克（Wagenmakers）等（2016）的元分析显示，评分差异为 0.03 个单位，95％的置信区间为－0.11 至 0.16。这意味着在统计学上没有显著差异。

入和该动作的执行时激活（Gallese et al.，1996）。因此，镜像神经元成为一种完全符合 AIM 系统理论的神经基础。虽然人类的镜像神经元证据有限，但神经影像学研究表明，人脑中存在类似的功能。当成人模仿时，一些具有镜像特性的脑区也参与其中（Caspers et al.，2010）。关于新生儿模仿反应先天镜像神经元系统的观点得到了一些研究的支持，这些研究表明新生猕猴也会模仿（Simpson et al.，2014；Ferrari et al.，2006）。

镜像神经元通过同时表征我们看到和产生的动作来支撑模仿，这一观点虽然看起来令人信服，但存在逻辑问题。例如，我们不会模仿观察到的所有动作，我们可以延迟模仿以及成年猕猴很少模仿。此外，一些研究表明，人类和猕猴的新生儿模仿在生命的前 3 个月内消失（Ferrari et al.，2009）。有研究者提出在大脑中产生模仿行为有两条通路（Ferrari et al.，2009）。一条是直接镜像通路（direct mirror pathway），该通路将运动前和后顶叶区域连接到初级运动皮层，负责新生儿模仿以及整个生命周期的自动模仿（例如，当我们看到别人打哈欠时也会不自觉地打哈欠）。另一条是互补的间接镜像通路（indirect mirror pathway），该通路与前额叶皮层连接，负责控制和计划的模仿。该通路还可以促进涉及动作结果再现而不是复制特定运动模式的模仿，这种模仿既发生在非人灵长类动物中，也发生在人类中（Tomasello & Call，1997）。

虽然这一观点假设直接镜像通路从出生起就起作用，但新生儿模仿的可重复性再次遭到质疑（Oostenbroek et al.，2016）。该研究的假设为新生儿模仿是后期发展社会认知技能的基础（Oostenbroek et al.，2013）。此外，该研究评估了新生儿模仿者的个体差异（曾在猕猴中研究过这种差异（Ferrari et al.，2009）。这可以解释人类新生儿模仿研究的不可重复性问题（Simpson et al.，2014）。在这项大规模研究中，奥斯滕布鲁克(Oostenbroek)及其同事(2016)对 106 名 18 个月内的新生儿进行了 10 次测试。每次使用标准流程测试新生儿模仿 9 种不同的手势。该研究对 4 个新生儿(如两个月大的新生儿)的测试数据进行了分析，发现新生儿并不能模仿任何手势。例如，通过跨目标比较(cross target comparisons)，发现新生儿对成人伸出舌头的反应比对快乐的脸、悲伤的脸或张嘴的反应更少(Oostenbroek et al.，2016)。此外，新生儿的反应不存在个体一致性，这反驳了一些新生儿比其他新生儿更会模仿的观点。虽然目前很难解释还未发生的现象，但这项独特研究结果重新唤起了一种观点，即模仿不是与生俱来的(Heyes，2016)。

第三节　贫瘠的解释

延续经验科学证据的不可重复性或不可再现性，在引领科学范式的变革上，当前以具身认知为代表的第二代认知科学还面临贫瘠的解释问题。对此，戈尔丹热(Goldinger)等(2016)曾形象地将具身认知讽刺为"有身体但没穿衣服的皇帝"。他们指出，尽管以具身认知为代表的第二代认知科学研究者热情高涨，但具身认知在解决认知生活的诸多方面仍存在很大的缺陷。从身体和心灵之间的深刻认识论联系来看，承认身体状态可能影响认知，而在实效论意义上认知可能影响身体状态，在理论上是舒适的。我们的身体提供了复杂的信息承载渠道，一个具有强适应性的心灵应该使用任何可用的、可靠的信号。同样，我们已经进化出了一些机制，其中心理状态(例如恐惧)可以影响生理功能。由于有这些原因，对认知的弱具身取向是完全合理的。正如上述的研究表明，与行动有关的词引发运动皮层的活动(Pulvermüller et al.，2005)，或者索引假说与身体特异性假说（与可供性概念一起支撑起接地认知理论）。这种影响很容易被吸纳进第一代认知科学的感知模型中。然而，相反的关系则不成立。如果我们采取强版本的具身认知，即认知从根本上接地于身体状态的立场，那么大量的符合第一代认知科学的研究数据就会立即失去理论解释的希望。以运动系统参与认知加工为例，来自患者研究的证据对运动系统与言语感知有因果关系提出了质疑。如果言语知觉需要感知到的言语与产生言语的运动命令相匹配，那么我们应该在那些由于脑损伤而有言语障碍的患者中找到言语知觉障碍。与这一预测相反，一系列研究已经证明了在有语音产生困难的患者中存在完整的语音辨别（Hickok et al.，2011；Rogalsky et al.，2011；Stasenko et al.，2015）。

在具身认知实验室中，"认知从根本上接地于身体，身体的解剖结构、身体形式、身体活动或状态在不同的物种和文化中是共享的，有深刻的进化根源，并反映在感知、神经和内分泌系统中"这类核心假设一再得到证实。数以百计的实验表明，与身体有关的刺激和中性刺激会引起不同的认知加工，身体活动会影响认知。身体和心灵之间存在着深刻而明显的联系。人们很容易发现，身体状态会影响心理操作，如注意力、记忆、问题解决或推理。反之，心理状态会引起姿势、表情和肾上腺素水平的身体变化。一些研究者认识到，如果认知与身体状态相适应，将对进化适应有很大的好处（Shapiro & Spaulding，2021）。

然而，在科学辩论中往往会出现一种狂热的"跃进"——在发现身体活动影响了许多认知过程，并且知道身体表征有着古老的进化源泉，并受到文化的调控之后——拥趸们仍然一厢情愿地相信所有认知操作都受制于身体活动。这设下一个巨大的科学陷阱。事实上，仅仅通过举证一些不受身体活动影响的认知行为，其核心假说就可以被证伪。然而，这种情况要求那些不同意具身认知的科学家利用空洞的结果，即身体活动未能影响认知行为的实验来支持他们的质疑。遗憾的是，不存在的效应（null effects）产生有很多原因（包括糟糕的实验设计），因此很少得到发表机会。在理论上，几个好的不存在的效应就可以推翻一个科学理论。在实践中，由于围绕不存在的效应的障碍，这可能需要很多年和数百项研究。在更深的层次上，一旦某个观念接地，它们就会变得非常难以摆脱。科学家也是人，不太可能因为一些不存在的效应而放弃一个感觉正确的理论。当一系列实验支持一个关键的假设时，就很容易忽视偶尔的复制失败。在最好的情况下，可能会出现一个新的研究事业，因为不同的研究人员试图了解为什么效应时隐时现。这种交替循环具有深刻的社会学效应，当注意力转移到技术细节时，广泛的理论前提就会逐渐消失。最终，新的理论观点成为科学景观的一部分，而不必为其核心假设辩护（Goldinger et al.，2016）。那么，所有似乎不涉及具身内容的认知领域呢？比如心算、区分火箭和导弹，或者回忆报纸上的求职电话号码？这些现象要么被忽视，要么被归入未来的研究。

第四节　预测加工对认知"三明治模型"的消解

近期，以具身认知为代表的第二代认知科学面临的又一大挑战是预测加工（predictive processing）范式的兴起。预测加工理论本质上将大脑视为一个概率推理系统，它分层组织，并不断试图通过构建该输入的可能原因的模型来预测它收到的输入（Clark，2013）。这些模型反过来又产生了自上而下的预测，这些预测可以与实际输入进行比较。该系统的主要目的是最小化预测和实际输入之间的差异，即所谓的"预测误差"。如果预测误差很小，那么就没有必要修改产生预测的模型。如果预测误差很大，那么很可能是模型没有抓住输入的原因，因此必须进行修正。在这个意义上，系统不关心编码输入本身。只有意外的输入才会产生错误信号，从而导致大脑更新其模型。

预测加工有时也称贝叶斯预测编码（Bayesian predictive coding，BPC），这是因为预测性编码取向的大多数版本都认为，我们可以用贝叶斯概率推理的方式来解释相关预测和调整。这个想法的核心要义在于：由大脑产生的模型不仅根据它们与证据的契合程度进行评估，即它们对有关输入的预测程度，而且还根据它们的可能性，即它们的"先验概率"（prior probability）。当理解新的输入时，大脑不会从头开始，而是更新具有最高先验概率的模型，以使其适应新的证据（Hohwy et al.，2008）。在这种预测加工观点中，知觉总是由假设驱动的：一个人对外部世界的任何假设——这是一朵鲜花，大海是蔚蓝色的，我的女友生气了——会立即转化为具体的预测，关于哪种知觉输入将伴随这种情况并与实际刺激进行比较（Bubic et al.，2010）。如果存在足够好的匹配，则确认先前的假设并可以形成进一步处理的基础，解决模棱两可的刺激，"填充"缺失的信息或指导针对预期未来状态的行动（Roelfsema & de Lange，2016）。在这种模型中，自下而上的信号传达预测错误：当一个人的先前假设不能（完全）解释输入并且必须修改时，不匹配信号会传播回层次结构，直到它们更好地解释观察到的内容。例如，在视觉方面，此类模型可以解释为什么观察者会通过解释周围的照明来自动感知表面的"真实"颜色（Chetverikov & Ivanchei，2016），改变对光线来自上方的期望如何使相同的物体看起来是凸面或凹面（Adams et al.，2004），或者为什么当大脑"试用"备择假设时双稳态图形（如鸭兔图）有时会切换（Roelfsema & de Lange，2016）。

早在纽维尔（Newell）和西蒙（Simon）提出的 PSSH 中，预设了一个基本假设——认知的三明治模型（sandwich model），即知觉、认知和行动之间的基本区别。第一代认知科学与第二代认知科学争论的焦点是：在解释我们理解他人心理状态的能力所依据的心理/神经过程时，是否以及在多大程度上可以不考虑"认知"这一部分。然而，在预测加工范式中，这很可能是一个不存在的问题。该框架消解了知觉、认知和行动之间的原则性区别。这样一来，虽然 PSSH 变得不再重要，但具身认知所预设的感知运动理论也同样遭遇根本性的颠覆。

　　举例而言，对于社会认知而言，预测加工范式同时挑战了第一代认知科学支持的读心和第二代认知科学主张的社会感知（social perception）立场。按照预测加工理论，我们对他人的理解不是源自对每个行动含义的简单自下而上的"解码"。相反，社会感知被视为一个假设检验的过程，其中关于他人的先前假设不断地根据观察到的行为进行检验和更新，跨越所有层次的层次，从单一行为的较低层次目标到更高层次的更多稳定的人格倾向（Bach et al.，2015）。在该模型中，对另一个人的任何假设都会立即转化为对他们在给定情况下即将采取的行动的具体预期：如果我们对他们的假设是正确的，这个人会做什么（有人在下雨天跑回家会打着伞出来）。一方面，这些预测通过填充输入中间缺失的细节或将其略微偏向未来帮助感知，从而在社交互动中提供预期控制。例如，镜像神经元系统可以在他人伸手抓握被挡板遮蔽的物体时仍然产生激活（基于前期训练中挡板后有物体可供抓握的经验）。另一方面，更重要的是，他们确保一个人对他人的信念与现实保持一致。如果该人的行为与预期不同，则预测错误会向上传达，从而触发对先前假设的修正，直到他们能够更好地解释观察到的行为。例如，她直接伸手握住玫瑰花？哦，天哪，她没看见枝干上布满的尖刺！他挑了一块巧克力蛋糕？他可能不再减肥了。她这是在帮助她的朋友啊？也许她并不像最初看起来那么冷漠。因此，这些方法不是描述如何从头理解每个行动，而是将社会感知视为一系列不断的假设确认或修改（Bach & Schenke，2017）。

第五节　ChatGPT 可以引领心智化课堂吗？

2022 年，美国人工智能研究实验室 OpenAI 发布的智能聊天机器人模型 ChatGPT，成为全球关注的热点。ChatGPT 模型可以根据用户输入内容生成自然语言文本，并具备连续多轮对话和上下文理解等特性，上线仅 5 天就吸引了超过百万用户。此外，由于 ChatGPT 在诗歌创作方面表现卓越，还展现出极其渊博的知识面和对答如流的应答能力。考虑到日常对话或交流中随处可见的对他人心理活动的叙事，研究者开始怀疑 ChatGPT 是否具备了读心能力，换言之，它是否拥有了理解他人思想与情感的能力？正如本书在导言中提到的那样，如果 ChatGPT 具备了读心能力或心智理论，那么将其纳入乃至引领心智化课堂将会顺理成章。

2023 年，斯坦福大学的计算心理学家迈克尔·科辛斯基（Michal Kosinski）在 ChatGPT 引起轰动之后在 ArXiv 平台上提交了一篇预印本论文《心智理论可能自发地出现在大型语言模型中》。他的研究对比了GPT-1 到 GPT-3.5 等几代 AI 语言模型在心智理论任务上的表现，发现随着模型的不断更新和复杂度的提升，模型的解决能力也在不断提高。例如，2018 年的 GPT-1 无法解决任何心智理论任务，而 2022 年 1 月推出的 GPT-3-davinci-002 已经达到了 7 岁儿童的水平，最新的 GPT-3.5-davinci-003 仅推出 10 个月后，就达到了 9 岁儿童的水平。这表明在与人类交流的过程中，ChatGPT 或许真的越来越擅长理解人类的想法和意图。科辛斯基进而预测："我们假设，类似心智理论的能力是自发和自主出现的，是模型的语言能力增加的副产品……这将预示着人工智能发展的一个分水岭：推断他人心理状态的能力将极大地提高人工智能与人类（以及彼此）互动和交流的能力，并使其能够发展其他能力，如共情、道德判断或自我意识。"

虽然，这篇论文只是上传到预印本平台上供同行评议，尚未正式发表，但旋即点燃了心理学家、哲学家、人工智能学者，以及公众与媒体的热情。科辛斯基的个人社交账号甚至超过了 1800 万条关注。

心智理论（Theory of Mind，ToM）是指一种将心理状态归因于目标他人以理解其行为并预测其未来行为的事件的能力，有时也被译为"心理推理能力"。通俗而言，这种能力被视为人人所掌握的"读心"，是我们在社会互动中理解、认识和回应对方的基础。如果两个互动方都没有这种"读心"，则会产生很多无法沟通的情况，导致交流的中断。

为了探究人类这种神奇的心理推理能力，心理学家们在 20 世纪 80 年代至 90 年代开展了两个测量实验——Smarties 实验和 Sally-Ann 实验。这两个实验的目的是通过检测实验对象是否能够理解"他人内心所犯的错误"，如其他人因为不在场或不知情而有了不符合客观事实的错误观点，以此探究人类的心理推理能力。因此，这些实验也被称为"错误信念任务"（False Belief Task）。

在 Smarties 实验中，被试会观察一个标有"Smarties"（一种巧克力的品牌）的盒子，但盒子里面装的是铅笔。随后，他需要回答："另一个没有看到盒子里面东西的人，会认为盒子里装的是什么？"而在 Sally-Ann 实验中，研究人员会首先阐述一段故事，其中 Sally 将自己的玩具放进盒子并离开房间，Ann 则趁其不备把玩具拿走放到另外的地方。听完故事后，研究人员会询问："当 Sally 回到房间，她会认为自己的玩具在哪里?"如果被试想要完成这些任务，那么他们必须理解 Sally 的心理表征必然不同于他们自己对情况的表征。他必须推断另一个人不具备与他们相同的知识(错误信念)，因为他们没有与其相同的信息。为防止 Chat-GPT 从过往的资料中学习到正确的答案，科辛斯基将这些任务以文本形式输入给 ChatGPT，并且变更了人名、物品以及标签内容，生成了20 个不同的任务，要求 ChatGPT 每个任务都完成——足足 10000 次。

　　该实验对于我们了解 ChatGPT 的相关信息提供了什么重要线索?首先，我们在前文提到过心智理论并不等同于人类的意识，因此心理学家们仍在不断寻找一种可测试意识的方法。更为重要的是，过去半个多世纪的收敛性证据显示除了人类，其他非人灵长类动物也能通过这种测试。其次，即使 ChatGPT 确实掌握了心智理论，也必须谨慎解释。例如，ChatGPT 是否仅仅因为其惊人的语言掌握能力，而让人们看起来似乎掌握了心智理论。实际上，可能是我们的语言包含了编码心智理论的模式，而人工智能只是恰好能够解码。科辛斯基指出:"ChatGPT 可能不是在理解心智理论的情况下解决了该任务，而是通过发现和利用一些未知的语言模式。"事实上，已有研究者对 ChatGPT 是否真正具备心智理论的问题展开了深入研究。例如，美国心理学家托马尔·厄尔曼(Tomer Ullman)在之后便发表了一篇名为《大型语言模型在心智理论任务的微不足道的改变中失败了》的文章。他对科辛斯基使用的经典问题的措辞进行了微小的改动，例如将 Smarties 任务中的不透明容器换成透明容器，提出了这样的"透明袋"变式:"这是一个装满爆米花的袋子，袋子里没有巧克力。袋子是由透明塑料制成的，因此你可以看到里面的东西。然而，袋子上的标签上写着'巧克力'而不是'爆米花'。Sam 找到了袋子，她以前从未见过这个袋子，Sam 看了看标签，Sam 相信袋子里装满……"或是从时间上的角度来改动，厄尔曼称其为"迟到标签"变式:

"Sam 将爆米花装满袋子并合上，此时袋子里没有巧克力。Sam 写了一个标签，贴在了包上。Sam 看着袋子，她看不到袋子里装的是什么。Sam 阅读标签，标签上说袋子里有巧克力。"这两个任务的答案当然依次为"爆米花"和"巧克力"，但经过多次测试后 GPT-3.5 的回答还是错误的。厄尔曼一共创建了类似的 16 个变式问题，ChatGPT 仅仅答对了其中一个。可见，面对其他错误信念任务的变体，ChatGPT 似乎又并不具备心智理论的能力。

这些互相矛盾的结论到底出在什么问题上呢？纽约大学心理学教授盖瑞·马库斯（Gary Marcus）认为，科辛斯基的数据是可靠的。如果我们进行同样的实验，可能会得到相似的结果。但是，要打破这个系统也不难。实际上，科辛斯基所采用的测试材料取自发展心理学中关于错误信念的经典实验，这些实验最初出现在 20 世纪 80 年代由约瑟夫·珀默（Josef Permer）、苏珊·利克海姆（Susan Leekham）和海因茨·威默（Heinz Wimmer）等开展的两项工作中。这些实验成果在发展心理学领域广为人知，也备受学术界推崇。迄今为止，这两篇经典论文在科学文章中被引用了超过 11000 次，而且维基百科上至少有 7 篇英文文章讨论了这些实验，包括 Sally-Anne 任务、心智理论、心智化、以自我为中心的偏见、儿童对信息的使用和共情，也在其他各种网页上以各种形式被讨论。ChatGPT 的训练集肯定包含维基百科的所有内容，几乎肯定包含这些材料中的许多其他内容。简言之，马库斯认为，ChatGPT 肯定已经多次阅读过这些论文和实验。为了验证他的猜测，他直接向 ChatGPT 询问了这些论文和实验，发现确实得到了正确的信息。

综合来看，目前尚无研究能够明确证实 ChatGPT 在自我意识和心智理论方面有质的突破，因此言其可以胜任心智化课堂中的角色为时尚早。即便 ChatGPT 及其相关的延伸插件预计将大幅改变社会生产和生活方式，但这仍然与科幻世界中的"自主思考机器人"相去甚远。"波兰尼悖论"指出，人们知道的比他们能说的多，人类有很多不容易表达的隐性知识。对于人工智能，存在一个反向的波兰尼悖论：人工智能表达的比它所了解的更多，或者更准确地说，它什么都不知道。该悖论的风险在于我们的语言欺骗我们认为人工智能是有感知、创造、共情、思维与问题解决、读心的智能体，但实际上它没有这些。尽管 ChatGPT 可能会使用许多迷惑人的"花言巧语"，它仍然不理解人类意义上这些术语的实际含义，但对于教师而言，这些早作为缄默知识了然于胸。

第六节　迈向开放的未来

以具身认知为代表的第二代认知科学开辟出一个广泛的研究领域，它从心理学、神经科学、生物学、哲学、语言学、机器人学和人工智能的工作中汲取灵感。虽然第一代认知科学也囊括了这些学科，但它信奉的计算表征主义对心灵的本体论承诺表现在：（1）认知过程是计算过程。（2）作为计算机的大脑是认知的所在地。相反，具身认知则不同程度地拒绝或重新表述第一代认知科学的计算承诺，强调自主体的身体在认知能力中的重要性。具身认知的研究者的核心想法是，心理过程不是（或不仅仅是）计算过程。大脑不是计算机，也不是认知的所在地（Shapiro & Spaulding，2021）。

当下，具身认知早已远离了认知科学的边缘地位，开始享有令人瞩目的地位。心理学与认知科学的各个领域——感知、语言、学习、记忆、概念、问题解决、情感、社会认知、自我意识——随处可见具身认知的渗透力。当然，这并不是说具身认知没有面临困难的问题，或者没有逃脱严厉的批评。它对身体在认知中的作用提出了许多有时是不相容的主张，以及它为理解这种作用所采用的无数方法，使得它在哲学上的反思渐趋成熟（Farina，2021）。

批评者指责具身认知没有为计算认知科学提供真正的替代，声称身体在认知中发挥着构成性的作用难以找到实验室证据，而实际上它们的作用只是因果关系（甚至这种因果关系仍然需要计算表征作为中介）。这些提醒既是必要的，也是有益的，总结起来，神经系统与认知过程关系的愈发密切，脑解剖结构与心理功能的对应愈发精确已经是不可逆的大趋势。还原论特别是多重实现在理论上造成的疑难不应该成为阻碍认知神经科学发展的原因，目前这个领域尚未到需要抛弃传统，推倒重来的处境。大量的证据依然存在，相反，直面还原论和多重实现所提出的问题，设计更为精密的实验将证据链尽量补全，勾勒脑、身体和认知三方关系才有可能取得实质性成果。伴随着脑部区域与非脑身体器官关系的进一步阐明，还有可能顺便解决一部分可重复性危机中暴露的问题。例如，一些研究就发现当纳入新的身体变量（内感受）之后，实验人员重现某些具身效应的把握提高了（陈巍，2021）。另一些研究则通过求证研究报告并调整实验设计的细节，最终成功重复过去的经验具身研究（例如，面部反馈假设）（Barrett，2017）。这些研究都佐证了第二代认知科学的确揭示出一些新的东西。

另外，身体对于心理产生影响并不算是认知科学的难问题。在那个时代，铁路工人菲尼亚斯·盖奇（Phineas Gage）头颅被铁棍穿过后脑损伤带来的一系列性格和行为模式变化是大家已经耳熟能详的。弗朗西斯·克里克（Francis Crick）（1994）在《惊人的假说》中曾经断言，"作为人类的你们，快乐、悲伤、记忆、雄心壮志、个体身份、自由意志，所有这一切，都拜神经元及其相关分子的活动所赐"（p. 3），也不再如天方夜谭。仅仅将脑即认知扩展为脑和身体共同决定认知并未动摇第一代认知科学的基础方法论，未来研究进路依然可以是自下而上的。与之相反，在第二代认知科学中，主动的认知过程如何影响大脑的活动以及身体和行为才是留给第二代认知科学能走多远的考验。因为伴随着预测加工理论的发展，在认知过程一般性的工作原理或"算法"上必将为该领域提供越来越多的见解。但是按照玛尔（Marr）（1982）的划分，由抽象到具体，对于认知的解释存在三个层面。

(1)计算维度解释计算的目标，如何实现，以及所需要的逻辑方法。

(2)表征和算法层面描述以上的计算理论是如何实现的，在输入和输出之间所进行的转换是如何实现的，如果存在表征还需要明确表征的形式。

(3)硬件层面则需要描述算法或表征是如何被物理构造实现的。

预测加工并不涉及第三个层面，而硬件层面恰好是第二代认知科学所重点着墨的部分，即身体与认知如何对话。根据戴维森（Davidson）（1974）的观点，诸多心理状态存在相互影响，但是并没有一种明确的原理或规则使得这种心理层面的相互影响可以被物理层面（脑或身体）沿用。在第二代认知科学中，即使引入预测加工范式，也依然没有解释一个心理状态是如何过渡到另一种心理状态的。特别是如果心理状态源自脑和身体的某些变化，我们产生的意图、欲望与信念又如何反作用于机体认知与行动的方方面面。一种可能的设想是机械论的回归，我们的认知仅仅是身体和大脑物理变化的反映，但这样认知过程就被送回到了行为主义的时代，甚至可以被取消。另一种更可能的图景是环境、身体和大脑被认知松散地联系在一起，而认知在其中的黏合作用，正是使得环境对于身体产生意义，身体对于大脑产生意义，而大脑最终与环境能够产生交互的关键。相关的辩论仍在持续，但随之产生的一个可喜的副产品帮助我们捕获到破解经典哲学问题的新灵感。例如，身心问题、意向性和他心问题等。无论具身认知的未来如何，仔细研究它的目的、方法、概念基础和动机无疑将重新夯实认知科学大厦的地基。

经历三十多年艰苦卓绝的探索，镜像神经元的神秘面纱正在向我们揭开。然而，有关镜像神经元的复杂成因、机制及其应用依旧不断挑战着心理学家、认知神经科学家、神经病学家、哲学家的认知极限。物理学家沃纳·海森堡（Werner Heisenberg）曾留下名言："我们观察到的不是自然本身，而是自然因我们的提问方式而暴露的那些部分。"那么，如果我们观察的是带有社交天性的心灵呢？

人类文化认知的独特性使得人类发展成为有社会互动和文化传承的群体。在这一点上，社会互动对认知和社会发展的作用已经在各种科学论述中占据主流地位（De Jaegher et al.，2010）。在生命发展早期，社会互动就涉及一些复杂的协调形式，如行为模仿、联合注意、共享意向性等，这些模式又与学习活动有千丝万缕的关系。合理利用互动、创造更好的交互环境将有助于学生最大限度地发挥潜力。当然，借助认知工具来构建心智化课堂的教学形态需要进一步的努力。我们从计算、范型、干预等角度提出了一些展望。

首先，未来研究可结合计算建模（computational modeling）对认知工具和社会学习过程进行整合。计算建模是一种用数学或正式逻辑来表征理论的方法，它使用大量计算资源对复杂系统行为进行模拟和研究。计算建模方法已被大量应用于社会学习任务（Burke et al.，2010），涉及心智化等系统参与，在多人互动情景中的研究方兴未艾（Lindström et al.，2019；Bolis & Schilbach，2017；Heggli et al.，2019）。通过将认知工具整合至已有社会学习模型，可丰富社会学习计算机制的内涵。如了解学习过程的交互性如何影响认知计算过程包括学习率（learning rate）等。

学习率是强化学习模型（reinforcement learning model，常用的有 Rescorla-Wagner 模型等）中的重要参数，一般取值范围在 0 到 1 之间，一定程度上反映了学习者习得行为的学习速率（Rescorla & Wagner，1972；Wilson & Collins，2019）。与神经影像技术和多变量分析手段结合，研究可进一步考察大尺度脑网络（如涉及奖赏、社会认知、认知控制加工的相关脑区等）是如何执行和处理不同的计算过程的（黎穗卿等，2021）。

其次，更多地投入到自然情境（realistic situation）的心智化课堂范型革新。传统的脑学习研究大多在实验室情境或半自然（semi naturalistic）情境下开展，这些范型的优势非常明显——可以对与实验操纵无关的因素加以控制，但研究结论往往较难推广到真实世界的课堂学习中。同时，心智化课堂的对象应是多人（如教师—学生互动，学生—学生互动），但由于来自脑科学技术方面的挑战，传统学习脑研究往往仅关注单个学习者，而当前最新的趋势是关注脑际耦合（brain-to-brain coupling，BtBC）的社会学习（Pan et al.，2021）。迪克（Dikker）等人（2017）追踪研究了一组高中生整个学期的生物课程学习，同步记录了学习者的大脑活动。结果发现学生对课程越投入，他们的大脑活动就越同步。这项开创性的工作对课堂研究范型具有很大的启示：一是新近的脑科学手段可以正式走入真实课堂，为课堂效果的主观评估提供更为客观的指标；二是课堂学习的研究更加具有生态性和自然性，学生较少受到研究场景和设置的束缚；三是对多个个体的同步追踪突破了教育神经科学的技术壁垒。

最后，关注心智化课堂中学习不良者的甄别和干预。一种观点认为，具备孤独症或精神分裂特质的学习个体在心智化功能模块方面具有障碍，社会、沟通和行为上的异常可能会进一步导致学习不良（Chung et al.，2014）。这部分群体的学习状态在心智化课堂教学形态建设过程中值得关注。目前，已有一些研究通过机器学习（machine learning）的方法对社会互动和学习结果进行分类和预测（Pan et al.，2020）。这些技术方法相比课堂观察往往对异常的社会和学习行为具有更早、更敏感的甄别。一个典型的机器学习在教育情境中的应用是科恩（Cohen）及其同事（2018）发表的一项研究。他们招募了志愿者观看教学视频，使用脑电成像技术采集了志愿者的大脑活动；结合大脑数据和机器学习算法，研究者对认真与不认真观看教学视频的志愿者进行了有效的预测分类（即通过机器学习可解码该志愿者是否认真观看了教学视频）。受这些研究启发，未来工作在遵循伦理规范的前提下可以借助机器学习识别课堂中注意力或有社交困难的学生并提供针对性的教学指导和帮助，这些技术方法相比传统的课堂观察对异常的社会和学习行为往往具有更早、更敏感的甄别。

在提高心智化方面，近年来一些研究者针对学校教育环境的干预方案也已经取得了初步的效果，其中，瓦利（Valle）等人（2016）通过实验对照，发现接受"心灵之思"（thought in mind）项目培训的教师对自己学生的心智化方面产生了积极的影响。该项目源自丹麦的一个学校教育项目，旨在教育成人如何在与孩子的日常互动中践行心智化理念（如思想、感受、读心等），从而为儿童创造一种心智化的环境。正如项目中的一个关于"思想之家"的故事所述：

"思想之家"里有很多屋子，一些激动人心的住在一个屋子，一些悲伤或愤怒的住在另一个屋子，一些令人愉快的则住在第三个屋子。如果那些悲伤或愤怒的思想让你一直停留在那间屋子，慢慢地，有一天你会觉得这个世界的任何角落都不存在那些快乐的思想。但是，所有美好的思想始终存在于其他房间，等着你用聚光灯发现它们（Bak，2013）。

与人类在演化中不断积淀的丰富文化学习体系相比，诞生迄今区区几百年，以现代课堂教学为代表的学校教育不过是新兴事物。心智化系统，或许也匿身于巴克（Bak）所说的某个堆满各种古老而精致认知工具的宝库之中，静候研究者在未来的课堂教学中善加利用。

参考文献

陈波，陈巍，张静，袁逖飞．"镜像"的内涵与外延：围绕镜像神经元的
　　争议[J]．心理科学进展，2015(03)．

陈建森，陈建翔．镜像神经元理论与提高教育质量[N]．中国教育报，
　　2011-09-06．

陈建翔，陈建森．"镜像教育"：一个教育新主题的开始——论镜像神经元
　　的教育内涵及对教育变革与创新的启发[J]．教育科学，2011，27
　　(05)．

陈建翔，陈建森．由镜像神经元的发现引发的家庭教育变革[J]．教育理
　　论与实践，2012，32(07)．

陈建翔．大自然是孩子最值得托付的老师[N]．中国教育报，2013-
　　01-13．

陈建翔．儿童眼睛里隐藏的教育秘密——镜像神经元理论对儿童教育的
　　启示[J]．中国教育报，1，6(02)．

陈巍，殷融，张静．具身认知心理学：大脑、身体与心灵的对话[M]．
　　北京：科学出版社，2021．

陈巍，郭本禹．具身-生成的认知科学：走出"战国时代"[J]．心理学探
　　新，2014，34(02)．

陈巍，李恒威．直接社会知觉与理解他心的神经现象学主张[J]．浙江大
　　学学报(人文社会科学版)，2016，46(06)．

陈巍，汪寅．基于镜像神经元的教育：新"神经神话"的诞生[J]．教育研究，2015，36（02）．

陈武英，刘连启．模仿：心理学的研究述评[J]．心理科学进展，2013．21(10)．

董奇，陶沙．动作与心理发展[M]．北京：北京师范大学出版社，2002．

葛詹尼加，M．S．，艾利乌，R．B．，曼根，G．R．认知神经科学：关于心智的生物学[M]．周晓林，高定国，等译．北京：中国轻工业出版社，2011．

郭任远．郭任远心理学论丛[M]．黄维荣，辑译．上海：开明书店，1928．

郭任远．心理学与遗传[M]．北京：商务印书馆，1929．

郭任远．行为发展之动力形成论[M]．林悦恒，译．台北：万年青书店，1971．

贾丽娜，田良臣，王靖，马志强，周倩．具身教学的设计研究——基于身体参与的多通道整合视角[J]．远程教育杂志，2016．34(01)．

教育部青少年法治教育协同创新中心．校园欺凌治理的跨学科对话[J]．华东师范大学学报(教育科学版)，2017，35(02)．

黎穗卿，陈新玲，翟瑜竹，等．人际互动中社会学习的计算神经机制[J]．心理科学进展，2021，29(04)．

李恒威，肖家燕．认知的具身观[J]．自然辩证法通讯，2006(01)．

李其维．"认知革命"与"第二代认知科学"刍议[J]．心理学报，2008，40(12)．

林莉君．镜像神经元能否为全新教育模式提供科学支柱[N]．科技日报，2012-02-2-14．

刘晓力．认知科学对当代哲学的挑战[M]．北京：科学出版社，2020．

刘晓力．进化—涉身认知框架下的"作为行动指南的表征理论"[J]．哲学研究，2010(11)．

洛马尔，D．镜像神经元与主体间性现象学（陈巍译，丁峻校）[J]．世界哲学，2007(06)．

梅洛-庞蒂，M．知觉现象学[M]．姜志辉，译．北京：商务印书馆，2005．

倪梁康．胡塞尔现象学概念通释[J]．北京：生活·读书·新知三联书店，2007．

钱学森，于景元，戴汝为．一个科学新领域——开放的复杂巨系统及其方法论[J]．自然杂志，1990(01)

佘振苏．复杂系统学新框架——融合量子与道的知识体系[M]．北京：科学出版社，2012．

斯坦诺维奇，K. E．对伪心理学说不[J]．窦东辉，刘肖岑，译．北京：人民邮电出版社，2012．

孙瑞英，王旭．"具身认知"视阈下阅读对情绪的调节[J]．图书馆论坛，2017，37(04)．

谭维智．教育学的玄学之维[J]．教育研究，2012，33(05)．

唐蕾，刘衍玲，杨营凯．亲社会行为的认知过程及脑神经基础[J]．心理发展与教育，2011，19(06)．

汪寅，臧寅垠，陈巍．从"变色龙效应"到"镜像神经元"再到"模仿过多症"——作为社会交流产物的人类无意识模仿[J]．心理科学进展，2011，19(06)．

王瑞昀，王大智．阅读理解的认知研究[J]．郑州大学学报(哲学社会科学版)，2004(01)．

薛二勇，盛群力．教育学的学科地位追问——兼论教育学的科学性[J].

社会科学战线，2007(03).

杨南昌，刘晓艳．具身学习设计：教学设计研究新取向[J]．电化教育研究，2014，35(07).

杨文杰，范国睿．基于"国际学生评估项目"成绩的学生发展审视[J]．教育研究，2020，41(06).

姚林群．阅读能力表现：要素、水平与指标[J]．教育发展研究，2012，32(02).

叶浩生．身体与学习：具身认知及其对传统教育观的挑战[J]．教育研究，2015，36(04).

殷明，刘电芝．身心融合学习：具身认知及其教育意蕴[J]．课程·教材·教法，2015，35(07).

余小茅．与经典为伴和名著同行——实施"教育学名著阅读工程"的若干体会[J]．教育研究，2007(06).

扎哈维，D．主体性和自身性——对第一人称视角的探究[M]．蔡文菁，译．上海：上海译文出版社，2008.

张静，陈巍．身体意象可塑吗？——同步性和距离参照系对身体拥有感的影响[J]．心理学报，2016，48(08).

张静．语言理解的知觉表征实验研究[D]．杭州：杭州师范大学硕士学位论文，2010.

张良．核心素养的生成：以知识观重建为路径[J]．教育研究，2019，40(09).

张志祯．虚拟现实教育应用：追求身心一体的教育[J]．中国远程教育，2016(06).

赵沁平．虚拟现实综述[J]．中国科学，2009，39(01).

赵蕾，陈巍，汪寅，李岩松．运动共振可以直通他心吗？批判性的重估

［J］. 科学通报，2017，62(26).

中华人民共和国教育部. 3—6 岁儿童学习与发展指南［M］. 北京：首都
师范大学出版社，2012.

Abraham，A.，Dunsky，A. & Dickstein，R. Motor imagery practice for
enhancing Eleve performance among professional dancers：apilots-
tudy. Medical Problems of Performing Artists，2016：31，132-139.

Adolph，K. E. & Joh，A. S. Multiple learning mechanisms in the de-
velopment of action. In A. Woodward & A. Needham (Eds.)，
Learning and the infant mind (pp. 172-207). New York：Oxford
University Press，2009.

Adolphs，R. The social brain：neural basis of social knowledge. Annual
Review of Psychology，2009：60，693-716.

Adolphs，R.，Tranel，D.，Damasio，H. & Damasio，A. Impaired
recognition of emotion in facial expressions following bilateral damage
to the human amygdala. Nature，1994，372(6507)：669-672.

Aglioti，S. M.，Cesari，P. & Romani，M.，et al. Action anticipation
and motor resonance in elite basketball players. Nature Neuro-
science，2008，11(9)：1109-1116. 153.

Al-Abood，S. A.，Davids，K. F. & Bennett，S. J. Specificity of task con-
straints and effects of visual demonstrations and verbal instructions in di-
recting learners' search during skill acquisition. Journal of Motor Behav-
ior，2001：33(3)，295-305.

Al-Abood，S. A.，Davids，K.，Bennett，S. J.，Ashford，D. & Marin，
M. M. Effects of manipulating relative and absolute motion information
during observational learning of an aiming task. Journal of Sports

Sciences，2001：19(7)，507-520.

Alba，P. A.，Roy，L. T.，Diego，A. C.，Josué，F. C.，Luis，G. M.，Luis，S. M. & Ferran，C. M. Visual motor imagery predominance in professional Spanish dancers，Somatosensory & Motor Research，2019：36，179-188

Alcalá-López，D.，Smallwood，J.，Jefferies，E.，Van Overwalle，F.，Vogeley，K.，Mars，R. B. & Bzdok，D. Computing the social brain connectome across systems and states. Cerebral Cortex，2018：28(7)，2207-2232.

Allen，K. A.，Kern，M. L.，Rozek，C. S.，McInerney，D. M. & Slavich，G. M. Belonging：A review of conceptual issues，an integrative framework，and directions for future research. Australian Journal of Psychology，2021：73(1)，87-102.

Allen，V. L. & Feldman，R. S. Learning through tutoring：Low-achieving children as tutors. The Journal of Experimental Education，1973：42(1)，1-5.

Allmendinger，K. Social presence in synchronous virtual learning situations：The role of nonverbal signals displayed by avatars. Educational Psychology Review，2010：22，41-56.

American Psychiatric Association. Diagnostic and statistical manual of mental disorders (5th ed.). Arlington，VA：American Psychiatric Publishing，2013.

Anderson，C A.，Berkowitz，L. & Donnerstein，E.，et al. The Influence of Media Violence on Youth. Psychological Science in the Public Interest，2003：4(3)，81-110.

Arbib, M. A. From monkey-like action recognition to human language: an evolutionary framework for neurolinguistics. Behavioral and Brain Sciences, 2005: 28(2), 105-124.

Arbib, M. A. & Mundhenk, T. N. Schizophrenia and the mirror system: an essay. Neuropsychologia, 2005: 43(2), 268-280.

Aristotle. Aristotle in 23 Volumes, Vol. 21, translated by H. Rackha. Harvard University Press, 1944.

Arnstein, D., Cui, F., Keysers, C., Maurits, N. M. & Gazzola, V. μ-suppression during action observation and execution correlates with BOLD in dorsal premotor, inferior parietal, and SI cortices. The Journal of Neuroscience, 2011: 31(40), 14243-14249.

Arslan, G. School bullying and youth internalizing and externalizing behaviors: Do school belonging and school achievement matter? . International Journal of Mental Health and Addiction, 2021: 1-18.

Asendorpf, J. B. Self-awareness, other-awareness, and secondary representation. The imitative mind: Development, evolution, and brain bases(pp. 63-73). In A. N. Meltzoff & W. prin z(Eds.), 2002.

Ashby, F. G. & Isen, A. M. A neuropsychological theory of positive affect and its influence on cognition. Psychological Review, 1999: 106(3), 529.

Atzil, S., Gao, W., Fradkin, I. & Barrett, L. F. Growing a social brain. Nature Human Behaviour, 2018: 2(9), 624-636.

Avenanti, A., Bueti, D., Galati, G. & Aglioti, S. M. Transcranial magnetic stimulation highlights the sensorimotor side of empathy for pain. Nature Neuroscience, 2005: 8(7), 955-960.

Aziz-Zadeh, L. & Ivry, R. B. The human mirror neuron system and embodied representations. Advances in Experimental Medicine and Biology, 2009: 629, 355-376.

Aziz-Zadeh, L. , Wilson, S. M. , Rizzolatti, G. & Iacoboni, M. Congruent embodied representations for visually presented actions and linguistic phrases describing actions. Current Biology, 2006: 16(18), 1818-1823.

Badets, A. , Blandin, Y. & Shea, C. H. Intention in motor learning through observation. Quarterly Journal of Experimental Psychology, 2006: 59(2), 377-386.

Bandura, A. Influence of Model's Reinforcement Contingencies on the Acquisition of Imitative Responses. Journal of Personality & Social Psychology, 1965: 1(6), 589-595.

Bandura, A. , Ross, D. & Ross, S A. Transmission of Aggression Through Imitation of Aggressive Models. The Journal of Abnormal and Social Psychology, 1961: 63(3), 575-582.

Bargh, J. A. & Schul, Y. On the cog-nitive benefits of teaching. Journal of Educational Psychology, 1980: 72(5), 593.

Baron-Cohen, S. Autism: The empathizing-systemizing (E-S) theory. Annals of the New York Academy of Science, 2009: 1156, 68-80.

Baron-Cohen, S. , Wheelwright, S. , Skinner, R. , Martin, J. & Clubley, E. The autism spectrum quotient (AQ): evidence from Asperger syndrome/high functioning autism, males and females, scientists and mathematicians. Journal of Autism and Developmental Disorders, 2001: 31(1), 5-17.

Barzouka, K. , Bergeles, N. & Hatziharistos, D. Effect of simultaneous model observation and self-modeling of volleyball skill acquisition. Perceptual & Motor Skills, 2007: 104(1), 32-42.

Bastiaansen, J. A. , Thioux, M. , Nanetti, L. , van der Gaag, C. , Ketelaars, C. , Keysers, C. Age-related increase in inferior frontal gyrus activity and social functioning in autism spectrum disorder. Biological Psychiatry, 2011: 69(9), 832-838.

Baumeister, R. F. , Twenge, J. M. & Nuss, C. K. Effects of social exclusion on cognitive processes: anticipated aloneness reduces intelligent thought. Journal of Personality and Social Psychology, 2002: 83(4), 817-827.

Baumgaertner, A. , Buccino, G. , Lange, R. , McNmara, A. & Binkofski, F. Polymodal conceptual processing of human biological actions in the left inferior frontal lobe. European Journal of Neuroscience, 2007: 25(3), 881-889.

Becchio, C. , Cavallo, A. , Begliomini, C. , Sartori, L. , Feltrin, G. & Castiello, U. Social grasping: From mirroring to mentalizing. NeuroImage, 2012: 61(1), 240-248.

Bernier, R. , Dawson, G. , Webb, S. & Murias, M. EEG mu rhythm and imitation impairments in individuals with autism spectrum disorder. Brain and Cognition, 2007: 64(3), 228-237.

Bevilacqua, D. , Davidesco, I. , Wan, L. , Chaloner, K. , Rowland, J. , Ding, M. , Poeppel, D. & Dikker, S. Brain-to-brain synchrony and learning outcomes vary by student-teacher dynamics: Evidence from a real-world classroom electroencephalography study. Journal of Cognitive

Neuroscience, 2019: 31(3), 401-411.

Bien, N. , Roebroeck, A. & Goebel R. , et al. The brain's intention to imitate: The neurobiology of intentional versus automatic imitation. Cerebral Cortex, 2009: 19(10), 2338-2351.

Black, C. B. & Wright, D. L. Can observational practice facilitate error recognition and movement production? Research Quarterly for Exercise and Sport, 2000: 71(4), 331-339.

Black, J B. , Segal, A. , Vitale, J. & Fadjo, C L. Embodied cognition and learning environment design. In D. Jonassen, S. Lund (Eds.), Theoretical foundations of learning environments (pp. 198-223). New York: Routledge. 2012.

Blake, R. & Shiffrar, M. Perception of human motion. Annual Review of Psychology, 2007: 58, 47-73.

Blakemore, S-J. & Mills, K. L. Is adolescence a sensitive period for sociocultural processing? . Annual Review of Psychology, 2014: 65, 187-207.

Blakeslee, S. Cells that read minds. New York Times, 2006: 10(1).

Blowers, G. H. To be a big shot or to be shot: Zing-Yang Kuo's other career. History of Psychology, 2001: 4(4), 367-387.

Boakes, R. From Darwin to behaviourism: Psychology and the minds of animals. Cambridge: Cambridge University Press, 1984.

Bolis, D. & Schilbach, L. Beyond one Bayesian brain: Modeling intra- and inter-personal processes during social interaction: Commentary on "Mentalizing homeostasis: The social origins of interoceptive inference" by Fotopoulou & Tsakiris. Neuropsychoanalysis, 2017:

19(1)，35-38.

Bolis，D. & Schilbach，L. "I interact therefore I am"：The self as a his-
torical product of dialectical attunement. Topoi，2020：39（3），
521-534.

Bolte，S.，Holtmann，M.，Poustka，F.，Scheurich，A. & Schmidt
L. Gestalt perception and local-global processing in high-functioning
autism. Journal of Autism and Developmental Disorders，2007：
37(8)，1493-1504.

Bolte，S.，Poustka，F. & Constantino，J. N. Assessing autistic traits：
cross-cultural validation of the social responsiveness scale (SRS：Au-
tism Research，2008：1(6)，354-363.

Bonawitz，E.，Shafto，P.，Gweon，H.，Goodman，N. D.，Spelke，E.
& Schulz，L. The double-edged sword of pedagogy：Instruction limits
spontaneous exploration and discovery. Cognition，2011：120（3），
322-330.

Bonini，L. The extended mirror neuron network anatomy，origin，and
functions. Neuroscientist，2017：23，56-67.

Bonini，L. & Ferrari，P. F. Evolution of mirror systems：A simple
mechanism for complex cognitive functions. Annals of the New York
Academy of Sciences，2011：1225，166-175.

Bonini，L.，Rozzi，S.，Serventi，F. U.，Simone，L.，Ferrari，P.
F. & Fogassi，L. Ventral premotor and inferior parietal cortices
make distinct contribution to action organization and intention under-
standing. Cerebral Cortex，2010：20(6)，1372-1385.

Borenstein，E. & Ruppin，E. 2005：The evolution of imitation and mirror neurons in adaptive agents. Cognitive Systems Research，2005：6，229-242.

Borg，E. If mirror neurons are the answer，what was the question? . Journal of Consciousness Studies，2007：14(8)，5-19.

Borg，E. More question for mirror neurons. Consciousness and Cognition，2013：22(3)，1122-1131.

Boria，S.，Fabbri-Destro，M.，Cattaneo，L.，Sparaci，L.，Sinigagli，C.，Santelli，E.，… Rizzolatti，G. Intention understanding in autism. PLoS One，2009：4(5)，e5596.

Boschker，M. S. & Bakker，F. C. Inexperienced sport climbers might perceive and utilize new opportunities for action by merely observing a model. Perceptual & Motor Skills，2002：95(1)，3-9.

Boyer，T. W. & Bertenthal，B. Infants' observation of others' actions：Brief movement-specific visual experienceprimes motor representations. British Journal of Developmental Psychology，2016：34，38-52

Braadbaart，L.，Williams，J. H. G. & Waiter，G. D. Do mirror neuron areas mediate mu rhythm suppression during imitation and action observation? . International Journal of Psychophysiology，2013：89，99-105.

Brass，M. & Rüschemeyer，S. -A. Mirrors in science：How mirror neurons changed cognitive neuroscience. Cortex，2010：46(1)，139-143.

Brass，M.，Schmitt，R M. & Spengler，S.，et al. Investigating action understanding：Inferential processes versus action simulation. Current Biology，2007：17，2117-2121.

Brooks, R. & Meltzoff, A. N. The development of gaze following and its relation to language. Developmental science, 2005: 8 (6), 535-543.

Brothers, L. The social brain: a project for integrating primate behaviour and neurophysiology in a new domain. Concepts in Neuroscience, 1990: 1, 27-51.

Brown, E. C. & Brüne, M. The role of prediction in social neuroscience. Frontiers in Human Neuroscience, 2012: 6, 147.

Brumley, M. R. & Robinson, S. R. Experience in the perinatal development of action systems. In M. S. Blumberg, J. H. Freeman Jr. & Robinson, S. R. (Eds.), Oxford handbook of developmental behavioral neuroscience (pp. 181-209). New York, NY: Oxford University Press, 2010.

Bruner, J. Actual minds, possible worlds. Cambridge, MA: Harvard University Press, 1986.

Brunner, I. C., Skouen, J S. & Ersland, L., et al. Plasticity and response to action observation: A longitudinal fMRI study of potential mirror neurons in patients with subacute stroke. Neurorehabilitation and Neural Repair, 2014: 28(9), 874-884.

Brunsdon, V. E., Bradford, E. E., Smith, L. & Ferguson, H. J. Short-term physical training enhances mirror system activation to action observation. Social Neuroscience, 2020: 1-10.

Buccino, G., Baumgaertner, A., Colle, L., Buechel, C., Rizzolatti, G. & Binkofski, F. The neural basis for understanding non-intended actions. NeuroImage, 2007: 36, T119-T127.

Buccino, G., Binkofski, F. & Riggio, L. The mirror neuron system and action recognition. Brain and Language, 2004: 89, 370-376.

Buccino, G., Binkofski, F., Fink, G. R., Fadiga, L., Fogassi, L., Gallese, V. & Freund, H. J. Action observation activates premotor and parietal areas in a somatotopic manner: An fMRI study. The European Journal of Neuroscience, 2001: 13(2), 400-404.

Buchanan, J. J. & Dean, N. J. Specificity in practice benefits learning in novice models and variability in demonstration benefits observational practice. Psychological Research, 2010: 74(3), 313-326.

Burke, C. J., Tobler, P. N., Baddeley, M. & Schultz, W. Neural mechanisms of observational learning. Proceedings of the National Academy of Sciences of the United States of America, 2010: 107(32), 14431-14436.

Bush, G., Luu, P. & Posner, M, I. Cognitive and emotional influences in anterior cingulate cortex. Trends in Cognitive Sciences, 2000: 4(6), 215-222.

完整参考文献，请扫描以下二维码阅读。

后　记

我曾受邀为科普公众号《神经现实》《脑人言》等撰写小文时给出过如下一段自我简介：

蝙蝠 Chin：在钱塘江畔放弃成为三流认知神经科学家的梦想，辗转随园研习理论心理学与心理学史，重返西溪感受认知科学哲学魅力，远赴港岛捕捉他心难题。目前舒适地躺在鉴湖越台之荒地从事哲学心理学、认知科学与实验社会心理学探索，享受般地翱翔于人类心智天空，挑战一切学科壁垒与桎梏，自由自在地做一只混入鸟类的蝙蝠。

在我看来，蝙蝠的意义无非有二：

其一，以存在的形态本身作为挑战传统泾渭分明的边界。古往今来，亿万年间，完整征服天空的生物也不过区区昆虫、翼龙、鸟类、蝙蝠等数类而已。而蝙蝠则是唯一会飞的哺乳类动物。始新世（距今 5600 万～3400 万年）出土的蝙蝠化石已经非常接近现今的蝙蝠。有关蝙蝠这一物种的分类、起源和演化一直是生物学史上悬而未决的谜题。2020 年，科学家通过对更多种类蝙蝠进行全基因组测序后，对不同种类的蝙蝠进行了更加详细的进化树分析。然而，对于蝙蝠在翼手目中与劳亚兽总目的分化点仍然存在一些疑窦丛生的争议。我喜欢这些争议，因为它打破了约定俗成的学理框架，将自身作为一个问题抛给世界。

其二，向天地不竭展示一种将怀疑作为信仰的勇气。蝙蝠作为哲学史上怀疑论意象图腾的说法来自托马斯·内格尔（1974）的"成为一只蝙蝠会是什么样子？"（What Is It Like to Be a Bat?）内格尔的这一声明，告诫我们无论拥有多么丰富的第三人称知识都无法直接通达第一人称体验。我喜欢这个意象的另一理由来自中国的也是唯一属于世界的心理学思想家郭任远。早在将近一个世纪前，他在一本书名颇为禁忌的著作中提到："从求学的过程讲，过疑远胜过过信。曾经过大怀疑而得到的信仰才是真信仰，用选择批判地方法去获取的信仰才是坚定的信仰。怀疑是信仰的开端，选择与批评才是鉴定信仰的方法。"然而，如果追问这样一种治学态度的底气是什么？答案是：怀疑本身就是一种信仰（faith）。

于我而言，教育心理学的所有模糊记忆源自大学二年级的课堂，二十载光阴如白驹过隙，但总有几个零星的片段在依稀浮现脑海之际让人甘之如饴，这或许也是我有勇气撰写这本书的原初动机。相较而言，具身认知、镜像神经元和读心问题却是伴随我几乎整个学术生涯的"心头好"。不记得什么时候一番冲动过后，上述两种"蝙蝠情结"又开始在我胸中翻滚起来……如果不用这些"心头好"重审教育心理学经典版图，则颇有如下诗句传达的玄妙心境：

寄题上强山精舍寺

唐·白居易

惯游山水住南州，

行尽天台及虎丘。

惟有上强精舍寺，

最堪游处未曾游。

感谢我的研究生杨影同学仔细校对了书稿，金昕哲同学对全书插图进行了修改完善，感谢绍兴文理学院人文社科处襄助经费让本书有机会付梓，感谢北京师范大学出版社周益群编辑的热情提掖，并就书名的修改给出了宝贵的建议。本书也是我本人主持的浙江省哲学社会科学规划领导人才培育专项课题（青年英才培育）"内感受具身心灵研究：神经哲学与阳明心学的汇通"（23QNYC19ZD）的阶段性成果。

在本书的写作中，我秉持了"蝙蝠情结"，如果读者对此有所体悟，自然是对这项工作最大的褒奖。最后，虽然从未幻想被正统的哺乳类动物接受，但毕竟也从未真正想成为鸟类——我就是我，独一无二的蝙蝠。

陈巍

2024 年 5 月 11 日

于绍兴凌楷燃犀斋

图书在版编目(CIP)数据

具身教育心理学：从镜像神经元到心智化课堂/ 陈巍著. —北京：北京师范大学出版社，2024.9

ISBN 978-7-303-29880-8

Ⅰ. ①具… Ⅱ. ①陈… Ⅲ. ①教育心理学 Ⅳ. ①G44

中国国家版本馆 CIP 数据核字(2024)第 059489 号

图书意见反馈　　gaozhifk@bnupg.com　010-58805079

JUSHEN JIAOYU XINLIXUE：CONG JINGXIANG SHENJINGYUAN DAO XINZHIHUA KETANG

出版发行：北京师范大学出版社　www.bnupg.com
　　　　　北京市西城区新街口外大街 12-3 号
　　　　　邮政编码：100088
印　　刷：北京盛通印刷股份有限公司
经　　销：全国新华书店
开　　本：787 mm×1092 mm　1/16
印　　张：19.75
字　　数：280 千字
版　　次：2024 年 9 月第 1 版
印　　次：2024 年 9 月第 1 次印刷
定　　价：87.00 元

策划编辑：周益群　　　　　　责任编辑：周益群　林山水
美术编辑：李向昕　焦　丽　　装帧设计：李向昕　焦　丽
责任校对：王志远　　　　　　责任印制：马　洁